古代歷史文化^{研究}輯刊

十六編

王明蓀 主編

第 **15** 冊

氣與志：明代「儒賈」意象的興起
——以徽商爲中心的考察

明 旭 著

國家圖書館出版品預行編目資料

氣與志：明代「儒賈」意象的興起——以徽商為中心的考察
／明旭 著 -- 初版 -- 新北市：花木蘭文化出版社，2016〔
民 105〕
目 2+254 面；19×26 公分
（古代歷史文化研究輯刊 十六編；第 15 冊）
ISBN 978-986-404-760-4（精裝）
1. 商人 2. 明代 3. 安徽省徽州
618   105014268

ISBN-978-986-404-760-4

9 789864 047604

古代歷史文化研究輯刊
十六編　第十五冊　　　　　　ISBN：978-986-404-760-4

氣與志：明代「儒賈」意象的興起
——以徽商爲中心的考察

作　　者　明　旭
主　　編　王明蓀
總 編 輯　杜潔祥
副總編輯　楊嘉樂
編　　輯　許郁翎、王筑　美術編輯　陳逸婷
出　　版　花木蘭文化出版社
社　　長　高小娟
聯絡地址　235 新北市中和區中安街七二號十三樓
　　　　　電話：02-2923-1455／傳眞：02-2923-1452
網　　址　http://www.huamulan.tw 信箱 hml 810518@gmail.com
印　　刷　普羅文化出版廣告事業
初　　版　2016 年 9 月
全書字數　225416 字
定　　價　十六編 35 冊（精裝）台幣 68,000 元

版權所有・請勿翻印

氣與志：明代「儒賈」意象的興起
——以徽商爲中心的考察

明旭 著

作者簡介

明旭（1978～），男，四川南充人，現爲浙江傳媒學院管理學院講師。浙江大學行政管理學本科、碩士，政治經濟學博士，從事明清社會經濟史研究；北京大學高等人文研究院博士後，跟隨杜維明教授，從事儒商與儒家商業思想研究。近幾年的主要研究方向與關注點有兩個：明清以來中國社會經濟轉型與信息時代儒家商業思想的重新湧現。2008 年，受國家留學基金資助，訪學加州大學洛杉磯分校（UCLA）中國研究中心一年。2015 年，受日本渋沢栄一紀念財團支持，短期訪問渋沢栄一紀念館與關西大學文學部，並作學術報告。曾參與多項省級課題，在周生春教授指導下，校對《吳地記》、《錢塘記》等地方志，在《哲學研究》、《浙江大學學報（人文社科版）》、《浙江學刊》等刊物發表專業論文 5 篇。

提　　要

　　二十世紀九十年代，「儒商」成爲了中國大陸的一個社會熱詞，屢現於報刊雜誌及口耳相傳中。迄今爲止，「儒商」已發展成一個顯著的公共論域，甚至逐漸催生出一些獨特的文化現象。通過史海鉤沉與意義闡發，學術界做出了不少研究成果，但是對於「儒商」話語的溯源工作仍然不夠。學術界普遍將「儒商」追溯至明代的「儒賈」，並將其視爲當時科舉與人口壓力下讀書人「棄儒就賈」現象的產物，或者認爲由於傳統儒者的社會地位高，商人不得不向他們的價值觀靠攏，而出現所謂的「賈而好儒」現象。這種宏大敘事主要受激於韋伯關於「新教倫理與資本主義精神」的論述，又受到余英時先生「士商合流」以及「儒家思想的世俗化轉向」理論構想的影響。人們對明代「儒商」的形成，也大多停留在商人尤其是徽商的「棄儒就賈」以及「賈而好儒」的社會風氣的轉變上面。這類解釋忽視了面臨科舉壓力之下，不斷增長的人口與科考名額之間的矛盾並非在明代嘉靖、萬曆間才突然出現，「棄儒就賈」、「賈而好儒」的現象，也絕非明代嘉靖、萬曆間所僅有。很難就此認定，「棄儒就賈」、「賈而好儒」的潮流下就一定會有「儒商」話語的出現。「儒賈」話語的出現，雖然跟社會大環境當然密不可分，但也不能忽視具體創作者的志向與背景的影響。「儒商」或「儒賈」成詞首先作爲一個歷史的語言事件，其附著的意義隨後在社會擴散時自我實現，從而產生巨大的社會動員力量，改變徽州等地區的社會風氣。

目

次

第一章 引言：主題與方法

> 氣與志，天與人，有交勝之理。聖人在上而下民咨，氣壹之動
> 志也；鳳凰儀，志壹之動氣也。
>
> ——張載

二十世紀九十年代，「儒商」成為了中國大陸的一個社會熱詞，屢現於報刊雜誌及口耳相傳中。迄今為止，「儒商」正發展成一個顯著的公共論域，甚至逐漸催生出一些獨特的文化現象。通過史海鉤沉與意義闡發，學術界也做出了不少研究成果，但是對於「儒商」話語及現象的溯源工作仍然做得不夠。

學術界普遍將「儒商」追溯至明代嘉靖萬曆間的「儒賈」一詞。很多學者認為，從外在的社會環境看，明代「儒賈」是在當時科舉名額少與人口增多的張力之下，讀書人「棄儒就賈」現象的產物；或者是由於傳統儒者的社會地位高，商人迫於政治、經濟、社會等壓力，不得不向儒家的價值觀靠攏，從而出現的「賈而好儒」現象。誠然，基於事後的實證分析，很自然地將「儒賈」看成「棄儒就賈」、「賈而好儒」這兩種「士商合流」現實的必然結果，從而構建出一些由外在需求與社會壓力所推動的社會經濟變遷的「合理」解釋。然而，如果進一步思考，我們又很難真正認定「士商合流」的潮流下就一定會有「儒賈」話語的出現與傳播。因為「士商合流」的現象，絕非明代嘉靖、萬曆間所僅有，至少宋代就已經有過此類現象；但是，「儒賈」話語為什麼只在嘉靖萬曆間突然出現並擴散？「儒賈」話語到底蘊涵了什麼樣的特殊期待和志向？而這些不是外在壓力所能完全解釋的。

　　從內部的思想脈絡看，余英時先生則提出儒釋道思想的「世俗化轉向」的理論構想，的確也可以用來印證和詮釋「士商合流」現象的出現。不過，由於注重一種整體性的、長期性的詮釋，仍然會忽視「儒賈」話語首創者的具體志向與特殊心態。「儒商」或「儒賈」並不是先天就存在的絕對理念，也不是學者對當時社會現象的事後理性提煉，而是一些具體的、變動的、複雜意願的表達。從詞語擴散的自然過程來看，它們首先是蘊藏個體志向與期待的單個語言事件，然後該事件所附著的意義與訊息在社會網絡中擴散、補充、滑轉、變異與實現，從而通過改變具有創造力的接受者的心態和習慣而產生巨大的社會動員力量，以之塑造當時某些特定地區的商業文化風氣，並最終沉澱為一種明清以來極具特色的商業文化現象。

　　因此，要真正描述好明代的「儒賈」現象，一方面需要對當時社會環境與社會思想的遷移有整體的把握，另一方面也要進入具體的個人思想空間中，探索新詞語的創作者的心志與期待，以及個人心志是如何逐漸影響到社會心態與社會行動上來。

　　為此，我特意在文章標題中引入了兩個古老的統攝性詞彙——「氣」與「志」——來提醒：兩個方面需要綜合在一起。如果說，「氣」暗示著某種推動環境遷移與變換的基本結構與動力，以及人們可能對這種基本結構與動力的理性詮釋，亦即「氣之理」；那麼，「志」就暗示著個體因應環境變化而展開的具體的情感重塑與意義建構的核心傾向，即將「志」視為「情理之樞」。周遭的自然、社會與人文環境的變化，雖然很可能會被某些學術精英表述為受到某些本質的、或者結構性力量的影響；但是，這種影響具體落實在每個在相互影響的個體身上，實際上卻會展開為特殊的、多樣的、具體的生命狀態。「氣」與「志」兩個方面有可能會是相互牴觸，但又絕不會是毫無關聯的。唯有實現二者的有機結合，我們才有可能得到關於人之存在的一種涵融性敘述。

　　「氣」與「志」無疑是中國傳統文化中的兩個核心術語。坦白地說，我引入它們並不是出於某種頑固的復古情懷，而是藉此暗示一種相對於現代理論來說對研究主題的不同處理方式——也就是試圖在歷史解釋時捕獲一種「入戲的讀者」的身份，以便同情地理解歷史文本，並與文本作者的創作精神形成某種程度的「諧振」。這樣的處理方式，很自然地被認為與現代學術所推崇的「價值中立」的約定大相徑庭，從而被人懷疑會破壞歷史

研究的所謂「公正客觀性」。尤其是在當下，中國的舊有意識形態於政治利用上趨於破產、價值相對主義甚囂塵上的時候，這種指責可能會變得更具威力。事實上，我既不想走入價值相對主義的死胡同，也不想讓自己的寶貴注意力陷入各種特殊的權力意志所構建的宏大敘事中；而是試圖讓理性的頭腦可以在現實與歷史的具體性中獲得治癒，在情感、理性交織而成的生活中獲得珍貴的「健全的存在感」，而這種「健全的存在感」正是我如此研究儒商歷史的根本目的。

第一節　核心問題的提出

對歷史學者而言，當下現實是不可能被真正隔絕的。歷史與現實都會在學者的心靈中形成精神性的溝通。這種溝通的一個成果，就是從歷史中發現當下現實，從當下現實中確認並敘述歷史。本書的主題就是由此方向展開。當下現實約束了我們理解歷史的語言、技術、觀念與情感。有關歷史儒商的研究，必須從當代「儒商」話語的湧現開始，通過對當下的深刻反省來驅散歷史認知的迷霧。

一、在當代「儒商」話語的大規模湧現

1992 年，「儒商」迅速成為中國大陸的一個社會熱詞，大量出現於報刊雜誌及口耳相傳中。當時的一些語言文字研究者認為：「儒商」是當代人所造就的嶄新詞彙，作為「讚譽之詞」進行社會動員之用。例如，中國社會科學院語言文字應用研究所將「儒商」看作當年出現的新詞語選登出來，認為儒商就是「書生經商」，並引用《解放日報》1992 年 8 月 27 日的話：

> 在一次座談會上，聽說了一個新名詞「儒商」——真是 90 年代的絕妙好詞！自古以來，文人出仕、歸隱、從戎，都有許多讚譽之詞。唯獨書生經商，被人不齒。今天，文化人的思想解放了。……文化人不再輕商，而是滲入商界並開始從商。同時，許多商人為提高經商的素質，為充實自己的精神，也以各種形式滲入文化界。時代造就了一個嶄新的漢語詞彙——儒商。[註1]

[註1] 中國社會科學院語言文字應用研究所新詞新語新用法研究課題組，《1992 年出現的漢語新詞語選登》《語言教學與研究》，1992 年第 4 期，第 52～53 頁。

該文的「儒商」一詞（註2），既不與人們對儒商傳統的歷史記憶相關聯，也不與儒家思想在中國大陸的隱秘復興相呼應。這個社會熱詞的流行，主要是由當時兩種強大的政治、經濟願望所促成：其一，1992 年初鄧小平南巡講話後，中央政府大規模地鼓勵體制內的知識分子下海經商，宣傳部門及部分媒體人開始稱呼這些人爲「儒商」。一個有趣的例子是，1993 年 9 月，一部名爲《儒商》的電視連續劇播出，所描述的「儒商」就是一群老、中、青三代科技工作者。該劇是由國家科委火炬辦、中央電視臺影視部、武漢電視藝術中心聯合攝製，其中國家科委火炬辦就是 80 年代末開展的「火炬計劃」的管理與推

〔註 2〕 需要指出的是，「儒商」並不是一個 90 年代新出的詞彙。即使經過五四以來對儒家文化的大規模批判和否定之後，該詞仍一直零星地存留在近現代儒家學者、徽閩浙等地的文化人、徽商研究者的話語與記憶中，並根據個人與時代的要求附著上不同的意義。茲列舉幾例，使讀者知悉。1）1941 年，新儒家賀麟《儒家思想的新開展》一文寫道：「就生活修養而言，則新儒家思想目的在使每個中國人都具有典型的中國人氣味，都能代表一點純粹的中國文化。也就是希望每個人都有一點儒者氣象，儒者風度。不僅諸葛孔明有儒者氣象，須擴充爲人人皆有儒者氣象。不僅軍人皆有『儒將』的風度，醫生皆有『儒醫』的風度，亦不僅須有儒者的政治家（昔時叫作『儒臣』），亦須有儒者的農人（昔時所謂耕讀傳家之『儒農』）。在此趨向於工業化的社會中，所最需要者尤爲具有儒者氣象的『儒工』『儒商』，和有儒者風度之技術人員。若無多數重忠孝仁愛信義和平的道德修養之儒商儒工出以樹立工商的新人格模範，商者憑藉其經濟地位以剝奪人，工者憑藉其優越技能以欺凌人，傲慢人，則社會秩序將無法安定，而中國亦殊難走上健康的工業化途徑」（見賀麟，《文化與人生》，載《民國叢書》第二編，上海書店，1947 年，第 7 頁；據商務印書館 1996 年版說明，原文刊登於 1941 年 8 月《思想與時代》第 1 期）；2）1946 年 12 月 19 日《申報》第 9 版，浙江寧波人陳如一在介紹中國駐教廷公使吳經熊博士的文字中寫道，「吳氏以一八九九生於浙江鄞縣，乃父葭窓公，係一儒商，爲寧波商會之首任會長」；3）1981 年 3 月 24 日《人民日報》載李百臻《賄的故事》一文，講述作者推銷產品時被人索「賄」，而不知其意，「只好以『儒商』風度到圖書館去查《辭海》，最後嚴詞拒絕向採購方行賄；4）福建漳州歸僑陳布倫於 1984 年 11 月 2 日從曼谷的來信，也在使用「儒商」一詞：「由於出書難，老作家黃病佛洋洋六十萬字的巨著《錦繡泰國》一書，遲遲未能出版，直至他去世後十年，幸得儒商李建南捐鉅資六十萬銖，才將該書精印出版」（見陳布倫，《泰華文壇掠影》，《華文文學》，1985 年第 1 期，第 95 頁）；5）福建莆田學者鄭振滿描寫徽州歙縣溪南吳氏商人時，寫道：「明清的吳氏商人，具有儒商的特點。就其個人閱歷來說，一般『少治儒業』，『以儒兼商』，『蓋拙者力不足於賈，去而爲儒，贏者才不足於儒，則反而歸賈』」（見鄭振滿，《塋山、墓田與徽商宗族組織──〈歙西溪南吳氏先塋誌〉管窺》，《安徽史學》，1988 年第 1 期，第 11 頁）。1992 年以後，報刊雜誌中提及「儒商」的文字開始大量出現，有興趣的讀者可以自行檢索，茲不贅舉。

動機構。其二，中國東南沿海地區大規模地吸引東南亞的華商家族回國創業，這些認同明清至民國儒家傳統的家族投資人，也通常被時人譽爲「儒商」。例如，1994 年暨南大學潘亞暾教授舉辦的第一次儒商大會，就是與東南亞華商的招商會合二爲一的。

可以這麼說，新名詞的誕生，不僅包含了對既有事實的敘述，還潛藏著對未來的某種心意與期待；正由於心意與期待的主動性與創造力，現實才可能被想像與改變，社會風氣才有可能被進一步塑造或轉化。「儒商」話語在 1992 年以後得以大規模出現，起初主要是作爲一種社會動員的輿論，通過贊譽的力量，塑造「讀書人下海」與「華人回國投資」的社會預期，吸引國內知識人和海外華商投入中國大陸的經濟活動中。「儒商」一詞也不單單是在描述「文化人經商」或「文化型商人」這些後來日漸被自我強化或自我實現的社會認知，更是在想像並推動該潮流的大規模湧現。在這個意義上，「儒商」現象首先是一種具有創造轉化潛力的個體語言現象，隨後經過「社會」選擇的過程，成爲被集體建構的社會文化現象。

對於強調儒家「正名」傳統或受過經驗實證訓練的當代學者來說，早期的儒商研究像是一處化外之地、一種口耳之學，並沒有積累豐富的經驗事實和建立紮實的學理體系，因此在學術作品中只得到較少的關注與認可。然而，隨著哲學家、歷史學家、管理學家、經濟學家、企業家、媒體人、政府官員、社會活動家等不同群體持續地加入討論，通過史海鈎沉、闡發意義、積累案例甚至制度設計，一方面恢復了對儒商傳統的歷史記憶，一方面重新注入具有時代性的哲學精神，「儒商」作爲一個公共論域正在形成，新的合理性敘述日漸獲得聲譽和影響，人們也在人倫日用中已不自覺地使用這個詞。這個詞語也彰顯了一種複雜心理意識正在改變人們的心態，然後逐漸影響著人們的行動與選擇，終會成爲促使社會改變的一股重要力量。

二、儒商研究的現狀簡述

如果說，「儒商」話語的大規模出現是自發湧現的社會現象；那麼關於儒商的知識與意義，則是學術界有意供給的精神產品。這些精神產品大多以專業學術的面貌呈現，並沒有在世俗社會中獲得巨大影響力，因此有必要簡單地瞭解一番。

在近代以來國內外知識精英對儒家思想的激烈解構之後，隨著上世紀

七、八十年代以來「工業東亞」與「儒教文化圈」在觀念上的緊密關聯，毫無疑問，大陸「儒商」話語的可被接受性在一定程度上重新得到了增強。八十年代初，儒家學者杜維明先生在新加坡開展儒家倫理與企業家精神的研究，爲後來的「儒商」論說提供了重要的精神資源〔註3〕。同樣，明清徽商研究也爲「儒商」論域提供了寶貴的歷史視野。例如，1984 年，徽州研究者張海鵬、唐力行雖然沒有在詞彙上使用「儒商」或「儒賈」，但是卻提出了「賈而好儒」是明清徽商特色的觀點。不過，當時在「資本主義萌芽」理論範式的籠罩之下，好儒的徽商主要作爲一種被批判或者被惋惜的對象，並沒有得到較正面的評價〔註4〕。80 年代中後期，歷史學家余英時先生發表「新儒家、禪宗、新道教的入世轉向」與「士商合流」等系列論說，作爲一種新的指引性構想，替代「資本主義萌芽」構想下儒家思想阻礙商業發展的全盤批判的理路；同時他對韋伯命題的反思性引入，使學界得以進一步反省唯物史觀，重新認識意識形態與經濟之間的複雜關聯〔註5〕。余英時雖然同樣沒有注意到「儒商」一詞，但是他的新構想對90 年代「儒商」話語的大規模復興具有破除歷史偏見的關鍵作用。1995 年谷迎春將儒商現象視爲中國自改革開放以來出現的第三次「商潮」，即90 年代知識分子成批下海經商所形成的士商合流〔註6〕。不過，這種實證主義的觀點，並未闡明「儒商」話語起初是作爲社會動員力量而出現，隨後該話語實現了其自身，成爲當時某些大陸商人的自我認同或者自我標榜，而最終呈現爲一種獨特的文化形態。美國學者 Richard John Lufrano 同樣質疑了西方社會科學家和歷史學家關於儒家思想阻礙著中國向資本主義發展的觀點，認爲儒家的「個人修身」可以合理地嵌入中國傳統的商業環境中〔註7〕。香港中文大學教授張德勝、金耀基則利用社會學方法，訪談了 40 餘位中國大陸、港臺、新加坡、馬來西亞的企業家，指出「受訪儒商雖然人數很少，但其重要性不應因此而受到忽視，因爲他們的存在，顯示出儒

〔註 3〕 請參閱 TU Weiming: *Confucian Ethics Today*, Singapore: Federal Press, 1984.

〔註 4〕 張海鵬、唐力行，《論徽商「賈而好儒」的特色》，《中國史研究》1984 年第 4 期，第 57～70，80 頁。

〔註 5〕 請參閱余英時，《中國近世宗教倫理與商人精神》，聯經出版事業公司，1987 年。

〔註 6〕 谷迎春，《「儒商現象」析》，《社會學研究》，1995 年第 7 期，第 13～18 頁。

〔註 7〕 請參閱 Richard John Lufrano. *Honorable Merchants: Commerce and Self-Cultivation in Late Imperial China*, Holonunu: University of Hawaii, 1997.

商不光是概念及歷史現象，而是現實社會裏面活生生的人。他們人數稀少，不是因爲與時代脫節，而是他們所懷抱的價值，沒有像傳統時代那樣得到制度上的支持」，而隨著東亞地區的日漸現代化，被重新肯定的儒家思想可以制約高度現代化社會中工具理性泛濫的問題〔註8〕。

　　由於 90 年代以後儒商思潮高漲，各種「儒商」的用法參差不齊，如潘亞暾所說的文商〔註9〕，前引媒體所謂的知識人經商（即士商）等等，對儒商概念的正名、溯源的需求日益突出。2000 年，儒家學者成中英指出，儒家與儒學的使命，是防止人類經濟全球化的逆向發展和促進其正向發展，作爲參與全球化經濟發展的儒家文化的代表者，無論是第一義的儒商（指不僅在經濟事務上，也在社會與文化事務上履行儒家倫理，發揮儒家精神的商人或企業管理人，他們是慈善家、社會文化事業的支持者與資助人），還是第二義的儒商（指僅在經濟事務上履行儒家經濟倫理），都將在 21 世紀發揮巨大的經濟推動、社會演進與文化融合的作用〔註10〕。2004 年，中國人民大學葛榮晉教授考證了「儒商」是　個歷史範疇，指出明代已出現「儒賈」、「士賈」的提法，並認爲儒商有三類定義，一種是文化型商人，一種是道德型的商人，還有一種是文化與道德相結合的商人，而現代儒商要超越儒家君子人格論中的片面道德型人格，就要吸取儒家「智仁勇」三達德爲一體的人格模式〔註11〕。浙江大學周生春教授及其博士生楊纓開展了「儒商」或「儒賈」在歷史上相連成詞的考證，認爲自「嘉靖、萬曆起，隨著工商業的迅速發展和大批讀書人棄儒就商，商賈而非士人成爲社會的明星，人們對儒而賈行者批評增多，對商賈中之儒者的讚揚開始出現，且日漸流行；儒行的體現者儒商、儒賈越來越多的被用作褒義詞，漸成以褒義爲主的詞語；這一現象表明，在社會迅速商業化和道德日益淪喪的同時，人們開始呼喚和強調士人，尤其是商賈的道德和商業倫理，以重建以儒家價值觀爲基礎的道德規範、商業倫理和商業精神，促進商業和社會的良性

〔註 8〕 張德勝、金耀基，《儒商研究：儒家倫理與現代社會探微》，《社會學研究》，1999 年第 3 期，第 37～47 頁。

〔註 9〕 請參閱潘亞暾，《儒商大趨勢》，暨南大學出版社，1995 年。

〔註10〕 成中英，《創造二十一世紀的人類命運：全球化經濟發展與儒學及儒商的定位》，《孔子研究》，2000 年第 2 期，第 4～10 頁。

〔註11〕 葛榮晉，《儒學與儒商》，《河北大學學報（哲學社會科學版）》，2004 年第 5 期，第 10～15 頁。

發展」〔註 12〕。華中師範大學的馬敏教授研究了張謇、經元善爲代表的近代儒商的商業倫理觀，及其對當今道德文化重建的意義〔註 13〕。其它的學術研究、論壇與討論會的文字還有很多，茲不贅舉。

三、問題的提出：「儒賈」話語如何在明代湧現的？

正如前面所言，徽商研究是儒商論域的寶貴歷史視域。因此，早期儒商的研究就不可迴避明代徽州商人研究。在明代的社會經濟變遷中，徽州商人迅速崛起，成爲與山陝商人並執商界牛耳的地域性商人群體之一。學者將徽商的成功崛起歸因於多種決定性的力量。例如，葉顯恩認爲：徽商「善於把經濟資本與人力資本（指賈而好儒的文化素質、豐富的營商經驗）、社會資本（指廣闊的商業網絡、與官府的深相結托）結合起來」，以及「尤其善於抓住明中葉海洋貿易帶來的機遇，全面參與，並海陸相結合地建立起商業網絡，快速地非常規地創造與增值其資本，而與做西北邊境生意起家的內陸性商人晉商相對壘，共占商界鰲頭」〔註14〕。「賈而好儒」被學界視爲明清徽州商人的重要文化素質，甚至還有人爭論這是不是徽州商人所獨有的特徵。一方聲稱，賈而好儒是徽州商人的獨有特徵。例如，張海鵬、唐力行就認爲，徽州商人「賈而好儒」是徽州地區「儒風獨茂」的歷史文化環境以及商人兼地主的階級利益驅動而形成的〔註15〕。「封建化」是這種意見的核心概念：商業資本在所謂的「封建社會」中找不到出路，只有進行奢侈消費、購置土地、加強宗族力量、攀附政治勢力和官商勾結，直到商人被納入到封建體制（自然經濟、小農經濟爲特徵）而被「封建化」，這個過程也就是所謂的「儒商」的形成過程。然而，撇開意識形態上的爭論，引入時間線索用歷史事實進行檢驗，這種論點就會遇到挑戰。例如，徽州商人「賈而好儒」的社會印象主要形成於嘉靖萬曆之間，這段時間恰恰是明代商業發展迅速、融資活躍的時期，

〔註12〕周生春、楊纓，《歷史上的儒商與儒商精神》，《中國經濟史研究》，2010 年第 4 期，第 152～158 頁。

〔註13〕Ma Min. The Confucian Merchant Tradition in the Late Qing and the Early Republic and Its Contemporary Significance〔J〕. *Social Science in China*, 2013: 165～183.

〔註14〕葉顯恩，《總序》第 9 頁，載王廷元、王世華，《徽商》，合肥：安徽人民出版社，2005 年。

〔註15〕張海鵬、唐力行，《論徽商「賈而好儒」的特色》，《中國史研究》，1984 年第 4 期，第 57～70，80 頁。

很難將其說成因為商業資本找不到出路而不得不被「儒」化；同時，這也是徽州田價低迷、徽人不重田土的時期〔註16〕，因此也很難認為這是商人資本回歸農業，不得不與代表「農業社會」、「自然經濟」的主流儒家價值妥協的結果。事實恰恰相反，正是借助這批儒商的言傳身教與資源投入，才使得歙縣、休寧二縣出現了濃厚「儒風」的文化環境。

另一方則試圖挑戰「獨有說」。例如，張明富認為，「賈而好儒」並非徽商特色，江浙、山西、廣東商人也有此特徵，並認為崇儒是主流社會價值觀，「張賈」獲利後「張儒」是其性格合乎邏輯的發展；商人未能掙脫農業經濟的羈絆的經濟環境而趨同，自然經濟規定了明清商人好儒的方向，以及馬斯洛的需求層次決定了商人「賈而好儒」的需求〔註17〕。當然，這種意見遭到了徽州學者的激烈批評。王世華稱，強調明清徽商「賈而好儒」已取得當時人的共識，有其特殊的地域性原因，需求層次理論這種具有普遍性的理論不能解釋明代徽州商人「賈而好儒」現象的特殊性〔註18〕。

在我看來，這些將「賈而好儒」視為徽商的一種普遍的、內在的定性描述，在那些堅信傳統社會是靜止的、流動緩慢的人當中或許可能找到一些接受者。實際上，明代中後期的社會是一個變動劇烈、躁動不安的多元社會，這一點大多數歷史學家是不會質疑的。因此，要使人相信「賈而好儒」本來就是明代徽商的文化特質，而且該特質會一直局限在該區域的商人群體內部，無疑是吃力不討好的。

因此，我們需要放棄一些定性的、本質主義的思維，避免陷入結構凝固的簡單敘述中，從而不自覺地將時間簡化為一種與其它因素無關的或聯繫微弱的外在變量；而應將時間視為事物的持續展開的多元化過程（也就是《大學》「本末觀」所啟示的演化時間觀）。某些徽商的「賈而好儒」，可以是商人與其它群體不斷創新、選擇和修正後的一種認同結果，但絕不是唯一的結果，同時它也不會局限在一種特殊群體內部。即便在明代徽商的

<hr />

〔註16〕 參見劉和惠、汪慶元，《徽州土地關係》，安徽人民出版社，2005年，第201〜202頁；周生春、明旭，《明代徽州田價發覆》，《浙江大學學報（人文社會科學版）》，2011年第3期，第70〜80頁。
〔註17〕 張明富，《「賈而好儒」並非徽商特色——以明清江浙、山西、廣東商人為中心的考察》，《中國社會經濟史研究》，2002年第4期，第10〜18頁。
〔註18〕 王世華，《也談「賈而好儒」是徽商的特色》，《安徽史學》，2004年第1期，第96〜102頁。

內部，所謂「賈而好儒」的問題仍然異常複雜，不僅僅涉及官府與商人、商人與宗族、商人與文人的多重動態關係，還涉及市場發育、社會轉型與文化創新等問題，過分的理論抽象與簡化有可能使我們喪失對歷史複雜性的把握。

當前的明清儒商研究，主要存在兩個問題。首先，過份重視靜態的宏觀敘事、忽視創作者的個人志意。因此，人們對明代「儒賈」的形成，就停留在商人尤其是徽商的「棄儒就賈」以及「賈而好儒」的社會風氣變化上。明代「儒賈」作爲新生詞語的意義，往往被消解在思想史或經濟史的整體宏觀敘述之中，忽視了該詞語創作者、使用者對歷史情景的判斷以及由之生發出來的情感、志向與心意。更進一步，由於儒商的詞語史研究的不足，人們又易於臣服於一些簡單化的質疑：「儒商」只是浪漫的、想像的歷史虛構，一種對商人的贊譽之詞，並不是歷史事實。對於早期的儒商而言，商人言行的細節大多出自儒家學者的手筆，這種責難似乎更難以逃避，因此該詞語的可被接受性也一直面臨著巨大挑戰。事實上，這類責難暗含著一個經驗主義式的前提預設，即「儒商」是對某種社會「事實」的描述性概念，而忘記了它在初期是主要作爲一種具有精神指引性、並能夠自我實現的「文化意象」而存在的。我們不能因爲一些虛假的「儒商」行爲而否認「儒商」現象的眞實存在。

中國傳統儒家學者積極參與風化社會的行動，所創設的文化意象也通常蘊含著強烈的「經世濟民」的色彩，不是現代職業學者超越世局之外的、「科學的」事後分析。現代職業學者的這種理性化工作，黑格爾有一個形象化的比喻，就是「密納發之鷹」〔註19〕。即指羅馬神話中司職工藝、智慧與戰爭的女神密納發的鷹，它要等到黃昏到才會起飛，比喻思想只有在現實結束其形成過程並完成其自身後才會出現。如果相信思想一定滯後於經驗現實，就會帶來了知行分離的問題。然而這有悖於傳統儒家的入世參與和「知即行」的精神。忽略傳統「知行合一」與現代「知行分離」的差異，我們就不足以同情地理解儒家學者的志向與經驗現實之間「相爲有功」的「交勝之理」。在儒家思想中，觀念意志與經驗現實，經常出現相互利用、互爲動力的複雜關係；並不是人的思想、志向被現實經驗所決定或者它們完全脫離於經驗現實而虛無化。正如張載所體證的：

〔註19〕黑格爾著，范揚、張企泰譯，《法哲學原理》，北京：商務印書館1979年，序言第14頁。

　　氣與志，天與人，有交勝之理。聖人在上而下民咨，氣壹之動

志也；鳳凰儀，志壹之動氣也。〔註20〕

現有研究雖然已經注意到「儒賈」作爲話語在明代的出現，但是卻沒有回答
這個話語是如何生成的？爲什麼當時使用「儒賈」而非「儒商」一詞？誰又
是「儒賈」話語的首要倡言者？這種「儒賈」的文化意象又是如何進入中國
人的文化——心理結構中的？這些問題，都有賴於「儒商」或「儒賈」詞語
史的深入研究。筆者將嘗試通過這種考察，融合傳統的問題意識，來同情地
體認「儒賈」在明代成詞這樣一個標誌性的語言事件。

第二節　回顧徽商研究的視野

　　毫無疑問，早期「儒賈」話語的出現跟徽州商人有著十分緊密的聯繫。
就明代而言，明確使用該詞來描寫商人的歷史故事，其主人公也大多是徽州
商人。例如，陽明學者耿定向的《儒賈傳》描寫的就是在湖北黃安的歙縣商
人程豪、程表兄弟。因此，要眞正理解這個話語興起的外在動力與內在的文
化特徵，就需要深入到對明代徽商的研究之中。而歸納、總結明清徽商研究
的歷史文獻，實際上是在講述「徽商研究」的歷史。準確地說，它就轉變成
爲一個「歷史編纂學」或史學史的問題，因爲這種條理化本身就必然帶有某
種傾向，因而不會是對研究文獻的簡單排列或組合。基於這種認識，下面的
問題就變得非常重要：現代學術界建立的關於徽商的知識中，出現了哪些典
型的敘述？這些論述背後的心態與事實又是什麼？

　　眾所週知，明代中葉至清末民初的數百年間，徽商一直是活躍於中國商
界的典型群體。徽商的活動方式與勢力消長，始終受到當時社會的政治、經
濟、文化的影響和制約；因此通過考察這種約束和影響，徽商研究可以成爲
我們窺探當時社會諸形態的重要切入點。另一方面，徽商的活動又反過來持
續影響、甚至塑造了新的政治、經濟和文化生活；因此，徽商研究又成爲理
解明清社會系統變遷機制和推動力量的重要素材。這兩個方面的學術空間，
隨著上世紀七、八十年代徽州史料的大量發現與出版而得到了極大地拓展，
一種被名爲「徽學」或「徽州學」的區域研究也隨之展開〔註21〕，關於徽州

〔註20〕 張載，《正蒙》，載章錫琛點校《張載集》，北京：中華書局，1978 年，第 10 頁。
〔註21〕 關於「徽學」或「徽州學」的由來、界定、內容、方法與學術價值等方面的
　　　　討論，請參閱朱萬曙（2004）主編的《論徽學》一書，該書分爲上下兩編，

與徽商的歷史「知識」被學術界批量地生產出來〔註22〕。此類知識的數量眾多，通過文獻綜述與論著總目〔註23〕，我們可以大體地把握該研究的主要脈絡。因爲本節的重點是討論徽商研究的主要脈絡，故於此處暫且略過一些精細的史實考證，集中關注該領域中的幾個核心問題意識和思想形態。

一、中國「停滯」論與「資本主義萌芽」視野下的徽商研究

16～18 世紀，自認爲從宗教的「魅惑」狀態中「解放」出來的歐洲文化精英，剛接觸到強盛繁榮、秩序井然的中國文明時，非常震驚和讚賞於世俗的中國社會的繁榮與文明程度。然而，隨著 18 世紀末英國和西歐其它國家的工業資本主義與殖民經濟在全世界的加速擴張，情況發生了劇烈的改變。基於經濟、科技、軍事、學術等領域的優越感，19 世紀、20 世紀西方的思想領域中逐漸形成各種中國「停滯論」及其變體〔註24〕。在「傳統」與「現代」、

分別集結了葉顯恩、趙華富、宮爲之、周紹泉、張海鵬、張立文、黃德寬、欒成顯、劉伯山、卞利、朱萬曙、劉和惠、劉淼、唐力行、張子俠、方利山、曹天生、胡中生、汪柏樹、郭因、王國鍵、王振忠、胡益民、陳晨、徐道彬、賀爲才、鮑義來諸人的文章，可以初步瞭解國內學者對「徽學」的觀點與態度。

〔註22〕 所謂的「知識」是被確認的、有時效的信念集合，在不斷更新和動態變化。

〔註23〕 徽學研究目錄搜集比較充分的是，安徽大學徽學研究中心搜集的 1907～2003 年《徽學論文總目》（http://old.huixue.org/hxlwjs.htm）。散見的徽商研究綜述包括：欒成顯，《改革開放以來徽學研究的回顧與展望》，《史學月刊》，2009 年第 6 期，第 5～16 頁；劉伯山，《徽學研究的歷史軌跡》，《探索與爭鳴》，2005 年第 5 期，第 42～44 頁；卞利，《20 世紀徽學研究回顧》，載安徽大學徽學研究中心編《徽學（第二卷）》，合肥：安徽大學出版社，2003 年，第 411～446 頁；曹天生，《本世紀以來國內徽學研究概述》，《中國人民大學學報》，1995 年第 1 期，第 110～115 頁；梁雪，《徽學研究論著資料索引》，《大學圖書情報學刊》，1994 年第 3 期，第 58～64 頁。其中徽商研究的文獻綜述有：王世華，《徽商研究：回眸與前瞻》，《安徽師範大學學報（人文社會科學版）》，2004 年第 6 期，第 631～643 頁；曹天生，《本世紀以來國內徽商研究述論》，《史學月刊》，1995 年第 2 期，第 81～88 頁；暢民，《建國以來徽商研究綜述和前瞻》，《安徽史學》，1986 年第 5 期，第 74～78 頁；《江淮論壇》編輯部，《徽商研究資料索引》，載《江淮論壇》編輯部，《徽商研究論文集》，合肥：安徽人民出版社，1985 年，第 612～626 頁。

〔註24〕 例如，19 世紀初法國哲學家康多塞認爲亞洲土地遼闊的帝國使得人類的思維能力陷入「停滯不前的可恥狀態」；德國思想家赫爾德所謂的中國、印度和美洲的土著沒有眞正的歷史進步，只有「停滯不變的文化」；黑格爾所謂中國是「永無變動的單一」，「在世界歷史的局外」；蘭克、穆勒等人說中國是「永恒

「新」與「舊」、「進步」與「落後」等社會進化論的話語下，中國社會似乎陷入某種頑固、保守結構的死循環之中，甚至被貶斥爲本質上只有空間的變化、沒有時間的變化。停滯論者精心地講述了這樣一個中國故事：「專制國家」的文化、政治與經濟制度，壓制和馴服了「商人集團」，使其缺乏對抗傳統體制的熱情，因此就不能內在地孕育出資本主義社會。在這個故事中，「資本主義」成爲中國走向現代文明的唯一道路，而且似乎只有一種形態的資本主義——那就是歐洲的工業資本主義。該故事後來亦被日漸西化的日本人和中國人自己所接受，並爲政治經濟和意識形態領域的侵略、抗爭、革新乃至革命等衝突提供「合法」行動的理由。以歐洲工業資本主義作爲「理想形態」，「中國爲什麼沒有產生資本主義？」就成爲困擾幾代東亞知識人的大問題。

徽商研究主要興起於 20 世紀中葉，因此自然不能迴避這種特殊的歷史心態與「現代」視野的影響。當時學者們關注徽商的重要原因，是爲了探討「商人集團」與「專制國家」之間的關係，以及在中國社會經濟中尋找所謂的「資本主義萌芽」因素。

在現代學術群體中，日本學者較早關注到徽州商人的活動情況。1932年，根岸佶的《中國行會的研究》曾有片段述及徽州商人的情況，這一點

停滯不前」、「固定不變」的社會；20 世紀初，馬克斯・韋伯則認爲中國儒教缺乏與世界的「緊張狀態」，只有西方的新教倫理精神才能產生和發展近代資本主義；費正清等人建立的衝擊—回應式的中國近代史觀雖然修正了靜態停滯論，但代之以「自給自足、平衡和穩定」的「積重難返」描述；列文森則建立「傳統與近代」的分立模式，中國傳統社會是寧靜、穩定、連續、停滯不前的，沒有近代價值的根源與近代因素，西方才是中國近代轉變的創始者；魏特夫則提出了暴虐的「東方專制主義」下的「治水社會」即使有「發展」和「變化」，也只能是「倒退」的、「循環」的；馬克思主義學者任曙、陶希聖、嚴靈峰則認定明清社會是封建社會，需要由階級鬥爭推動歷史必然性——「資本主義」及更高級的「社會主義」的出現；日本學者秋澤修二認爲中國社會「特有的停滯性」是由中國先天的內在矛盾決定，中國依靠自身的力量不可能產生具有資本主義性質的手工業工場，商人資本沒有外力的作用也不能發展爲資本主義的資本；20 世紀 70 年代，美國學者伊懋可提出中國傳統社會後期處於「高水平均衡陷阱」；80 至 90 年代，黃宗智將停滯論更精緻地表述爲「過密型商品化」。黃仁宇則提出明代社會缺乏「數目字管理」之類的組織技術，在財政管理上是倒退而不是進步，其統治基礎又是保守的農村經濟。金觀濤、劉青峰則認爲中國封建社會是一個「超穩定系統」。關於停滯論及其變種的一般敘述，請參見：張顯清，《中國歷史「停滯論」的由來與發展》，《明史研究》，2003 年，第 240～251 頁。中國停滯論的對立論述，請參考國內外學人對中國早期近代、中西大分流、明清世界體系等問題的研究。

已由藤井宏先生指出，現爲學界所熟知﹝註 25﹞。類似零星討論徽商的早期
日本文獻還有一些，常被徽商研究者所忽略。例如，西嶋定生的《中國經
濟史研究》第三部第四章「中國初期棉業市場的考察」中，作者以松江府
爲中心的地區的棉布交易，考察了明清間販賣中機布爲主的徽州布商取代
販賣標布的秦晉布商的過程中，所出現的松江府及其鄉鎮上狹義的交易市
場結構的變化，並指出：商人通過傭人掌管會計，由他們來擔當棉布的買
入及支付錢款，過去掌握中間買賣交易的布莊從交易市場上的中心地位而
衰落下來，織布業產生的利潤集中到外來布商的手中，這大概是布莊終於
沒能成爲批發制度式生產方式經營的主要原因之一，也是中國初期的棉業
到最後還是「停滯」在家庭手工業階段的原因之一﹝註 26﹞。以上二人的著
作皆不是專門研究徽州商人，只是稍稍涉及徽商的情況。我們下面主要關
注系統研究徽州商人的學術作品。

　　日本學者藤井宏於 1943 年 5 月、6 月、7 月在《史學雜誌》上發表了《明
代鹽商的一考察》，並於 1953 年 6 月、9 月、12 月和 1954 年 4 月的《東洋學
報》上發表了《新安商人的研究》。前文在考察明代內商各財閥時，曾論及徽
州商人的活動範圍與營業種類，認爲新安商人雄飛於中國商業界的根本原因
不是超過農業生產力限度的過剩人口向商業的轉移，而是唐宋以來徽州出產
的優質手工業品被徽人販賣四方謀利營生，以及新安精勵的學者與廉潔的官
吏輩出，他們出遊四方，並在所到之處保護和誘導徽州籍的商民﹝註 27﹞。後
文則以汪道昆的《太函集》爲基本資料，系統地闡述了明清徽州商人的活動
情況，主要論及明末清初各省物資流通、新安商人的活動範圍和營業項目、
商業資本蓄積的過程與經營的諸形態、新安商人與生產者和消費者的接觸
面、新安商人與國家及官僚的關係，最後揭示出新安商人是「集中體現著舊
中國社會的特質爲背景的最典型的前期的商人」：

　　　　新安商人與專制國家的官僚體制相結合，依靠兩者的聯合壓力
　　進一步加強對農民大眾的榨取；但在另一方面，新安商人和專制國

﹝註 25﹞ 藤井宏，《新安商人的研究》，載《江淮論壇》編輯部，《徽商研究論文集》，
　　　　合肥：安徽人民出版社，1985 年，第 131 頁。
﹝註 26﹞ 西嶋定生著，馮佐哲、丘茂、黎朝合譯，《中國經濟史研究》，北京：農業出
　　　　版社，1984 年，第 648～650 頁。
﹝註 27﹞ 藤井宏，《明代鹽商的一考察》，載劉淼編，《徽州社會經濟史研究譯文集》，
　　　　合肥：黃山書社，1987 年，第 291～296 頁。

家相互結合的同時，也成爲他們自己的掘墓人，而起著重大的作用。〔註28〕

對於深信「歷史的原動力是以勞動人民爲中心的動力所形成」——這樣一個「普遍眞理」的藤井宏先生而言，研究「在舊中國充滿著最反動意識」的新安商人的意義，就在於闡明：新安商人無意識的阻礙作用，反而使得作爲基本歷史推動力的農民力量的逐漸集結，從而開闢了中國近代化以來的「冷酷歷史」。這就是藤宏井先生的新安商人研究論文的深切現實關懷：農民起義不是並突然而來，而是與商人與政府聯合的壓迫有關的。

中國大陸的徽商研究，則主要受到了「資本主義萌芽」理論的影響。「資本主義萌芽」理論，實際是對「中國不能內生出資本主義」這種思想學術的反抗。「資本主義萌芽」一詞，首先來自中國政治思想研究者探討中國社會性質的文字中。據經濟史學家吳承明先生介紹，「1936 年，呂振羽同志在所著《中國政治思想史》中首次提出中國資本主義萌芽（工場手工業的原始形態）的概念。第二次國內革命戰爭時期，在關於中國社會性質的論戰中討論到這個問題。1939 年，毛澤東同志在《中國革命和中國共產黨》中明確指出：『中國封建社會內的商品經濟的發展，已經孕育著資本主義的萌芽，如果沒有外國資本主義的影響，中國也將緩慢地發展到資本主義社會。』」〔註29〕「資本主義萌芽」的論述雖然在努力強調近代中國具有向資本主義轉型的內在動力，但依然接受了停滯論關於中國社會長期受到「封建社會」束縛的說法。上世紀五十年代、八十年代國內分別出現的兩次「資本主義萌芽」的討論高潮〔註30〕，將這種逐漸被政治意識形態化的歷史理解，擴散成爲對前現代中國歷史的主流解釋。

大陸徽商研究的主要奠基人是經濟史學家傅衣凌先生。1947 年 6 月，在

〔註28〕藤井宏，《新安商人的研究》，載《江淮論壇》編輯部編，《徽商研究論文集》，合肥：安徽人民出版社，1985 年，第 246 頁。

〔註29〕吳承明，《關於中國資本主義萌芽的幾個問題》，《文史哲》，1981 年第 5 期，第 3～12 頁。

〔註30〕「資本主義萌芽」理論的集中討論，請參閱以下論文集：中國人民大學中國歷史教研室編，《中國資本主義萌芽問題討論集》，三聯書店，1957 年；南京大學歷史系中國史教研室編，《中國資本主義萌芽問題討論集》（續編），三聯書店，1960 年；南京大學歷史系明清史研究室編，《明清資本主義萌芽研究論文集》，上海人民出版社，1981 年；以及南京大學歷史系明清史研究室編，《中國資本主義萌芽問題論文集》，江蘇人民出版社，1983 年。

《福建省研究院研究彙報》第二期，傅衣凌發表了題爲《明代徽商考——中國商業資本集團史初稿之一》一文，該文後來被收錄在 1956 年人民出版社出版的《明清時代商人及商業資本》一書中。該文對徽商在中國商業上的歷史地位及其代表的商業資本的類型做出了評價，指出商業資本發展的「正確路線」與困境的問題。即，商業資本「縱不能產生新的生產方式，但對於引導新經濟和創生端緒，是有其積極的敦促作用的」，但實際上中國商業資本受市場的狹隘性限制與封建政府的干涉和壓迫，距離直接從事控制生產活動有相當的距離；表現爲商業資本與土地資本、官僚資本關係密切，處於困境的商業資本只有兩個出路：個人浪費與鄉族消耗；然後得出結論：

> 總之，從本章所提供的許多資料中，我們不難看到明代徽商資本在分解封建社會的過程上所起的作用，且產生有不少新的資本主義成分的萌芽因素，然終被這舊生產方式的堅固性與內部結構緊緊的限制著，於是遂使得徽商資本的發展，一方面，受著古舊的老朽的生產方式的殘存所壓迫；另一方面，又爲資本主義生產的不發展所苦，死者捉住生者，形成了徽商資本的一個基本特點。〔註31〕

五十年代末，陳野（陳學文）認爲徽州商業資本具有不置田業、活動範圍廣、達到了商人變爲產業家、與高利貸結合、濃厚的地域性和宗族性五個特色，最後以之論證明清時代商業資本對瓦解自然經濟和推動商品生產向資本主義的經濟過渡中所起的巨大作用〔註 32〕。七十年代，大陸的徽商研究一直處於相對低靡的狀態。臺灣學者則在史實考證上取得較多進展〔註33〕。日本學者斯波義信的《宋代徽州的地域開發》發表於《東洋史論叢》

〔註31〕 傅衣凌，《明清時代商人及商業資本》，北京：人民出版社，1956 年，第 84 頁。

〔註32〕 陳野（陳學文），《論徽州商業資本的形成及其特色——試以徽州一地爲例來論證明清商業資本的作用問題》，《安徽史學通訊》，1958 年第 5 期，第 33～42 頁。

〔註33〕 例如，臺灣學者方豪利用個人搜集的若干徽州文書資料，發表了關於徽商和徽州社會經濟研究的系列論文：《乾隆五十五年自休寧至北京旅行用賬》（《食貨》月刊復刊 1 卷第 7 期）；《明萬曆年間富家產業抄》（《食貨》月刊復刊 1 卷 5 期）；《乾隆十一年至十八年雜賬及嫁妝賬》（《食貨》月刊復刊 2 卷 1 期）；《康熙時重新祠樓之文獻》（《食貨》月刊復刊 1 卷 11 期）；《乾隆二十六年等赴六合事錄》（《食貨》月刊復刊 2 卷 7 期）。轉引自馮劍輝，《明清徽商「脫賈入儒」研究——以歙縣長齡鄭氏爲中心》，《黃山學院學報》，2008 年第 4 期，第 11 頁注 3。

1972 年第 1 卷，其後被翻譯收錄在劉淼輯譯的《徽州社會經濟史研究譯文集》〔註 34〕。該文討論了宋代徽州的歷史地理、殖民和開發、經濟的開發諸問題，指出徽州山村型的開發實際上是勞動集約和商業化二種形式並存，而勞動集約所獲得的效益是有限的，商業化的加強，對於克服這一地區自然方面的劣勢，顯然作用更大些。1975 年，日本岩波書店出版了重田德的《清代社會經濟史研究》，該書第四章第三節中，曾專門論述過「清代徽州商人之一面」，此文以《(民國) 婺源縣志‧人物志》為主要素材，討論了婺源商人「棄儒就商」的經商之道以及婺源木、茶二業，指出徽商以家族倫理來掩蓋經商的自身意義，沒有體制外的自覺意識與對抗熱情，而人物志的商人傳不是誇耀婺源商人的隆興，而是作為顯彰善行和美德，強化和鼓吹同族、同鄉的紐帶，以作為商人的一種志向〔註 35〕。八十年代初，葉顯恩發表了一系列關於徽商的論文〔註 36〕，從區域社會經濟史的視野討論了根植於佃僕制的徽州商業資本的形成與發展、徽商的衰落及其歷史作用、徽商利潤的封建化與資本主義萌芽，並於 1983 年出版了《明清徽州農村社會與佃僕制》一書。該書系統地從土地所有制、縉紳地主勢力、商業資本、封建宗法制度、封建文化、佃僕制度幾個側面，探討徽州農村社會的底蘊，徽州商人的「封建化」成為一個核心理解：

> 帶有奴隸制殘餘的徽州縉紳地主勢力的強大及其久而不衰，徽州商業資本的發達，宗法勢力的強固，封建理學的猖獗，以及地理環境和人口的特點等種種原因，交相作用，互相影響，從而形成了導致佃僕制頑固殘存的特定的歷史條件，使佃僕制得以頑固地殘存下來。〔註 37〕

不過，以歐洲經驗形成的理論框架，是否可以直接用於概括中國自身的歷史

〔註34〕 斯波義信，《宋代徽州的地域開發》，載劉淼輯譯，《徽州社會經濟史研究譯文集》，合肥：黃山書社，1987 年，第 1〜18 頁。

〔註35〕 重田德，《清代徽州商人之一面》，載劉淼輯譯，《徽州社會經濟史研究譯文集》，合肥：黃山書社，1987 年，第 417〜456 頁。

〔註36〕 葉顯恩，《試論徽州商人資本的形成與發展》，《中國史研究》，1980 年第 3 期；葉顯恩，《徽商的衰落及其歷史作用》，《江淮論壇》，1982 年第 3 期，第 57〜63 頁；葉顯恩，《徽商利潤的封建化與資本主義萌芽》，《中山大學學報》，1983 年第 1 期，第 49〜65 頁。

〔註37〕 葉顯恩，《明清徽州農村社會與佃僕制》，安徽人民出版社，1983 年，第 301〜302 頁。

經驗？這一問題，越來越多學者的答案是否定的。學者們也再不願意直接照搬西方的概念使用到中國的歷史上。在歷史敘述中突出歐洲歷史的特殊性，成爲一種新的中國歷史學心態。比如，針對「資本主義」這個概念，余英時先生就明確指出：

> 「資本主義」，其涵義是非常嚴格的，即指西歐十六、七世紀以來所發展的一套經營和生產方式，現代一般史學家都承認西方資本主義可分爲兩個大階段，而以十九世紀的工業化爲分水嶺。在此之前是所謂「早期資本主義」（「early capitalism」）。但在精神上，資本主義的前後兩期仍是一貫的，因爲它自成一套「系統」。無論是馬克思或韋伯，都認爲這一套經濟系統是西歐所特有的。……從嚴格的史學觀點說，我們只有一條路可以建立這一論點，即對中西社會經濟史進行了全面而詳盡的比較研究之後，發現雙方有一個共同的發展階段，不但在個別的部門中有相同的變化，而且在整體結構上也趨同一致。在這一工作沒有完成之前，所謂「資本主義萌芽」的問題時連提出的資格也不具備的。〔註38〕

加州學派的學者更是將歐洲歷史經驗及其近代史學在方法論上進行徹底反省，成爲批評歐洲中心主義的重要流派〔註39〕。例如，經濟史學家李伯重就認爲，「近代史學起源於歐洲，由於歷史條件的局限，過去歐洲史學家把歐洲經驗作爲人類社會發展的共同道路，是不足爲奇的」，這種「資本主義萌芽情結」，是幾代中國學者堅定不移的信念〔註40〕。張彬村也指出，「我們在檢討中國市場經濟的歷史經驗時，不要忘記中國的經驗並不是例外，例外的是近代歐洲的經驗。」〔註41〕儘管「資本主義萌芽」的提法遭到不少批評，但是總體來講，幾代學人的巨大努力揭開了明清時期社會經濟的大致面貌，這是值得大力肯定的。

〔註38〕余英時，《中國近世宗教倫理與商人精神》，臺北：聯經出版事業公司，1987年，「自序」第 58 頁。
〔註39〕加州學派的一些重要觀點，請參閱王國斌、彭慕蘭、李中清、弗蘭克、李伯重等人的著作。
〔註40〕李伯重，《資本主義萌芽情節》，《讀書》，1996 年第 8 期，第 63～70 頁。
〔註41〕張彬村，《明清市場經濟發展的困境》，《中國經濟史研究》，1997 年第 1 期，第 130～137 頁。

二、歷史主義與市場經濟視野下徽商知識的大規模生產

　　隨著特定意識形態的影響逐漸消退，人們對經驗史實的關注逐漸超越了對整體的合理性敘述的關注。在知識生產中，出現了兩個大的轉向。一個轉向是歷史主義敘述，一個是從馬克思主義的「商品經濟觀」向新古典經濟學為基礎的「市場經濟」的敘述。

　　歷史主義強調針對某一歷史事件採集具體經驗的重要性，反對直線進化論或者簡單的「普世主義」。需要指出的是，在這裏，我並不將「歷史主義」僅僅看成是西方興起的一種狹義的科學哲學；而是指稱一種強烈情景化的歷史認識方式：人或生物對所處環境的特殊「適應」與「演化」過程，如果脫離這種環境就有可能產生不適應。這種認知方式，實際上主導著近代經濟史的微觀研究，也在動搖人們的舊有理解。

　　在宏觀論述上，除了馬克思政治經濟學外，新古典經濟學逐漸成為中國近代經濟史研究的重要理論來源。在上世紀九十年代以後，隨著我國確定建立社會主義市場經濟體制，以及學界對「資本主義萌芽」問題的深入反思，經濟史學家越來越發現，市場經濟比資本主義的問題更加重要。比如，吳承明就認為「把過渡到市場經濟作為現代化標誌，比把實現資本主義化作為現代化標誌，更符合歷史實際，任何民族遲早總會現代化，但不必需經過資本主義社會。」〔註42〕在向市場經濟轉向的思潮中，學者們更願意討論資源配置、市場機制之類的問題，而不是階級社會問題。西方經濟學中占主導地位的新古典主義與新古典綜合派的思想，因其數理化、體系化的特點成為中國近代經濟史研究中極有影響力的「構想」工具。以馬歇爾為代表的新古典主義吸收了邊際分析方法，以薩繆爾森為代表的新古典綜合派又吸收了凱恩斯經濟學，二者為我們在宏觀和微觀上精確研究近代市場提供了方便。

　　具體就徽商研究來說，一批有分量的資料彙編與學術專著也陸續問世，關於徽商的具體知識也被成批次生產出來。這些知識的思想取向、視野是異常多元的，在本節中筆者並不想一一論述，而是以羅列的方式呈現這種學術繁榮的狀態。

　　1985 年，張海鵬、王廷元主編出版了《明清徽商資料選編》，這部資料集涉獵各類書籍二百三十餘種，其中徽州各姓的族譜、家規近百種，是研究明

〔註42〕吳承明，《現代化與中國十六、十七世紀的現代化因素》，《中國經濟史研究》，1998 年第 4 期，第 3～15 頁。

清徽商的重要文獻資料集〔註43〕。同年，《江淮論壇》編輯部主編（由孫樹霖、劉淼收集、整理和編輯）的《徽商研究論文集》彙集了中外學者發表的徽州商人前期研究的 24 篇重要成果〔註44〕。1993 年，張海鵬、張海瀛主編的《中國十大商幫》，其中「徽州商幫」部分由安徽師範大學的徽州研究團隊成員──王廷元、唐力行、王世華、周曉光、李琳琦執筆，王廷元通稿，主要討論了徽商的興起、興盛、商業道德、經營活動的特色與衰落五個方面〔註45〕。1995 年，張海鵬、王廷元主編的《徽商研究》，由當時安徽師範大學徽商研究中心（原爲明清史研究中心）的張海鵬、王廷元、王世華、周曉光、李琳琦，以及特約的鮑義來、周紹泉等人編撰而成，主要討論了徽州商幫的形成與發展、徽商的資本積累、徽商在長江流域的經營活動、徽商與兩淮鹽業、徽商在茶、木、糧、典和棉布業中的經營活動、徽商與封建勢力、徽商的「儒賈觀」和商業道德、徽商資本的出路、徽商與徽州文化、徽商個案研究、徽商的衰落，共計十一章，比較全面地討論了徽州商人的各個方面〔註46〕。1996 年，王振忠撰寫的《明清徽商與淮揚社會變遷》則討論了徽商與明清兩淮鹽政、徽商的社會流動及其影響、徽商與東南文化變遷三個方面的問題〔註47〕。2001 年，陳智超先生的《明代徽州方氏親友手箚七百通考釋》精心考證了這些手箚中出現的人名，爲理解明代徽商的社交行動與關係網絡提供重要的微觀史料〔註48〕。2003 年，唐力行修訂了《商人與中國近世社會》（1993 年浙江人民出版社第一版，2003 版爲修訂本），該書討論了傳統社會中的商人、近世前期商人的整合與商幫的興起、商人的組織（宗族、會館、行會與公所）、商人與資本主義萌芽、商人與社區生活、近世後期商人的整合與資產階級的興起、商人在近世社會演進中的角色八個部分，並認爲貫穿至中國近世的是：傳統的中國社會結構始終將商人置於統一與抑商、財富與地位的兩難境地〔註49〕。2005 年，王世華、王廷元的《徽商》（徽州文化全書系列之一）繼《徽

〔註43〕張海鵬、王廷元編，《明清徽商資料選編》，合肥：安徽人民出版社，1985 年。
〔註44〕《江淮論壇》編輯部編，《徽商研究論文集》，合肥：安徽人民出版社，1985 年。
〔註45〕張海鵬、張海瀛，《中國十大商幫》，合肥：黃山書社．1993 年。
〔註46〕張海鵬、王廷元，《徽商研究》，合肥：安徽人民出版社，1995 年。
〔註47〕王振忠，《明清徽商與淮揚社會變遷》，上海：三聯出版社，1996 年。
〔註48〕陳智超，《明代徽州方氏親友手箚七百通考釋》，合肥：安徽大學出版社，2001 年。
〔註49〕唐力行，《商人與中國近世社會》，北京：商務印書館，2003 年。

商研究》之後，再一次綜論了徽商的各個方面：主要包括徽商興起的自然條件與歷史背景、徽州商幫的形成與發展、徽商經營的行業、徽商的經營方式、徽商的資本積累、徽商與封建政治勢力、徽商的婚姻與家庭、徽商人物舉例、徽商的歷史作用、徽商的衰落共十二章節的內容〔註50〕。安徽大學徽學研究中心（其前身是安徽大學徽州學研究所）分卷出版的學術年刊《徽學》，每卷集結多篇徽學研究文獻，其中亦不乏專門討論徽商之作。此外，徽商研究的專著還有：王磊的《徽州朝奉》（福建人民出版社 1994 年版），張海鵬、王廷元主編的《徽州商幫：翰墨儒商，信義爲先》（香港中華書局 1995 年版），曹天生的《中國商人》（甘肅人民出版社 1997 年版），唐力行的《商人與文化的雙重變奏——徽商與宗族社會的歷史考察》（華中理工大學出版社 1997 年版），金家保主編的《近代商人》（黃山書社 1996 年版），王世華的《富甲一方的徽商》（浙江人民出版社 1997 年版），周曉光、李琳琦的《徽商與經營文化》（世界圖書出版社 1998 年版），汪鳴裕的《古代商人》（黃山書社 1999 年版），李琳琦的《徽商與明清徽州教育》（湖北教育出版社 2003 年版），臼井佐知子的《徽州商人研究》（汲古書院 2005 年版），馮劍輝的《近代徽商研究——以 1830～1949 年爲中心》（山東大學博士學位論文，2008 年），朱萬曙的《徽商與明清文學》（人民文學出版社 2014 年版）。再者，亦有不少專著涉及徽商研究的內容。例如，陳學文的《中國封建社會晚期的商品經濟》（湖南人民出版社 1989 年版），劉淼的《明代鹽業經濟研究》（汕頭大學出版社 1996 年版），范金民的《明清江南商業的發展》（南京大學出版社 1998 年版）以及唐力行的《明清以來徽州區域社會經濟研究》（安徽大學出版社 1999 年版）等等。

三、徽商的「賈而好儒」特色

與「儒商」相關的徽商研究主要是所謂的徽商「賈而好儒」特色的討論。除此之外，相關細緻討論很少。一方面是五四以來，在強烈的反傳統思想的影響下，激進的知識人將儒家文化視爲封建專制主義的幫凶。傳統所謂「賈而好儒」的徽商，只是「黑暗」「封建統治」的幫兇而已，自然不可能願意去仔細地理解他們。對於這些人而言，儒家文化主要是一種商業活動的工具性的功利外衣而已。

〔註50〕王廷元、王世華，《徽商》，合肥：安徽人民出版社，2005 年。

　　張海鵬、唐力行首次提出了「賈而好儒」是徽商的特色，並從辯證法中的正、反、合三個角度考察了徽州商幫與徽州儒學的相互作用：首先，徽人「張賈」獲利後通過「張儒」求名。或多延師課子，令子弟業儒；或自己從賈前「雅好詩書」，從賈后「好學不倦」；或「老而歸儒」；同時又重視和資助「振興文教」。其次，儒學對商業的反作用表現在：1）徽州由於儒學之盛，在徽商中有許多人受過儒學教育；他們掌握了一定的文化知識，這對開展商業活動是非常有利的；2）「儒業」者出身的商人，在經營活動中，多以儒道經商，這些儒道是「以誠待人」、「以信接物」、「以義爲利」；3）徽籍學者的經濟思想對商業發展的影響。最後，則總結說「徽商『賈而好儒』，雖然對商業的發展起著一定的促進作用；但是，儒學畢竟是維護封建制度的一種思想武器，徽商的視野和經商活動，也必然因此被禁錮在封建主義的柵欄裏。當我國封建生產方式和政治制度處於變革之際，像這樣的封建商幫，最後也不可避免地伴隨著我國古老的封建社會一同歸於衰落。」〔註51〕

　　該文並沒有對「賈而好儒」下準確定義，以致後來的討論中出現了較大的爭論。例如，張明富據張海鵬、唐力行的文章，把徽商「賈而好儒」的特色概括爲四個方面的表現：1）多延師課子，令子弟業儒；2）「雅好詩書」，「好學不倦」；3）「老而歸儒」；4）重視和資助文教。他對江浙、山西、廣東地區的商人爲中心的考察，提出這些地區商人「張儒」的方式也與徽商相同，並使用例證法「賈而好儒」並非徽商所獨有〔註52〕。王世華則批評地回應張明富的文章，並不認可商人家庭有人讀書、捐補個博士弟子就算是「賈而好儒」，並認爲徽商「賈而好儒」的特色除了有大量例證外，明人、清人均形成了這種對徽商的總體印象。而且，徽商「賈而好儒」特色之所以形成是有其特殊原因的。徽州是朱子闕里，二程尤其是朱熹在這裏影響很大，這裏「儒風獨茂」。徽州獨茂的儒風薰陶了徽商，徽州憑藉自己的財力又大力投資文化教育事業，從而有力地促進了徽州「儒風」的發展。徽商資助書院，促進科舉興旺、促進各種學術和藝術事業的發展和繁榮，這進一步地詮釋了張海鵬「徽商是其酵母」的提法〔註53〕。

〔註51〕張海鵬、唐力行，《論徽商「賈而好儒」的特色》，《中國史研究》，1984 年第 4 期，第 57～70、80 頁。

〔註52〕張明富，《「賈而好儒」並非徽商特色——以明清江浙、山西、廣東商人爲中心的考察》，《中國社會經濟史研究》，2002 年第 4 期，第 10～18 頁。

〔註53〕王世華，《也談「賈而好儒」是徽商的特色》，《安徽史學》，2004 年第 1 期，第 96～102 頁。

總體來說，徽商研究一方面出現了去意識形態化的特徵，一方面又因為人們喪失了對中國傳統儒學的切身理解，不少徽商研究的作品逐漸變成對史實證據的陳列，並不能真正進入到古人的心靈中設身處地理解古人。

第三節 敘述方式與策略選擇

我想在這一節從方法論的角度，反思一下我對歷史知識與歷史敘述的粗淺理解。歷史知識通常包括了事實、常識與價值判斷。事實主要基於與觀察者「共存於同一的時間維度」這種信念，從而獲得了某種歷史客觀性。它們就是歷史進程的本身，其真實性不會因為後來的認知主體而發生改變。比如「朱元璋定都南京」這樣的事實，我們在認知並敘述該事實時，或許會出現一些差異，但是沒有人會直接否認它的存在。當然，這樣的事實被用語言敘述時，則是需要用網絡化的常識作為理解的支撐。如果人們不能瞭解「朱元璋」、「定都」、「南京」這些詞語所指示與延展的意義，事實與知識也難以傳達出來，只好被禁錮在認知主體的囚籠裏。常識有約定俗成的成分，也有社會建構的成分。它們往往帶有價值判斷，並與個體的情感系統相關聯。不同的人在理解事實時，所援引的常識網絡則各不相同，理解的深淺與牽引的情感自然也會有所不同。事實與常識是知識的一個部分，但又不等同於知識。同時，歷史知識的生產，無疑受到研究者提問心態的影響。這種心態就是人類通過語言、利用理性追逐事實的過程中，不得不牽涉出情感而形成的綜合狀態。老練的敘述者選擇和掌控語言，來調整敘述中釋放情感與價值的程度，使得他人在一定程度上可以開展理解並產生共鳴。

大致地講，當代歷史學中主要有三種流行的敘述方式。

一、經驗主義取向的歷史敘述

第一種是經驗主義取向的歷史敘述。它擱置語言分析對於常識的解構作用，直接從經驗追問歷史的事實與真相。文獻資料被視為指向歷史事實的證明「材料」，事實則經由對眾多「史料」的取捨、提煉、歸納而成。這是一種考古學式的路徑。「倫理學家的手段」、「文章家的本事」，要被排除在歷史學家的「科學」敘述之外。發現和挖掘新的、不同種類的史料，甚至被一些歷史學者認為是唯一值得花力氣去做的事：歷史學也因此窄化為史料學。它的

一個好處是，極大地突破了史料的種類與範圍，通過「相互對質」的材料接近歷史真實。謹密的「科學」態度，努力地保證研究者不會產生過分偏離真實的情況。基於經驗的歷史分析，通常讓歷史學家不會局限於特定理論所觸及的狹小範圍，能充分展現歷史現象的複雜性與多樣性。

與此同時，也會產生一個壞處──那就是，容易讓我們忽略神話、宗教、心態、情感、理解、甚至誤解，曾經也是歷史真實的一個部分，可能仍然會是人們現在與將來認識世界的一種方式，它們同樣具有歷史的客觀性。因此，除了用於考證某些瑣碎的具體事實之外，由於對主觀世界、價值理念缺乏足夠深度的探察工具，這種方式在理解涉及文化、心態的議題時通常變得捉襟見肘。再者，如果過分強調人適應歷史環境時而產生的特殊經驗，則會出現以下的諸多弊端：比如，缺乏整體性與結構性的研究；歸納法與實證法屬於經驗方法，無法在邏輯上肯定認識的普遍真實性；在解釋史料和做判斷時，由於缺乏公理原則和強調特殊性，而需要依憑史家的直覺和主觀推理這些背離「科學」的方法。這也正是「理性主義」取向的歷史學者所批評的。

二、理性主義取向的歷史敘述

第二種敘述方式是理性主義取向的歷史敘述。人們不再滿足於從歷史碎片中獲得零星的經驗認識，堅信社會受到某些力量的約束而存在自然秩序，或者試圖尋找時間線索下紛繁複雜的社會事實背後的歷史「理性」。因此一定會突破「一分證據說一分話」的傳統史學禁律，嘗試提出歷史「規律」或歷史「共性」的理論。在這種訴求下，根據研究起點的不同，就分化為「論從史出」與「以論帶史」兩條路徑。「論從史出」是從一大堆尚未發掘或者發掘不夠的歷史證據中找出新的經驗信息，然後構建基於經驗發現的概念和理論。這條路的出發點雖然是經驗研究，但是超越了經驗，進入概念、觀念的抽象思考中。正如黃宗智所倡導的：「從經驗研究出發到理論，然後再返回到經驗發現，而不是從相反的路徑著手」〔註54〕。它要求研究者遵循實證主義、有時甚至是科學主義的原則，展開對歷史文本的閱讀，並在此基礎上形成概念與理論架構。就學術方法而言，每則史料是一扇窺視歷史真相的窗口，通過對來自不同作者、同一時空的史料的歸納，可以儘量降低時空變動、文本

〔註54〕黃宗智，《學術理論與中國近現代史研究：四個陷阱和一個問題》，載黃宗智，《中國研究的範式問題討論》，北京：社會科學出版社，2003年，第102頁。

作者與解釋者的主觀意識對研究視閾的干擾。就當今的學術現實而言，史料是在經歷了政治權力支配學術的苦痛之後，具有不同意識形態的中國史研究者得以安全「對話」的基礎〔註55〕。

理性主義者的另外一種常見做法是「以論帶史」，即先建立一套理論假說，讓它接受經驗事實的檢驗，然後再對其理論作出修正和調整。這種思路並不持有絕對的理性主義態度，而是工具理性的態度。這種態度將理性視為構想工具，注重工具的實效。也就是意味著，思維是工具性的，真理也是人造的工具，它們的價值不在於它們自身，而在於它們造就的結果中顯現的功效。這是歷史學的社會科學化的產物。作為強有力的工具理性，它可以從邏輯上解釋群體的變遷，但不能解釋真實世界中人的實際動機與激勵機制。當它被極端意識形態化之後，產生的嚴重後果是：功效性的動機取代了個人的價值動機，這成為當前人類的價值焦慮的主要來源之一。經濟解釋通常屬於「以論帶史」的路徑，用於構建歷史信息之間的一般性聯繫。高度概括的經濟解釋往往會忽略歷史現象間的某些重要差異，難以有針對性地解釋某些特殊現象。這是採用「以論帶史」方法時所應該警惕的。但如果走向重理論輕史實的極端，隨著理論背後所蘊含的意識形態差異，學術研究也就會演變為純粹的意識形態之爭，而無堅實的史實基礎。

這種敘述中，還有一種常見的對待時間的錯誤態度：時間被簡化成一種抽象的維度或者變量，而不是持續轉化的相對過程。不同的事物甚至可以被隨意地在時間維度中擺放，似乎絲毫不用擔心「後此謬誤」等等問題。唯一決定這種擺放次序的，被認為是人的邏輯構建能力。在這種時間觀下，時間是抽象的、空洞的、同質的。世界上兩件事物的聯繫，是擺放在時間上的兩個對象，只能在想像中獲得某種「現實」的聯繫。然而，歷史展開的實際過程，正如宋儒張載所言，「其來也幾微易簡，其究也廣大堅固」〔註56〕，從「幾微易簡」到「廣大堅固」的演化過程十分複雜。即便我們在「事後旁觀者」的角度想像它，運用理性條理化它，歷史進程不一定是按照人類理性的方向前進的。「歷史必然性」的鬆動不可避免，歷史學家必須容忍觀念「羊圈」之外的「事實之羊」。

〔註55〕周錫瑞，《後現代式研究：望文生義，方為妥善》，載黃宗智，《中國研究的範式問題討論》，第68頁。
〔註56〕張載，《正蒙》，載章錫琛點校《張載集》，北京：中華書局，1978 年，第 7 頁。

三、解構取向的歷史敘述

第三種敘述方式則是解構取向的歷史敘述。它對邏輯觀念與結構闡釋帶有強烈的懷疑心態，認爲「語言是最後的眞實」。知識在語言中被異化爲權力表達，工具理性主導下的同一性、標準化、整體性，侵蝕著歷史的複雜性與多元性。它的基本傾向，通常被認爲是既不相信歷史的經驗，也不相信意義的本源與眞實。這種敘述將主體對傳統的偏見體驗，從堂皇的「理性」、「科學」、「眞理」話語中揪了出來，重新解釋了「理解」的含義——就是將主體置於傳統中、不斷融合過去與現在的過程。歷史與觀察者並不再是截然分開，也不存在一個「公正的旁觀者」，這二者是在相互影響、相互生產著的。歷史與傳統生產了觀察者，影響著觀察者的問題意識；而觀察者也在創造著關於歷史的「看法」與知識。因此，要理解我們製造的新知識，又需要大量由歷史、傳統所生成的常識。這樣，偏見則始終伴隨著歷史解釋，如影隨形。這種敘述方式注重「視域的交融」，作爲對付「單個」與「總體」、「具體」與「抽象」之間過渡關係的重要方法。此種方式導致了價值、精神在形上學或本體論的總體崩潰。

對於基礎事實而言，其客觀性是普遍存在的，但是對於從基礎事實中所抽象出來的史識、史學則不然。例如，在徽商研究中，文獻資料往往取自正史、方志、譜牒、碑文、文集、筆記、小說、文書（如信函、契約）等文本。這些文本受到時空背景、作者的先驗觀念等多方面的影響，只是作者所理解的局部歷史印象中、能夠用文字描述出來的、且存留至今的極少部分內容。受限於個體知識的局部性與主觀性，文本中總是存在作者有意識或無意識「創造」的內容。同樣，現代研究者在閱讀這些文本時，也會受到自身所處時空與個體觀念的影響，所能理解並準確表述出來的文本意義自然也帶有主觀創造的痕跡。以詮釋學的眼光看，文本的內容與意義並不是客觀地、靜態地凝固於文本中的東西，對文本的理解過程是文本作者的原初視閾和解釋者的現有視閾的交織融合，文本內容會隨著解釋者的不同，呈現不同的理解。詮釋學的觀點基本上終結了主觀考察者與客觀對象間截然分立的局面。但是，如果完全否認客觀性的話，又會走向不可知論。

總體而言，以上三種敘述傾向，都有其合理且強大的說服力。但同時，說服力亦存在很大差異。歷史眞實總是會被敘述者的言語和理解言語所需要的「常識」所隔離，當敘述者所表達的言語及理解它所需要的常識並不十分複雜且相對穩定的時候，經驗主義取向的研究者就可以大量借助對某些歷史

敘述者不斷增強的信心和「合理」推斷，定義或建立起基本的、穩定的歷史認識。但當所需的「常識」非常複雜、而且時時變動的時候，那麼歷史認識就成為一種「權宜之計」或者「奢望」。可以說，經驗主義敘述在碰到更高級的認知活動的時候，通常會喪失它的解釋力。另一方面，歷史又總是在不斷演變的、時時生成的、且整體關聯的，微觀的、整全的「歷史真實」將是轉瞬即逝，又轉瞬而成的，基於微觀史料而構建的經驗敘述不僅是不完整的，還是片段的。但這並不意味著「真實」或「穩定的秩序」不存在，高級的認知活動可以保持一種認知的穩定性與自洽性。這就是理性主義可以帶給我們的好處，否則世界將是不可知的。與此同時，這種高級的認知活動所創造的穩定性與自洽性，並不會是一個終極穩態，而是在局部積累改進，以致最終形成某種顛覆性的認知。

四、本書採用的敘述策略

從個人的心理傾向來講，我極不願意採用線性邏輯的方式講述歷史，因為這可能會是單調而且武斷的。尤其是對於缺乏足夠量化工具來處理的歷史議題來說，遽下結論會顯得有些莽撞。我寧願採取一種權且稱作「浸染」的方式來展開研究。當面對一個陌生而且毫無頭緒的領域的時候，一個好的辦法，就是選擇一個點作為突破，然後跟著事物的自然脈絡和聯繫去探查它。作個形象的比喻，就像在一張粗糙的紙巾上，用墨筆的筆尖隨意沾染一下，然後墨水就會沿著紙巾的粗細不同且分佈不均的纖維而擴散開去，這就是所謂的「浸染」式的方式。這種浸染式的敘述是作者無法完全預料和掌控的，它將要帶給作者的挑戰性議題也不會是同一性質的。因此，在敘述策略上必然會是多樣化的。從整體來看，這本書也不會是一個「完成」的作品，只能是一個階段性的作品。

在敘述策略的選擇上，我完全贊同經濟史學家吳承明先生的「史無定法」的建議：「研究經濟史，唯一根據是經過考證的你認為可信的史料，怎樣解釋和處理它，可根據所研究問題的性質和史料的可能性，選擇你認為適宜的方法，進行研究。不同問題可用不同方法；同一問題也可用多種方法來論證，結論相同，益增信心，結論相悖，可暫置疑」〔註57〕。

〔註57〕吳承明，《經濟史：歷史觀與方法論》，《中國經濟史研究》，2001 年第 3 期，第 13 頁。

　　具體到本書，各個章節的敘述策略將隨著討論主題而調整。例如，當我討論儒商的思想之類議題時，就一定不會局限在嚴格的經驗主義範圍之內，因爲對思想的理解和同情是不能夠被絕對「客觀化」的，理解者的心靈必須介入其中玩味（用中國的話，就是「交感」），而這種介入所產生的很大一部分信息是不能向他人完整傳遞的深層體驗，它們可以被部分表述，但又不一定能被證實。謹慎的歷史學者往往會告誡年輕學者不要過早地涉入思想史的研究，其中一個原因亦在此。這種中肯的建議自然需要聽取，但於本書所採用的「浸染」式敘述而言，思想史的研究又是不可迴避的內容，姑且讓淺薄之我做些粗步的嘗試吧。關於具體的方法論討論，我根據需要將其放在每個章節內部，而不是在引言中講述。

第四節　本書的結構安排

　　全書共分爲六章。

　　第一章　引言：主題與方法

　　此章在歷史與現實的相互映襯、相互生產的描述中，點出本書的核心主題──如何理解「儒賈」話語在明代首次湧現的現象。在處理上，作者不願意將「儒商」簡單地視爲一種明代「士商合流」大潮中出現的社會階層嬗變現象，而是首先將「儒賈」作爲文化精英所創設的具有自我實現能力的文化意象，它通過思想和語言在一定範圍內的社會群體中擴散的過程，最終成爲「塑造」或「規制」出來的文化符號。這種文化符號援引了儒家思想的豐富資源，整合了不斷擴張中的明代商人群體在商業行爲的自我約束與啓蒙教育上的大部分精神力量。本章點出了「氣」與「志」作爲統攝這個過程的兩個核心概念。在社會史或者社會經濟史的宏大敘事中，個人志向通常被主導歷史進程的「普遍規律」所籠罩和遮蔽。此外，此章還簡要回顧了徽商研究的幾種主要視野，以之深入反省儒商研究者可能會援引的所謂「常識」；並且粗略討論了本書將要選擇的敘述策略。

　　第二章　由氣觀化：明代徽州社會經濟的轉化與變遷

　　此章使用了「由氣觀化」，可能會讓一些人覺得不倫不類。但是筆者意在通過四個相互連接的章節，討論明代徽州社會經濟的轉化與變遷及當時人們的眞實感知。第一節簡述明代商業力量從元末的戰火及明初的強力控制中復

蘇的過程。第二節重點闡述了明代徽州農民的出賣過程，及徽州農田價格的變化中揭示的市場結構變遷與商業資本的投資轉型。第三節從徽州一名儒生的文化感受來理解當時人因為商業化的發展而產生的焦慮與不安。第四節探討建立一個可能的思想模型以同情理解這種焦慮與不安的形上基礎。

第三章 由意生象：想像的群體──「徽商」作為新話語的浮現

「徽商」作為一個商人類別的名詞，並不是天然就存在的。這個詞語之所以被人建構，無疑受到一些特殊的問題意識或者內在願望的驅動。意者，心之所志；象者，心之所摹。早期「徽商」的象徵性邊界更大程度上是由外部的人想像出來，而不只是其內部人的行動與言論創造的。這種想像不是捏造，不是虛假意識的產物，而是社會心理學上的「社會事實」。故於此章主要辨析當前學術界所理解的「徽商」，與歷史文獻中諸多「徽商」意象的區別。

第四章 「興文善俗」：明代「儒賈」意象的出現

萬曆三年間，徽州名人汪道昆凝聚「儒賈」一詞，期望改變徽州風氣，以科舉、詩文勸誘徽商家庭提高文化能力，並以此批評「賈儒」──功利的、腐敗的官員。由於他將自己定位介於「負俗」與「從俗」之間，只以隱晦曲折的文學筆觸傳遞其批判意識，也就沒有為「儒賈」建構起穩固的道德涵義，因此在其死後遭到大量的批評。隨後，湖北黃安人耿定向則從陽明心學「知行合一」的理路出發，要求以內在仁義、而不是外在儒業來規定「儒」，並借「儒賈」批判某些因職業、專業而功利化的士人。經過眾多文士與商人的共同努力，「儒賈」終於成為萬曆以後的一個流行用語，並對商人產生了巨大的影響。與此同時，儒家倫理與智慧也隨著商業書、商人書的出版與流行，在實際商業生活中被擴散開來。這些成為塑造明末商業文化氛圍的關鍵因素。

第五章 「詩賈」：明代儒賈的一類具體意象

主要介紹明代「儒賈」的一類具體意象──「詩賈」的形成。受到李夢陽等人的文學古文運動的影響，部分徽州商人積極參與文學復古運動，開始追求對語言的重新塑造，甚至最後發展出遠離人們的日常生活文風。與近代強迫式的民族語言建構相比，明代文學復古所倡導的只是在一小部分文學精英群體內，並擁有大量的反對者和競爭者。但是從「理欲並行」、「援情抗理」的文學主張來，確實在一定程度上解放了由理學所禁錮的生命活力。另一方面，文學也為商人抗拒市場關係給他們帶來的緊張感和異化感提供了情感表

達和宣泄的途徑。這批商人追尋脫離市場與理學帶來的雙重桎梏，在詩文酬唱中追求精神的自由。

第六章 關係網絡、節點競爭與認同擴散

此章主要理解「儒賈」這類文化認同，對於人格化交易與關係網絡的經濟後果，並嘗試在「社交網絡」的群集化趨勢下理解「客綱」、「客紀」（即客商首領）之類非正式角色的文化與經濟含義。

第二章　由氣觀化：明代徽州社會經濟的轉化與變遷

> 若曰「春秋」者，天之時也；春生而秋殺者，天之道也；至公
> 而無私者，天之心也；好生而惡殺者，天之本體也；栽培而傾覆者，
> 天之微權也；有黌而不定者，天之少變也；太虛而終定，天之故常
> 也。
>
> ——徽州儒生　謝陞

　　首先解釋一下標題的涵義。「社會經濟」一詞或許會讓人產生困惑，誤以
爲是「社會」與「經濟」的簡單並列。實際上，我借用了這個緣自馬克斯・
韋伯的概念，預設了這樣一種理解：明代的經濟深深地內嵌在社會制度、社
會行爲之中〔註1〕。這一點，在前現代社會裏是顯而易見的事實。這種設定的
目的是，儘量避免與近現代的「市場經濟」理念產生混淆。正因爲有「內嵌」，
經濟與社會間相互抑制與相互激發這兩種力量並存，二者又隨著時間在動態
變化。

　　這種動態過程，如果用中國式的形上思考，一個近似的描述，就是「氣」
的聚散、變化，可追溯至《易經》的思想。故本章的標題，以「氣」與「化」
作爲總領的概念。毫無疑問，中國的思想傳統，對於人類社會與自然宇宙的

〔註 1〕「內嵌」的概念或許最早出自英國經濟史家卡爾・波蘭尼，後來又由美國社
　　　　會學家 Granovetter 等人進一步闡發。但是，馬克斯・韋伯在《社會與經濟》
　　　　一書中已有類似的表達。事實上，經濟行爲只是社會的眾多連續的行爲中的
　　　　一類，由近代學者將其分離、抽象出來的。

變易與變易方向是十分關注的。例如，《易經》就是指「變化之常道」。針對變易現象，中國古人發明了很多詞語來描述。例如，聚散攻取百塗之「氣」、相兼相制之「陰陽」、不動而變之「神化」等等。對於當代的學者而言，則常使用「變遷」、「嬗變」、「轉化」、「進化」等詞語描述某種變化。本文主要選用「變遷」與「轉化」二詞來理解明代徽州社會經濟的變化〔註2〕，是為了在同情理解古人的思想意識的基礎上〔註3〕，形成某種視域的融合，以突破不自覺展開的現代視野帶來的偏蔽。

　　具體就明代的社會經濟變遷而言。儘管沒有足夠準確的人口數字，從黃

〔註2〕 「變遷」與「轉化」二詞的涵義相近，又可相互補充。「變遷」是指變化遷移，
　　　　多用於指長時段的巨變，如李贄《和韻》詩云：「滄海桑田幾變遷，深深海底
　　　　好揚鞭」（李贄：《續焚書》，卷5《和韻十首》「其八」，明刻本）。「轉化」是
　　　　形態、局勢的變易，多用於迅速改變，有不可預測的成分，如《國語》云：「天
　　　　子不取，反為之災；嬴縮轉化，後將悔之」（韋昭：《國語韋氏解》卷21，士
　　　　禮居叢書景宋本）。「變遷」的重點在「變」，「轉化」的重點在「化」。「變」
　　　　與「化」二詞，自《周易·繫辭》開始，就有了非常明晰的區分，所指向的
　　　　層次不同：「化而裁之謂之變」。「變」是在「化」的前提下進行的。宋儒張載
　　　　這樣解釋說：「存四時之變，則周歲之化可裁；存晝夜之變，則百刻之化可裁」
　　　　（王夫之：《張子正蒙注》卷2，北京：中華書局1975年，第55頁）。也就是
　　　　說，「化」是連續的，不易感知的，通過人的取裁、分辨而得到的「變」，才
　　　　可以被感知、被意識到的。四時、晝夜這種主觀評價或可被認知的變化被確
　　　　立之後，一年、一日的連續不斷的「化」也得以揭露。可見，「轉化」無時無
　　　　刻不在進行，是觀察者能夠感知「變化」的前提條件。即便不同的主體可能
　　　　形成關於「變遷」的不同認識或標準，但是也絕不能傲慢地認為他就對於「轉
　　　　化」有著確鑿的認識。「轉化」的過程細微到難以察覺，其結果又不可預測。
　　　　這種認知，一直以來就是相當多的中國傳統學者所持有的。今人重「變遷」，
　　　　輕「轉化」，故要麼陷入命定論、循環論，要麼陷入進化論的「突變」解釋框
　　　　架中。例如，一些人執著於現代性的「突然」發生，實際上是將「現代」與
　　　　「傳統」截然對立，而不知二者是相互涵融的。於深受儒家影響的中國古人
　　　　而言，在求知時，可以通過「叩兩端」而竭「變之極」的權宜，但不會拋棄
　　　　「執中」以存「不測」之「一」的心思。

〔註3〕 中國傳統文化強調的是融入存在主體具體生命體驗的成長活動，注重生長的連
　　　　續性、方向性，不是一種純粹的思維性、概念性活動。在這個意義上，該文化
　　　　發揚光大的是一種「以著體微」式的連續性認知，而不是「超越經驗」的構成
　　　　性認知。儘管這種思路可能被解讀為缺少在概念上的深度抽象與演繹，但是它
　　　　仍然經常被儒家用於建構關於群體的連續的文化歷史敘述，從而引導出關於人
　　　　類價值與社會秩序的解決方案。儘管現實社會總是存在政治經濟結構的，但是
　　　　對變異的重視使得它不會局限在一個固定的結構下談問題，也不會完全依附或
　　　　從屬於某種既定的結構。正是在豐富的歷史意識、始終未完成的思想的指引之
　　　　下，中國人獲得了突破特定意識形態和宗教信仰結構的能力。

冊、族譜、方志等記載的史實來看，明代中葉全國人口出現了顯著增長，根據
何炳棣教授的推測，中國人口從 14 世紀後期的約 6500 萬增加到了萬曆二十八
年（1600）的約 1.5 億〔註4〕。人口快速增長，分工更加細化，全國乃至東亞
的市場網絡迅速拓展，明代的商業有了量與質的變化。16 世紀以後，隨著大航
海與地理大發現的進展，西歐商人在中國開展直接貿易〔註5〕。中國國內也正
在發生一次重大的社會經濟變遷〔註6〕，特別表現在市場擴展和商業模式的變
遷等方面。這個過程很可能是從宋代就開始了，然後在明代後期發展到相當高
的程度。日本學者藤宏井指出了三個明顯的特徵，頗有見地：「在中國，宋代
以後的中國國內商業，無論在質和量上都日益擴大其流通圈，特別是宋代以後
的中國國內商業，至少比漢代有三個顯著的特徵：第一，客商買賣商品的重點，
有漸從奢侈品移向日常生活必需品的傾向；第二，作為直接生產者的農民已逐
漸地、直接地被捲入國內商業網之內；第三，在農村內部也逐漸地出現了遠距
離地方的商業流通。這些特徵，在明末清初時代日益顯著。」〔註7〕

〔註 4〕 何炳棣著，葛劍雄譯，《明初以降人口及其相關問題：1368～1953》，北京：
　　　　生活·讀書·新知三聯書店，2000 年，第 310 頁。明代人口與人口增長率的
　　　　變化，還可參考劉翠溶，《明清時期家族人口與社會經濟變遷》，臺北：中央
　　　　研究院經濟研究所，1992 年；曹樹基，《中國人口史·明時期》（第四卷），上
　　　　海：復旦大學出版社，2000 年；吳建華，《明清江南人口社會史研究》，北京：
　　　　群言出版社，2005 年。
〔註 5〕 正德間，西歐人（主要是葡萄牙人）已經直接到中國進行商業活動。何炳棣
　　　　認為在正德九年（1514）葡萄牙人來到之後，白銀源源流入，進一步促進貨
　　　　幣經濟的發展（參見何炳棣著，葛劍雄譯，《明初以降人口及其相關問題：1368
　　　　～1953》，北京：生活·讀書·新知三聯書店，2000 年，第 12 頁）。《（萬曆）
　　　　廣東通志》卷 70 載，「洪武（1368～1398）初，令番商止集舶所，不許入城，
　　　　通番者有屬禁。正德（1506～1521）中，始有夷人私築室於灣澳者，以便交
　　　　易。每房一間，更替價至數百金。」又如，《（康熙）廣東通志》卷 28 外志載，
　　　　「正德十二年（1517），西海彝人佛朗機亦稱朝貢，突入東莞縣，火銃迅烈震
　　　　駭，遠邇殘掠，甚致炙食少兒，海道奉命誅逐，乃出境。自是海舶悉行禁止
　　　　例，應入貢諸番亦鮮有至者，貢舶乃往漳、泉，廣城市貿蕭然，非舊制矣。
　　　　於是兩廣巡撫督御史林富稽祖訓、遵會典，奏上得允，於是番舶乃通焉。」
〔註 6〕 明代社會經濟變遷的綜合性論述，請參考以下三人的研究：傅衣凌，《明清農
　　　　村社會經濟·明清社會經濟變遷論》，北京：中華書局，2007；吳承明，《現
　　　　代化與中國十六、十七世紀的現代化因素》，《中國經濟史研究》，1998 年第 4
　　　　期，第 3～15 頁；卜正民，《縱樂的困惑：明代的商業與文化》，北京：生活·
　　　　讀書·新知三聯書店，2004 年。
〔註 7〕 藤井宏，《新安商人的研究》，載《江淮論壇》編輯部，《徽商研究論文集》，
　　　　合肥：安徽人民出版社，1985 年，第 138 頁。

　　徽州人外出經商，無疑是促使明代徽州社會經濟變遷的核心推動力量。因此，關於明代徽州變遷的任何敘述都不可能繞開它。本章共分爲四個小節。第一節介紹商業力量突破明朝前期的嚴厲抑商政策，從秩序重整的社會中復蘇和發育。第二節具體考察徽州農民從「耕賈並重」到「以賈代耕」的轉化，並使用徽州農田市場的變化趨勢，考察日益擴大的商業活動對明代徽州土地價格的影響，以印證商業力量的長期蓬勃發展過程。第三節圍繞《（萬曆）歙志》《風土論》，展現一位儒生謝陛對明代商業社會變遷的文化想像，指出他讚美明初的井然有序，並不是要回歸到舊有秩序，而是呼籲人們警惕過度商業化帶來的道德下降、社會瓦解的危險，希望尋找到保存人民生機的新辦法。第四節嘗試通過「生意」一詞探討一種可能的儒家式的商業觀。

第一節　商業力量的復蘇與發育

　　大家已經知道，到了明朝初年，朱元璋爲了集中資源應付元末戰亂及其破壞性的後果（如人口大量減少、糧食不足、土地荒蕪、社會暴力等等），採取了嚴格控制經濟的系列政策，限制大地主、大商人對經濟資源的壟斷，收束遊民，在強大的軍事集團的強制之下，恢復農業生產與社會秩序。明王朝早期在農業稅收上施行「田不過都」制，限制土地買賣，還打擊大商人和地方豪強，將他們擁有的土地沒收爲公田，分給貧民耕種。又在各地緊要之處設立衛所、軍屯，監控四方。當時的大宗貿易主要是供給邊軍和京師的糧食、布匹貿易，除了政府之外，這些貿易多掌控在衛所軍官和當地豪強商人手中，並不會向所有人士自由開放。

　　總體來說，明朝前期的商人在社會經濟中的作用不爲統治階層所矚目，商賈並無專籍，屬於民籍，接受徭役攤派，其社會地位也遭到貶抑。當然遭貶抑的原因並不是因爲商人沒有價值，而是元末商人的勢力太大，不利於中央集權政府的控制與社會各階層的再平衡。

一、明代政府的經濟控制從嚴厲轉向鬆弛

　　明初政府主要通過對人員與資源自由流動、商業稅收、商人社會地位等方面的控制，實現對商業活動的壓制。然而這些政策的總體趨勢是從嚴厲到寬鬆，市場力量也得以恢復。

1、就監控人員流動的政策而言。洪武初，明政府施行戶籍、戶帖與路引制度，嚴格控制民眾的隨意流動和不務正業。

> （洪武）三年（1370），令戶部榜諭天下軍民，凡有未占籍而不應役者，許自首。軍，發衛所；民，歸有司；匠，隸工部。○又詔戶部籍天下戶口，及置戶帖。各書戶之鄉貫、丁口、名歲，以字號編爲勘合，用半印鈐記，籍藏於部，帖給於民。令有司點閘比對。有不合者，發充軍；官吏隱瞞者，處斬。○（洪武）十九年（1386），令各處民，凡成丁者，務各守本業，出入鄰里，必欲互知；其有遊民，及稱商賈，雖有引，若錢不盈萬文、鈔不及十貫，俱送所在官司，遷發化外。〔註8〕

軍民各歸其所，出行要點閘比對戶帖、路引，有引商賈也要檢查錢鈔額度，違者罪之。在當時一貫寶鈔法定值一千文銅錢，一兩白銀，尚未嚴重貶值。這些政策對小商販的影響很大，基本上從制度上限制了農業貧民向商業的轉移。

明政府還在交通要道設立巡檢司，核驗文引，盤查無引面生可疑之人。

> 洪武二十六年（1393），定凡天下要衝去處，設立巡檢司，專一盤詰往來姦細，及販賣私鹽、犯人、逃軍、逃囚，無引面生可疑之人，須要常加提督。……○凡軍民人等往來，但出百里者，即驗文引。○凡各處巡檢司縱容境內隱蔵逃軍，一歲中被人盤獲十名以上者，提問如律。○凡運糧馬快、商賈等船經由津渡，巡檢司照驗文引，若豪勢之人不服盤詰，聽所司擎送巡河御史郎中處究治。〔註9〕

又令客店置店歷，記錄客商姓名、人數等信息，每月報送兵馬司等機構。

> 凡客店，每月置店歷一扇，在內赴兵馬司，在外赴有司。署押訖，逐日附寫到店客商姓名人數、起程月日，月終各赴所司查照。〔註10〕

然而，到成化間，隨著商業的復蘇，路引制度已名存實亡，只是偶而作爲執法依據。陸容《菽園雜記》卷五：

> 成化末年，患京師多盜，兵部尚書余公議欲大索京城內外居民，

〔註 8〕　《大明會典》卷 19 戶部 6，明萬曆內府刻本。
〔註 9〕　《大明會典》卷 139 兵部 22 關津 2「貴州」。
〔註10〕　《大明會典》卷 35 戶部 22。

（中略）乃奏差科道部屬等官五十員，分投街巷，望門審驗。時有
未更事者，凡遇寄居無引者輒以爲盜，悉送繫兵馬司，一二日間監
房不能容，都市店肆傭工皆聞風匿避，至閉門罷市者累日。〔註11〕

都市的店肆傭工因爲躲避路引檢查，導致多日的閉門罷市，這已經說明成化
末年，大量外來傭工進入京城謀生的事實。堅持依照「路引」制度的科道部
屬，被稱爲「未更事者」，說明制度仍然存在，但已經不被認眞執行。這說明，
法律的教條主義者已經被習慣的支持者打敗，訴諸行政強制力也不能扭轉這
種趨勢。

　　2、就貨幣與商稅政策而言。明朝初期的貨幣、商稅政策的很不穩定，增
加了商人面臨的結算風險，商業利潤也會因爲不斷貶值的寶鈔而減少。甚至
在某些特殊時期，官府還曾經發行過量的寶鈔直接掠奪商人和市民。不過，
隨著白銀成爲一般等價物，在這內部的貨幣風險已經大大降低。當然，南美
白銀輸入所導致的白銀貶值風險，屬於外部的貨幣風險，此處暫不討論。

　　洪武八年（1375）開始印造大明寶鈔，與銅錢一起流通。洪武初規定，
鈔1貫值1000銅錢，值銀1兩。銅錢是寶鈔的輔幣，主要用於小額支付中。
明成祖朱棣開始確立寶鈔統一用洪武年號的慣例。向商人徵收的商稅，也是
以寶鈔徵收的。商稅有稅鈔、牙錢鈔、塌房鈔等種種名目，根據商品種類不
同而科徵不同。《大明會典》卷三十五戶部二十二就記載了景泰間的商稅則
例，其稅鈔、牙錢鈔、塌房鈔是等額徵收的〔註12〕。除了寶鈔外，在土地交
易中同時還有白銀、銅錢、布匹、糧食作爲一般等價物，這些等價物在徽州
農田市場的變遷情況，請參見圖2.4，亦可以從中看出商業的發育。但是，明
代寶鈔發行並無準備金制度，也不嚴格控制寶鈔新舊數量，寶鈔貶值嚴重，
信用日低。寶鈔的信用價值從洪武初「一貫兌銀一兩」，到宣德四年（1429）
「每鈔一百貫準銀一兩」，再到弘治元年（1488）「每鈔一貫折收銀三釐」，從
鈔銀兌換比率的1：1到100：1，再到1000：3，其貶值幅度之大非常驚人。

　　從發展趨勢來看，明代中前期的商稅經過了實物支付、實物與金銀鈔錢
混合支付、白銀支付、寶鈔支付、錢鈔中半支付、鈔錢折銀支付等多種支付
形式。

〔註11〕轉引自謝國楨編，《明代社會經濟史料選編（下）》，福州：福建人民出版社，
　　　　1981年，第25頁。
〔註12〕《大明會典》卷35戶部22。

　　（洪武）十八年（1385），令酒醋課、諸色課若有布帛、米穀等項，俱折收金、銀、錢、鈔。除量存各司府州縣祭祀所用，餘令各該司局等官親齎具奏、有司帶辦者，差吏管解，俱次年正月起程，直隸府州限正月以裏、各布政司限三月以裏到京。若金、銀、鉛、硃砂、膽礬、黃丹、青綠、毛纓、碧甸子、鐘乳粉、樱毛、水銀，俱起解本色，其餘魚、茶、酒、醋、礬、硝、鉛粉、黑錫、粉錫、石膏，商稅窯課等諸色課，俱折收金、銀、錢、鈔。○（洪武）二十三年（1390），令一應課鈔。除本處存用外，其餘俱解本布政司官庫收貯。○又令各處稅課司局商稅，俱三十分稅一，不得多收。……○宣德四年（1429），令湖廣、廣西、浙江商稅課、納銀者折收鈔，每鈔一百貫准銀一兩。○九年（1434），令各處諸色課程，舊折收金銀者照例收鈔。〔註13〕

宣德四年（1429）六月，

　　以鈔法不行，乃令兩京官民菜果園種鬻取利者，及塌房車（《明史·食貨志》作庫）、房店舍停塌商貨者，不分給賜自置，俱令交納舊鈔。如恃勢藏匿不報及不納鈔者，地畝樹株房舍沒官，犯人治罪。又令驢騾牛車裝貨者俱納鈔，又令舟船受雇裝載者，計所載料多寡、路近遠納鈔。鈔關之設自此始。〔註14〕

　　成化元年（1465），令京城九門并都稅宣課等司及各處商稅等項課俱錢鈔中半兼收，每鈔一貫折收銅錢四文。○六年（1470）令每鈔一貫折收銅錢二文。○又令商稅課照舊收鈔。○十五年（1479），令各處戶口食鹽、門攤等項鈔貫須錢鈔相兼收受，買辦物件、賞賜節錢等項亦要錢鈔相兼支放；各處納戶如果本地原無本色、帶有輕齎來京收買，聽令照時價易換。○弘治元年（1488），令河西務、臨清等八處鈔關，淮安、揚州、臨清、蘇、杭、劉家隔、正陽鎮各稅課司局與天下戶口食鹽俱折收銀兩，每鈔一貫折收銀三釐、每錢七文折收銀一分，解京庫。其存留者，折支官軍俸糧，每銀一兩折鈔七百貫。〔註15〕

〔註13〕《大明會典》卷35戶部22。
〔註14〕嵇璜等，《欽定續文獻通考》卷10錢幣考，見景印文淵閣四庫全書第626冊，臺北：臺灣商務印書館，第226頁。
〔註15〕《大明會典》卷35戶部22。

除了商稅外，宣德以後明朝政府還在運河的幾個重要口岸設立鈔關，徵收船鈔。「國初，止有商稅，未嘗有船鈔。至宣德間，始設鈔關，凡七所。若臨清、杭州兼榷商稅，其所榷本色錢鈔，則歸內庫以備賞賜。」〔註16〕宣德間亦增加了門攤鈔稅率。《續文獻通考》卷十錢幣考：「宣德四年（1429）正月，增兩京並直隸、蘇州等處門攤課鈔五倍。」〔註17〕

直到弘治以後，白銀成為商稅的唯一支付手段，這種相對穩定的貨幣才真正促進了明代中葉以後的商業大繁榮。

3、服飾政策。明洪武間，朱元璋曾就制衡商人與漢高祖困辱商人的兩個政策問題敕問過文學之士：

> 今商賈計多，市民詐廣，未審何法而可制之哉，請為之說。……昔漢制，商賈、技藝毋得衣錦繡、乘馬。朕審之久矣，未識漢君之本意如何。《中庸》曰：「來百工」也，又古者「日中而市」，是皆不可無也，況商賈之士皆人民也，而乃賤之。漢君之制意，朕所不知也，諸生詳而細對。〔註18〕

朱元璋意識到商業活動的必不可少、「商賈之士皆人民」；但是商人在規避權衡之制、斗斛之法時「計多」、「詐廣」是被當時廣泛接受的社會「常識」。對商人、市民的這種社會認知，無疑加重了人們擔憂商人、市民對社會風氣的不良影響。文學之士的回答已不可知，但從明朝的國家政策中可看出，漢代壓制商人地位的制度設計被明太祖認可和採納：

> （洪武）十四年（1381），令農民之家許穿紬紗、絹布，商賈之家止許穿絹布。如農民之家但有一人為商賈者，亦不許穿紬紗。……
> （洪武二十五年，1393）大誥師生許穿靴。校尉力士遇上直許穿，出外不許。其庶民、商賈、技藝、步軍及軍下餘丁、管步軍總小旗、官下家人、火者、皁隸、伴當，在外醫、卜、陰陽人，皆不許，止許穿皮紮䩺。〔註19〕

對商人服飾禁令在不斷重申。

> 正德元年（1506），禁商販、吏典、僕役、倡優、下賤皆不許服

〔註16〕《大明會典》卷 35 戶部 22。
〔註17〕嵇璜等：《欽定續文獻通考》卷 10 錢幣考，見景印文淵閣四庫全書第 626 冊，臺北：臺灣商務印書館，第 226 頁。
〔註18〕姚士觀等編校，《明太祖文集》，卷 10「敕問文學之士」，見景印文淵閣四庫全書第 1223 冊，臺北：臺灣商務印書館，第 102、104 頁。
〔註19〕《大明會典》卷 61 禮部 19。

用貂裘，僧道、隸卒、下賤之人俱不許服用紵絲、紗羅、綾綿。十六年（1521），禁軍民人等如有穿紫花罩甲等服，或禁門、或四外遊走者，許緝事並地方人等擒拏。〔註20〕

嘉靖八年（1529），兩淮御史朱廷立訂的禁約中「戒商九事」：

> 一曰戒黌緣，二曰戒鬬訟，三曰戒華居室，四曰戒美衣服，五曰戒飾器具，六曰戒多僕妾，七曰戒侈婚嫁，八曰戒違葬祭，九曰戒盛宴會。

其中「四曰戒美衣服」條詳細記載：

> 今例商賈之家止穿絹布，不得僭用紵絲、綾羅，婦女許用紫、綠、桃紅及諸淺淡顏色，毋服大紅、鴉青、金繡、錦綺、雲鳳、花鳥之屬〔註21〕。

這種禁令無疑反面證明了大量違反規定的事例存在。前七子李夢陽這樣描寫明代中期商人服飾器用情況：

> 今商賈之家策肥而乘堅，衣文繡綺縠，其屋廬器用，金銀文畫，其富與王侯埒也。又畜聲樂、伎妾、珍物援結諸豪貴，藉其陰庇。〔註22〕

服飾歧視也是可以規避的，一個重要途徑是捐納虛銜、虛職。

> 景泰間，令生員納馬納粟入監。〔註23〕

這就是一種將商人納入政治精英體系的政策。商人據此可以合法地取得國子監生身份，然後再利用給假、依親讀書等名目，在外經商。除了國子監生外，明政府還開放一些虛職、虛銜供富裕的商人買取。例如，「正德中，（歙商吳自寬）處士以貲賜爵一級，既受檄，猶著田間冠歸。」〔註24〕又如，歙商程一源，「又稍稍入其貲曳裾王門，又為弟某君入貲使參京衛之幕，冀以業自顯，非纖嗇者，如翁雖賈，安得以世俗概之。」〔註25〕此類例子很多。

〔註20〕《大明會典》卷61禮部19。
〔註21〕朱廷立，《鹽政志》卷10「禁約」，明嘉靖刻本。
〔註22〕李夢陽，《空同集》卷40《擬處置鹽法事宜狀》，見景印文淵閣四庫全書第1226冊，臺北：臺灣商務印書館，第359頁。
〔註23〕《大明會典》卷220「國子監」。
〔註24〕《太函集》卷47《明故處士吳克仁配鮑氏合葬墓誌銘》，引自《明清徽商資料選編》，第380頁。
〔註25〕許國撰、葉向高輯，《許文穆公集》卷2《一源程翁七十壽序》，明萬曆許立言等刻本。

　　儘管明初對商業與商人流動有過厲禁，中期亦有波折但是總體而言，我贊同張海英教授的判斷：明中葉以後政府工商政策趨向寬鬆，提供了一種比較有利於商業發展和提高商人地位的制度環境；商人應試登第政策的變化，特別是捐納制度的實行，強烈衝擊了傳統的科舉取士制度，成爲直接促進「士商滲透」的重要渠道〔註26〕。

二、商業發展的潛在動力

　　相比農業而言，只有商業領域出現了足夠大的利潤空間，商業才會產生持久的吸引力。除了前面的政策障礙得到突破之外，在一般的意義上，明代商業活動中的資源、知識、信息等障礙在明代中期以後也被突破，這種突破帶來了極大的商業機會。

1、「資源的不均衡分佈」爲商業繁榮、市場分工提供了前提

　　資源與產品的不均衡分佈，是商業展開、市場擴張的基礎條件。商人的「通有無」，就是在一定程度上緩解這種不均衡分佈，也成爲傳統商人存在的基本價值。即便在最壓制商人的時代，也沒人會否認這一點。在明代的市場流通中，以糧食、棉布和鹽三者爲貿易大宗，參與貿易的商人總量龐大，商品流通的頻率與範圍也大。明代鹽業的情況，學界討論甚多，勿庸筆者贅言。以下僅以糧食、棉布兩種商品爲例，簡要說明資源的分佈與流通的情況〔註27〕。這種不均衡的初始分佈，可能是由非經濟的原因形成，也可能是由經濟原因形成的，但都成爲明代早期商人追尋的利源。

　　以糧食產品爲例。一個重要變化是，全國的主要產糧區──湖廣地區已經取代江南地區成爲最重要的產糧地。宋時諺語「蘇常熟，天下足」，一變而爲明時諺語「湖廣熟，天下足」〔註28〕。甚至中國的核心經濟區域──江南

〔註26〕張海英，《明中葉以後「士商滲透」的制度環境──以政府的政策變化爲視角》，《中國經濟史研究》，2005年第4期，第130～139頁。

〔註27〕明代市場中流通的其餘商品，可以參考《大明會典》卷35戶部22的景泰2年（1451）的商稅則例。

〔註28〕日本學者寺田隆信認爲，明天順年間（1457～1464）諺語「湖廣熟，天下足」已有出現，這比加藤繁、藤井宏所認爲的明末以及岩見宏所認爲的正德年間要早。見寺田隆信，《湖廣熟，天下足》，附錄於藤井宏《新安商人的研究》一文末尾，載《江淮論壇》編輯部：《徽商研究論文集》，合肥：安徽人民出版社，1985年，第270～271頁。事實上，清末學者早已注意到此民間諺語的轉變。《（同治）蘇州府志》（清光緒九年刊本）卷145雜記2，引用了《吳門

地區——在糧食供給上已經不能自足。陳忠平指出,「江南地區除了運河沿岸產糧區縣份的糧食自給有餘外,絕大多數州縣都不能完全自給,這就形成了江南內部的糧食販運貿易。此外,由於城鎮經濟的發展及經濟作物的推廣,江南地區仍需從其它地區輸入相當部分的糧食以補不足。」〔註29〕我們經常發現徽商在江西、湖北等地搜集糧食,運往江南。除了江南地區與江西、湖廣等地出現大量的糧食流通外,自朱棣定都北京後,每歲由南向北的漕糧運輸亦非常頻繁。每年漕幫開幫,數十萬萬運夫、運卒帶來的消費,運河沿岸市鎮也因此繁榮。山東臨清就是一例。正德年間,士人蔣瑤過臨清時,武宗催償扈軍口糧,「適徽商吳某者,重公(蔣瑤)高義,代出百金,始獲還郡焉。」〔註30〕可見,正德年間臨清已有徽商活動;至萬曆年間,「山東臨清十九皆徽商占籍」〔註31〕。

　　以布匹為例。正如藤井宏所指出的,江南棉紡業與北方棉花種植業的區域分工在明代已經形成,徽商可能在其中起著相當重要的作用〔註32〕。陳忠平也指出,明代中葉以後,江南地區與中原地區之間就已形成「吉貝泛舟而鬻諸南,布則泛舟而鬻諸北」的商品對流〔註33〕。以江南地區的嘉定縣為例,可以清晰看到這種商品的種類與對流距離。《(萬曆)嘉定縣志》卷六田賦考中「物產」記載:

　　　　邑之民業首藉綿布,紡織之勤,比戶相屬。家之租廏、服食、
　　　器用、交際、養生、送死之費,胥從此出。商賈販鬻,近自杭、歙、
　　　清、濟,遠至薊、遼、山、陝,其用至廣,而利亦至饒。次則綿花、

補乘》的記載,「宋時語曰:『蘇常熟,天下足。』見陸放翁《奔牛閘記》。蓋宋都開封,仰東南財賦,而吳中又為東南之根柢也。至南渡後駐蹕臨安,與蘇接壤,關係尤重。今蘇為五方雜處,田畝少,戶口增,歲收不足,恒藉川湖之運。且改為『湖廣熟,天下足』矣」。筆者按,《吳門補乘》乃清人錢思元所撰(見民國本《八千卷樓書目》卷6史部)。

〔註29〕陳忠平,《明清時期江南地區市場考察》,《中國經濟史研究》,1990年第2期,第24~40頁。

〔註30〕慎蒙,《工部尚書贈太子太保謚恭靖蔣公瑤神道碑》,轉引自焦竑《國朝獻徵錄》卷50工部1,萬曆44年(1616)徐象枟曼山館刻本。

〔註31〕謝肇淛,《五雜組》卷14,明萬曆44年(1616)潘膺祉如韋館刻本。

〔註32〕藤井宏,《新安商人的研究》,載《江淮論壇》編輯部,《徽商研究論文集》,合肥:安徽人民出版社,1985年,第131~272頁。

〔註33〕陳忠平,《明清時期江南地區市場考察》,《中國經濟史研究》,1990年第2期,第24~40頁。

藍靛、菅屨，雖□藝孿練，良亦勞止。然無遠弗屆，居或揀充野被，行則裖屬舟聯。瘠土編戶恃以緩急。斜紋間織為水浪勝子，精者每疋值至一兩，勻細堅潔，望之如絨，藥斑以藥塗布染青，乾即拂去，青白成文，作樓臺花鳥山水人物之象，可為茵、為衾、為幕。蔂花以青白襍組如蔂杆，用作帨賬。近時民間多衣紫花布。〔註34〕

2、交通知識與市場信息的獲取

商業知識和信息的獲取是有成本的，從事遠程貿易的徽州商人也不例外。下面以路程與交通知識、市場信息為例，分別闡述徽人是如何突破這類知識與信息障礙的。

官府雖早就有詳細的全國路程和交通知識，但是這些記載通常存在獲取上和閱讀上的困難，並非是普及性的知識。而掌握在各地腳行、車馬行、船行中的路程與交通知識，則又是分散和機密的。對於明代早期的徽州人而言，除了少數從宋元時代就有遠程商業經驗的商人家族外，其餘有可能直接獲得這些知識的主要是以下幾類人：儒家知識人、漕糧運輸者、差役、僧人、道士、遊醫等等。這些人的文化程度可以支持他們閱讀相關的歷史地理文獻，同時他們也有著大量的機會向外流動，從而在一定程度上可以逐漸積累和及時更新部分的路程與交通知識。但是，對於占絕大多數的徽州農民而言，被束縛在土地上的他們是缺少這些知識的。這種路程與交通知識在不同群體的非對稱分佈，又會增加運輸交通的道德風險，提高商人進行遠程貿易的成本，從而限制長途貿易的展開。

到萬曆以後，隨著商業書和商人書的大量出版，全國性的路程與交通知識才真正意義上成為普及知識。明代人士關於交通的知識，可以參考《一統路程圖記》、《商程一覽》、《天下水陸路程》、《士商類要》、《商賈一覽醒迷》、《三臺萬用正宗》、《鼎鐫十二方家參訂萬事不求人博考全編》、《五刻徽郡釋義經書士民便用通考雜字》等。亦可參考楊正泰對明代交通的研究〔註35〕。

如果沒有市場信息的及時反饋系統，短期的長途貿易將不可能維持，而只有對即時信息依賴度不高的中、長期貿易活動才會存在，例如囤積居奇式的貿易（比如晉商窖藏糧食、絲綢、布匹等商品等待災異年份才出售的行為）。

〔註34〕《（萬曆）嘉定縣志》卷6田賦考中「物產」。
〔註35〕參見楊正泰，《明代驛站考》（附：一統路程圖記、士商類要），上海：上海古籍出版社，1994年。

後者需要的信息成本雖然較少，但是卻要有雄厚的資金儲備才能展開。

對於短期的長途貿易，市場信息的及時收集是需要較高成本的。有政治關係的徽州商人可以利用官府搜集信息。因為官方採購商品時，通常記載有物價資料。

> 又定時估。仰府州縣行屬務要每月初旬取勘諸物時估，逐一覆實，依期開報，毋致高攬少估，虧官損民，上司收買一應物料，仰本府州縣照依按月時估，兩平收買，隨即給價，毋致虧損於民，及縱令吏胥里甲鋪戶人等因而剝落作弊。○（洪武）二十六年（1393），定凡民間市肆買賣一應貨物價值，須從州縣親民衙門按月從實申報，合干上司，遇有買辦軍需等項，以憑照價收買。〔註36〕

或者暗地與官方便利運輸系統如驛站、漕運的工作人員相互勾結牟利，運送貨物，傳遞信息。

> 運船之數，永樂至景泰，大小無定，為數至多。天順以後，定船萬一千七百七十，官軍十二萬人。許令附載土宜，免徵稅鈔。孝宗時限十石，神宗時至六十石。〔註37〕

沒有政治關係的徽州商人則需要獨自面臨信息搜集與傳遞的成本。降低信息成本的一個重要方法是，從豪官勢人處獲取信息。即使不與他們直接交往，也需要時刻關注其行動。例如，

> 潛虯山人者，歙潛虯山人也。山人少商宋梁間，然商非劇廛不售也，非交豪官勢人，即售受侮壓，夫售未有不賒者也。非豪勢人力賒，鮮有還也。……夫爭起於上人，吾既隨其昂昂卑卑，息與諸埒也，侮壓又胡從至矣？吾是以弗勢豪交，而息固獨縮，故曰商亦有道焉。〔註38〕

信息成本因此成為徽州商人成群參與遠程貿易的重要原因。大商人擁有一定程度的商品價格控制權，小商人則通常會依附在其下分得微薄的利潤。

總之，隨著資源、政策、知識、信息等障礙在明代中期以後的突破，商業與市場的發展已經勢不可擋。

〔註36〕《大明會典》卷 37 戶部 24。
〔註37〕張廷玉等編纂，《明史》卷 79 志 55《食貨三》，清乾隆武英殿刻本。
〔註38〕李夢陽，《空同集》卷 48《潛虯山人記》，見景印文淵閣四庫全書第 1226 冊，臺北：臺灣商務印書館，第 446 頁。

第二節　明代徽州人的「出賈」及徽州農田市場的變化

在明代的社會經濟大變遷中，徽州商人迅速實現了其財富的增值，推動了中國及東亞市場規模的擴張勢頭，成爲與晉商並列主宰中國南北商業數百年的重要商業領軍力量。這個過程無疑是相當複雜的，我重點關注明代早期的徽州商人是如何獲得突破，從農民變成商人的，這種流動顯然並不全是自然而然形成的，而是有著大量人爲的制度與觀念等因素的影響。

儘管市場在社會經濟的發展中一直是重要的力量，但是不一定能夠始終佔據主導地位。明代政府與社會總是搖擺在「發展市場以增加利源」與「限制市場以防止市場破壞農業」之間。

一、「農民經商」規模現象的出現

在明代的制度設計上，商人與農民一樣，屬於「民」的項目，並沒有獨立的身份。數量最多的農民階層就是產生商人的主要群體。意思是指，我們現在所習慣稱呼的大多數明代商人，其正式身份實際上是農民。至少明代市鎮裏進行貿易的初幾代商人大多是由農民轉化而來的，即便他們專門從事商業活動，但是仍與鄉土保持千絲萬縷的聯繫。這些商人，與當代中國大量出現的「農民工」相似，我稱之爲「農民商」，也就是「以賈代耕」的農民。這意味著，當地政府也可以利用這些商人的農民身份和土地所有權而分享其商業利益。

考察明代徽州農民大規模「出賈」成爲商人的時間，就可以知道徽州社會經濟變遷的關鍵時間節點。因此，筆者不探察那些早在宋元時代就有商業傳統的商人家族，將視線主要集中在大批一般農民的「出賈」問題上。

明代的徽商，通常被認爲是受飢餓和貧窮的驅使，徽州農民不得不向商業領域轉移的結果。這種說法有一定道理，但是不夠準確。詹姆斯‧C‧斯科特對近代東南亞殖民統治下農民的研究發現，家庭經濟活動主要以生存爲目的的農民，始終處於「農民勞動的低機會成本」與「瀕臨生存線的高收益效用」的困境中〔註39〕。如果把這樣的概念應用來理解明代徽州農民，並把

〔註39〕 請參見詹姆斯‧C‧斯科特，《農民道義的經濟學：東南亞的反叛與生存》，譯林出版社，2001 年，第 18 頁。

他們固定在這個低收入水平，顯然不完全符合歷史。因為農民離生存線的遠近，始終是動態變化的。總體上看，得力於明初的修養生息，荒地開墾，農村產品也日漸豐富，因為元末戰爭、瘟疫、饑荒大量削減的人口得以膨脹，農業也呈現繁榮景象。雖然與高度物質文明的現代社會相比，明代農村的生活水平是很低的。但是，我們也很難說農民此時是在生存線上掙扎。隨著農業人口的進一步增加，在農業技術、土地等要素投入並沒有過大改變的情況下，農業勞動的邊際收益的下降是顯然的。但是分工的複雜化，耕作的精細化仍然能夠帶來新的「斯密」式增長。即便農業出現邊際收益下降，也並不意味著，徽州農民只有在悲慘地陷入瀕臨生存線的困境時，才會因為生存壓力而另謀出路。在穩定、統一的超大規模社會中，勞動力過剩的家庭總會想方設法尋找其它的「活路」，從事小手工或者小生意，有的漸漸則將「生意」做大，有的則成為他人的雇傭和奴僕。

只有商業與農業兩部門間出現足夠大的利潤差距，才可能支撐徽州農民從農業向商業領域的長期持續轉移。在圖 2.3 徽州田價趨勢中，我們可以清晰地看到，在明大順以前徽州田價緩慢上升、並在成化至嘉靖 23 年間徽州田價始終高居不下，說明這期間持有農田至少是有利可圖的。在這個轉移的過程中，原本充當農民保護者的政府也扮演了重要的推動角色。例如，正德末年至嘉靖年間，由於部分在外地的徽州商人有了富裕之名，但他們的戶籍仍是農民身份，因此地方政府就通過各種攤派、需索加徵在徽州本地農民身上而得以分享商業利益，這種壓力客觀上又源源不斷地逼迫徽州農民向商業領域的轉移。

商業的發展並沒有給徽州農民直接帶來稅收壓力的轉移，恰恰相反，無數在區域間流動的商人將無休止的競爭不可避免地帶給了自然生長在土地上的農民。製作精美的蘇州布匹勝過了本地生產的苧布，奢侈消費開始引領著這種市場選擇。作為奢侈品的主要收集者，政府也更願意在農民的稅賦中選擇徵收蘇布，而不是本地的苧布，因為這些東西更容易得到為皇室服務的宮人、勳貴、官員的青睞。本地農民的壓力並沒有變輕，而是在捲入市場的過程中大量破產，不得不自我流放到更加變動不安的商業活動中。是進入新的商業天地？還是成為路邊枯骨？安全感是必須拋棄的無用之物，風險是必須面臨的。各種遠出不歸、客死他鄉的謠言與事實，成為鄉村社會常見的想像與話題。渴望父愛的鄉村少年們追逐著碼頭傳來的消息，遠望帆船的身影

成爲農村的慣常剪影。文學故事中，出現了徽人外出經商，甚至出現數年、數十年不歸，兒子四處打聽其下落的案例。正如成書於嘉靖十七年（1538）的《息園存稿文》卷六《謝孝子傳》記載，

> 謝孝子，名廣，字志浩，祁門人。……嘗聞河埠館人云：「有徽商每二三年駕巨舶一至，貨盡即去，述其容貌行事，儻而翁乎？」兒因置行篋在彼，計今秋冬當來，欲往候之。〔註40〕

二、徽州人「出賈」的次第與大致時間的判定

目前徽學界大多將成化、弘治視爲明代徽州（其核心地區是休、歙二縣）經商習氣轉變的關鍵時期，這要早於萬曆《歙志》所言「出賈即多，不重田土」的正德末、嘉靖初。例如，范金民認爲，「萬曆《歙志》所說的正、嘉之際，已是全國風俗發生根本性變化的時期，徽州的休寧、歙縣二縣應該在經商習氣的形成上時間更早一些。」〔註41〕

其實，《歙志》的敘述與學者們的判斷實際上並不衝突。之所以看上去存在分歧，關鍵在於，研究者把徽人「出賈」與「經商」二者等同起來。實際上，「經商」不等於「出賈」，更不等於「不重田土」。因爲，經商可分爲邇賈與遠賈的兩種情況。所謂因「出賈」而不重田土的商人，實際是指遠賈。王振忠曾解釋說，「『遠賈』亦稱遐賈，是相對於『邇賈』而言的，這是根據距離徽州本土的遠近來區分的。歙縣城內的坐賈，當然也是『邇賈』的一種。……大致說來，亦農亦賈者多是『邇賈』，可能多是利用農閒時外出經商，以便於就近往返；而『遠賈（遐賈）』則多已是專業的商賈了。」〔註42〕《（嘉靖）徽州府志》卷二「風俗志」就記載了明代徽商中邇賈與遠賈的分化：

> 徽之山大抵居十之五，民鮮田疇，以貨殖爲恒產，春月持餘資出貿十二之利，爲一歲計，冬月懷歸，有數歲一歸者。〔註43〕

〔註40〕顧璘，《息園存稿文》卷六《謝孝子傳》，見景印文淵閣四庫全書第 1263 冊，臺北：臺灣商務印書館，第 550～551 頁。

〔註41〕范金民，《明代地域商幫的興起》，載《中國經濟史研究》，2006 年第 3 期，第 93～103 頁。

〔註42〕王振忠，《徽州社會文化史探微》，上海：上海社會科學出版社，2002 年，第 31～32 頁。

〔註43〕北京圖書館古籍出版編輯組編，《（嘉靖）徽州府志（弘治）休寧志》，北京圖書館古籍珍本叢刊 29 史部・地理類，北京：書目文獻出版，第 66 頁。

一句話概括，邇賈可以時農時商，靈活安排時間，並不需長期脫離農業；而遠賈則專心投入遠程貿易、數歲不歸，他們無法繼續兼顧農業生產，監控農業生產的成本亦提高。

如果作一個簡單化的理解，那麼明代徽人經商大致上有兩個過程。第一個過程是「耕賈並重」，即本地農業的商業化過程，包括後來徽州商人將本地產品（如苧布、木材、茶葉等）販運至外地，同時兼顧本地農業的資本與勞動投入。第二個過程是「以賈代耕」，即徽州商人參與外地商品的遠程販運，長期在外，不得不減少本地農業的勞動投入（並非沒有資本投入），從而擺脫本地經濟條件的局限。

1、「耕賈並重」的階段

我打算從明代徽州的田、地、山這三種土地類型的年均契紙數的變動來討論三類土地市場的活躍程度，並以此揭示明代商業性農業的發展情況。之所以使用田、地、山這三類土地市場來判斷徽州本地的商業活動情況，是基於以下常識性判斷：從商品化的速度來看，作為家庭口糧生產資料的農「田」對商品化的反應最為遲緩；而「山」通常作為樹木、茶葉等商品的重要生產資料，對市場的反應最為迅速；「地」既可以生產糧食，也可以生產樹木、苧麻、茶葉等商品，對市場的反應適中。在下表中，泰昌年號僅四個月，這一時期的平均數據不具代表性，分析時將不予考慮。

賣山契的年均數量在洪熙至宣德間最少（0.0、0.6），在正統至景泰（1.1～1.4）、天順至成化（2.1～2.3）、弘治至嘉靖（4.0～4.6）、隆慶至萬曆（7.8～8.3）、天啟至崇禎（10.7～11.7）各段時期之間均出現了跳躍性增長。可以看出，從洪熙開始，每隔一段時間徽州山地的交易量會出現較大幅度的增加。這可能跟洪熙以後商業性農業（如木材、桐油、茶葉等）在徽州持續增長有關。

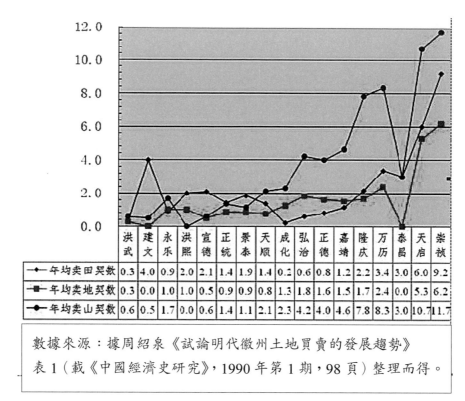

	洪武	建文	永乐	洪熙	宣德	正統	景泰	天順	成化	弘治	正德	嘉靖	隆慶	万历	泰昌	天启	崇禎
年均卖田契数	0.3	4.0	0.9	2.0	2.1	1.4	1.9	1.4	0.2	0.6	0.8	1.2	2.2	3.4	3.0	6.0	9.2
年均卖地契数	0.3	0.0	1.0	1.0	0.5	0.9	0.9	0.8	1.3	1.8	1.6	1.5	1.7	2.4	0.0	5.3	6.2
年均卖山契数	0.6	0.5	1.7	0.0	0.6	1.4	1.1	2.1	2.3	4.2	4.0	4.6	7.8	8.3	3.0	10.7	11.7

數據來源：據周紹泉《試論明代徽州土地買賣的發展趨勢》
表1（載《中國經濟史研究》，1990年第1期，98頁）整理而得。

表2.1：明代徽州土地買賣年均契紙數一覽表

　　賣地契的年均數量在宣德至天順間大致穩定在0.5～0.9之間，成化開始增加到1.3，並在成化至隆慶間維持在1.3～1.8之間，天啓、崇禎時增幅又開始增大，從萬曆時的2.4躍升至6.2。比較明代徽州賣地契與賣山契的年均數量的變動，地的交易量的變動滯後於山的交易量的變動。這恐怕與徽州的地仍然承擔了部分保障性的口糧生產，不能如山那樣大部分投入到有風險的商業性農業中去有關。只有在積累一定的財富之後，徽州家庭才有能力承擔將農地轉變爲商業生產的風險，這也是上面圖表中地的交易量變動時間滯後於山的交易量變動時間的主要原因。

　　賣田契的年均數量在洪熙、宣德間曾到達2.0～2.1，正統至天順間有所下降（1.4～1.9），到成化時降至最低點（0.2），弘治以後緩慢回升，但是一直到隆慶間（2.2）才恢復到洪熙宣德間的水平，在萬曆時到達3.4，增幅仍然不大，天啓至崇禎間則出現劇烈變化，由天啓的6.0突增至崇禎的9.2。很顯然，與山地、農地相比，農田市場對商業生產的反應是最遲鈍的。

　　總體而言，徽州山、地交易的升溫時間要早於農田交易。徽州山交易

的升溫時間大抵出現於天順年間，地的商業化升溫大抵出現於成化、弘治年間，田的商業化升溫則要晚至嘉靖、萬曆之後。對不同類型的土地而言，徽州商業性農業的升溫時間是不一致的，強求一個統一的時間點是沒有意義的。

明代前期徽州專職於貿易的商人占總人口的比例，尚難確定。零星的徽州商人活動情況，請參見王裕明的研究〔註44〕，這裏不作闡述。從上表的數據來看，成化、弘治間的農田成交量低，反映了總體上徽州人並沒有大規模地放棄本地的農業生產而專心商業活動。下文對明代徽州田價的趨勢分析中，成化、弘治間高昂的田價，亦反映農田仍受到徽人的重視。

2、「以賈代耕」的出現

到正德、嘉靖間，隨著海外貿易尤其是對日貿易的蓬勃發展，大批農民選擇放棄農業生產，全心投入遠程貿易中。何良俊《四友齋叢說》卷十三載：

> 余謂正德以前，百姓十一在官，十九在田。蓋因四民各有定業，百姓安於農畝，無有他志；官府亦驅之就農，不加煩擾。故家家豐足，人樂於為農。自四五十年來，賦稅日增，徭役日重，民命不堪，遂皆遷業。昔日鄉官家人亦不甚多，今去農而為鄉官家人者，已十倍于前矣，昔日官府之人有限，今去農而蠶食於官府者，五倍於前矣。昔日逐末之人尚少，今去農而改業為工商者，三倍於前矣。昔日原無遊手之人，今去農而遊手趁食者，又十之二三矣。大抵以十分百姓言之，已六七分去農。〔註45〕

這種大規模「去農就商」的轉移行為，其結果反映在農民拖欠政府錢糧的上。何良俊說：

> 正德十年以前，松江錢糧分毫無拖欠者。自正德十年以後，漸有逋負之端矣。億得是歐石岡變論田加耗之時也。〔註46〕

徽州人去農就商的時間與江南的總趨勢是一致的。這個時候，徽州大規模地出現了「出賣既多，不重田土」的問題。

明代徽州賣地契中也陸續出現了「因夫離家年久，少欠食糧」而賣地的新情況。例如，

〔註44〕王裕明，《明代前期的徽州商人》，《安徽史學》，2007年第4期，第98～103頁。
〔註45〕何良俊，《四友齋叢說》，卷13史9，中華書局，1959年，第111～112頁。
〔註46〕同上，第110頁。

1）正德 9 年 4 月 9 日，（縣別不明）十五都人鄭康氏「因夫離家年久，少欠食糧」，賣地於同業人鄭良瑞叔任（藏契號 004141）。

2）正德 13 年 1 月 23 日，（縣別不明）十二都人胡阿方「因夫久在外買賣，無錢用度」，賣地於同都人胡德寬（藏契號 000507）。

3）正德 14 年 1 月 11 日，（縣別不明）十二都人胡阿周因「夫在外買賣日久，無錢用度」的賣地契約」，賣地於同都人胡德寬（藏契號 000489）。

在第一份契約中，鄭康氏所賣的地源自丈夫祖業和買自鄭七、鄭禮的地。其夫祖產三分八毫半，她家得四十五份中的一份，計七毫。又加上其夫同叔鄭隆早年買得鄭七、鄭禮分籍三釐一毫，該分得地一釐五毫五系。兩項地共計二釐二毫五。「七毫」、「一釐五毫五系」，如此微薄的數字，已經很能反映當時突出的人地矛盾了。同時，這份契約又反映了這個徽州家庭早年曾合夥投資過土地，但到正德間已失去投資土地的興趣，轉而出賣四方，因多年不歸，留守鄉間的妻子因「少欠食糧」而不得不賣出先前購買的土地。在後兩份契約中，賣方胡阿方、胡阿周所賣之地，皆是承自夫家祖上胡桂高的土地。僅僅相隔一年，兩位胡家媳婦就不得不賣掉自己的山地。事實上，正德 14 年 1 月 18 日，同族的胡玄保同樣「因無錢」，賣地給這個叫胡德寬的人（藏契號 000552）。可見，在正德末年，徽州的土地兼併也異常活躍。

三則交易集中出現在正德 9 年至 14 年間，是值得注意的現象。它們很可能揭示了大批貧窮家庭的徽州男子長期外出謀生、妻子在家窘困潦倒的大致時期。三份交易的費用分別爲紋銀 2 兩 2 錢、銀 8 分、紋銀 4 錢。這些小宗交易顯然來自貧苦農民家庭，而不是富裕的大家族。這已經表明，外出長期經商是徽州普通家庭男子的必須選擇。

事實上，在明代徽州賣園文契中，亦有類似的例子。

4）嘉靖 12 年 10 月 10 日，祁門李阿張因「夫在外，貧難日食難度」，將山骨並山松果等木及菜園並果竹木，賣於同居叔祖李德崇（藏契號 004029）。

以上四個例子與方志作者的論述是非常吻合的，表明正德末、嘉靖初，徽州從耕賈並重的階段向以賈代耕的階段過渡。

徽人進行以賈代耕的時期，也是徽州社會不安開始加劇的時期。朱開宇析

論了明代休寧茗洲吳氏宗譜《社會記》中所記載的 1447～1584 年間的社會訊
息，指出吳氏與周邊其它宗族的大糾紛從十五世紀末開始增加，嘉靖初年達於
頂點〔註47〕。換言之，十六世紀上半葉徽州宗族之間的矛盾對立驟然激化。

同樣值得注意的是，江南地區的通脹也於正德末開始加劇。以南京的物
價為例，周暉《金陵瑣事剩錄》卷四載：

> 正德初年，承弘治以來，物價甚賤。行使官秤官斗斤兩，如一
> 斗以加一秤，以十八兩為大，不似今日之亂用。豬肉每斤好錢七文、
> 八文，牛肉四文、五文。水雞以一斤為束，止四、五文，蓮肉用抬
> 盒盛賣，每斤四、五文。河柴大者，每銀一兩。三十擔以下，魚蝦
> 每斤四、五文，若少，至七、八文止矣。迨末年及嘉靖至今，諸物
> 騰湧，巧偽日滋，不可勝言矣！〔註48〕

食品類價格的持續上漲，往往是農業人口大規模向商業領域轉移的常見
伴生現象。一言以蔽之，徽人經商習氣雖始於成化或更早，但是真正「以賈
代耕」還要晚至正德末、嘉靖初。在隨後明代徽州田價趨勢的研究中，會有
進一步的驗證。

三、從「N 型增長」的徽州田價趨勢看明代社會經濟變遷

在工業社會之前，農業是國民經濟的主體部分，即便有著相當發達的商
業活動，重要商品仍是直接來自農業產品或者由農業原材料加工而成的，商
品的價格因此受到農業領域的巨大影響；作為農業生產的關鍵要素——土
地，其價格的變化也能部分反映出商業活動的一些側面。因此，我打算以土
地市場變遷作為切入點，集中考察整個明代徽州農田價格的變化趨勢及其受
到商業資本的影響。

下文以《明清徽州社會經濟資料叢編》第一集、第二集的 303 張明代徽
州賣田契為例〔註49〕，分析了以往研究在田價處理中存在的兩類錯誤，接著

〔註47〕　參見朱開宇，《科舉社會、地域秩序與宗族發展——宋明間的徽州，1100～
　　　　　1644》，臺北：國立臺灣大學歷史學研究所，2003 年碩士論文。
〔註48〕　轉引自謝國楨編，《明代社會經濟史料選編（中）》，福州：福建人民出版社，
　　　　　1981 年，第 181 頁。
〔註49〕　此節引用農田買賣契約時，僅在引文後保留藏契號碼以便檢索。若無特別說
　　　　　明，圖表的數據均源自《明清徽州社會經濟資料叢編》第一集、第二集。根
　　　　　據這些田契計算的田價數據的描述性統計，參見周紹泉，《試論明代徽州土地

以田價年租比代替畝價，通過擬合曲線分析，提出「N 形增長說」，並從市場結構和資本流動的角度對其形成原因進行新解釋。

1、明代徽州田價趨勢的舊描述：「倒 U 型增長」說與「直線增長」說

關於明代徽州的田價趨勢，目前學界主要有兩類觀點：第一類是以彭超、陳學文爲代表的「倒 U 形增長說」〔註 50〕。他們認爲，明代徽州田價遵循著「兩頭低、中間高」的規律。其理論核心是王朝興衰律在土地市場的體現，即：王朝初期，賦役繁重，人以無地爲幸，田價最低；王朝中期則在「承平既久」、「人口滋生」、「米價昂貴」等情況下，人皆爭購土地，田價升高；而王朝末期賦役加重，災荒、戰亂頻仍，人心不安，田價降低。劉和惠、汪慶元則認爲，徽州田價在嘉靖中期以後下跌，在天啓、崇禎年間卻有輕微上漲〔註51〕。他們解釋說，前者可能與明末田賦加派有關，後者是受明末白銀貶值影響，實際田價並未上漲。其觀點可視爲「倒 U 形增長說」的一種改進。

第二類是以周紹泉爲代表的「直線增長說」。他通過明代徽州土地買賣契紙數、賣田原因及農田畝價的分析，討論了土地買賣與徽商發展分期的關係。他質疑嘉靖以後田價驟降、徽商對土地熱情低落的說法，提出嘉靖後徽商購田熱情始終高昂的觀點〔註 52〕。

以上研究都採用分期平均畝價描述田價趨勢，卻並未反思該指標的有效性。以往研究的有效性主要來自兩個方面的挑戰：其一是明代稅賦制度中「田稅推割延遲」的變革對農田買賣的影響；其二是平均畝價指標因爲有效性與代表性等方面的缺陷，使其不能用於準確描述農田的價格。以下分別詳細論證之。

買賣的發展趨勢——兼論徽商與徽州土地買賣的關係》，載《中國經濟史研究》1990 年第 4 期，第 97～106 頁；以及吳承明，《吳承明集》，北京：中國財政經濟出版社，1995 年，第 151 頁。

〔註 50〕 彭超，《明清時期徽州地區的土地價格與地租》，《中國社會經濟史研究》，1988年第 2 期，第 56～63 頁；陳學文，《明清徽州土地契約文書選輯及考釋》，《中國農史》，2002 年第 3 期，第 47～59 頁。

〔註 51〕 劉和惠、汪慶元，《徽州土地關係》，安徽人民出版社，2005 年，第 201～202頁。

〔註 52〕 周紹泉，《試論明代徽州土地買賣的發展趨勢——兼論徽商與徽州土地買賣的關係》，《中國經濟史研究》，1990 年第 4 期，第 97～106 頁。

2、天啟前的徽州田價因忽視「田稅推割延遲」而被高估

我們知道，黃冊是明朝政府向農民徵收夏稅、秋糧的主要依據。然而黃冊的編撰制度在整個明代發生了重要的變革。例如，在天啟之前，黃冊基本上是每十年編撰一次，這樣就出現了按年徵收稅糧與每十年一次的徵稅依據之間形成脫節的情況。也就是說，可能會出現農田交易已經完成，實際產權發生轉移，但是稅糧仍然沒有轉移的情況。這種農業稅收的制度對徽州的農田交易產生了重要的影響，在繪製徽州田價趨勢時必須予以慎重考慮。

1）天啟前後徽州「田稅推割」的制度差異

天啟前，徽州僅在大造黃冊時推割田稅。賣田契中大多只例寫「其稅糧，候造冊之年，本戶起割支解，即無異說」，或「所有稅糧，候造冊之年，聽收去供解」等等。這使得農田交易後產權雖已轉移，但田稅仍留在賣方名下，直到冊年才推收過割給買方。這種現象，我們稱之為「田稅推割延遲」。根據賣田契中「隨即推割」、「今造冊」等詞語揭示的冊年信息〔註 53〕，可知天啟前的 252 次農田交易中僅 38 次發生在冊年。這表明天啟前徽州農田交易大部分存在田稅推割延遲的現象。

天啟後，徽州府因遵餉虧額，開「年年稅契」例，即在不廢止十年一次編修黃冊的制度情況下，用「實徵冊」的方式隨時推割田稅〔註 54〕。賣田契中亦有此「新例」的記載。如《崇禎元年張繼光等賣田赤契》載：「其稅奉新例在本圖九甲張奉祀戶起割，伊並無阻異。」（000606）《崇禎九年胡汝實賣田赤契》載：「其稅遵奉新例，隨即起割。」（002770）這意味著天啟後的徽州農田交易並無田稅推割延遲的現象。

2）對賣方因「田稅推割延遲」而多繳納的田稅的處理

天啟前，徽州農田交易中賣方因「田稅推割延遲」而多繳納的稅收，買賣方到底是怎樣處理的？明代徽州賣田契顯示，通常有三類處理方式。

第一類是由買方直接補償賣方多繳納的田稅。如《隆慶六年張良璣推單》載：

> 二十一都張良璣，原將土名墻裏基地並屋，價賣與兄張珍名下，

〔註53〕需注意的是，徽州除了有十年一期的常規冊年外，還有因萬曆清丈和「黃冊愆期」導致的異常冊年。本文徽州冊年的原始統計表見附錄 1。
〔註54〕欒成顯，《明代黃冊研究》，北京：中國社會科學出版社，1998 年，第 256 頁。

夏稅秋糧計地五釐，稅糧自賣年起至造冊年止並收足訖。其稅聽到
張應時戶起割前去，即無阻當。〔註55〕

又如《嘉靖十四年吳廷本賣田白契（附推單）》載：

十六都二圖吳廷本，今將及字五百八十四號下田五分，推入祠
內支解。自賣年起，至造冊年止，夏秋二稅，盡行領足，立此爲照。

（001027）

徽州推單中大多寫有此類由買方補償賣方稅糧的語句。

第二類是賣方私下交派買方解納差糧。如正德十年《歙縣汪廷壽賣田赤
契》載：

所有差糧隨即交派買人輸解，其稅候日後分戶聽從過割。

（2：26692）

第三類是賣方完全承擔多繳的田稅，買方不作任何形式的補償。賣田契
和推單中均不記載補償稅糧之事。

3）「田稅推割延遲」對田價計算的影響

除第二類外，第一類和第三類，無論買方有意或無意補貼田稅，都會影
響到實際田價的計算。舉個簡單例子。一戶農夫在造冊年前 n 年出售名下農
田，產權已經轉移，但因「田稅推割延遲」，按黃冊農夫仍需多繳納 n 年的田
稅。假設稅率（稅率＝田稅／年收入）爲 t，田租率（田租率＝年田租／年產
量）爲 r，農田售價爲 P_1，農田年產量爲 Q，租穀價爲 P_r。田價用「田價年
租比」ω 表示〔註56〕。則農田售價 P_1 中不計入因「田稅推割延遲」而多繳納
的田稅時，表面「田價年租比」：

$$\omega = P_1 / rQ$$

農田售價 P_1 中計入多繳納的田稅時，實際「田價年租比」：

$$\omega' = (P_1 - ntQP_r) / rQ \qquad (0 \le n \le 9, n \in Z^*)$$

其中 $n＝0$，表示訂契時間正值冊年；$0 < n \le 9$，表示訂契時間在冊年間
隔期內。綜合以上兩式，得：

$$\omega = \omega' + (P_r t / r)n \qquad (0 \le n \le 9, n \in Z^*)$$

〔註55〕 欒成顯，《明代土地買賣推收過割制度之演變》，《中國經濟史研究》，1997 年
第 4 期，第 119～129 頁。

〔註56〕 與「田價年租比」類似，周玉英曾用「每斤地租（土地）買賣價」指數，考
察過萬曆至乾隆間福建侯官、閩清縣的土地價格。見周玉英，《從文契看明清
福建土地典賣》，載《中國史研究》1999 年第 2 期，第 131～139 頁。

這意味著，以表面田價 ω 來估計實際田價 ω'，明顯會使田價被高估〔註 57〕，而高估的程度與「田稅推割延遲」年數 n、稅率 t、田租率 r、租穀價 P_r 密切相關。以 $n=0\sim9$，$t=5\%$，$r=40\%$，零貼現率下預期年投資利潤率 $P_r/\omega'=10\%\sim20\%$ 作粗略估計，實際的田價約被高估 $0\sim22.5\%$。

4）數據檢驗

由於不能完全知道每張田契中買賣方實際採取的補償田稅的方式，同時又缺乏當時的穀價、田租率和稅率等數據，我們無法校正出每塊農田的真實價格。若無特別說明，下文提及的田價數據均指未消除「田稅推割延遲」影響前的表面田價。本文從整體入手考察 ω 與 n 的關係，以檢驗「田稅推割延遲」是否導致天啓前徽州的實際田價被高估。

首先將天啓前（$1401\sim1619$）徽州 74 對 ω 與 n 的數據〔註 58〕，進行 ANOVA 分析，結果發現 F 值具有顯著性（F＝11.039，Sig.＝0.001），依據一元線性相關分析得出的相關係數為 0.365，屬於低度線性相關。由於模型中 ω'、P_r、r、t 是獨立於 n 的變量，ω 與 n 極有可能是非線性相關。其次，將這些數據按 $1\le n\le4$ 與 $5\le n\le8$ 分為兩組，進行獨立樣本 T 檢驗。結果發現：在 95％ 置信度下，樣本方差不齊（Sig.＝0.048），樣本均值不等（Sig.＝0.049），且後一組的田價均值（0.041 兩銀／斤穀）明顯高於前一組（0.027 兩銀／斤穀）。這表明「田稅推割延遲」的年數 n 越大的組，其表面「田價年租比」ω 也越大。這從側面證實了天啓前徽州的實際田價確因忽視「田稅推割延遲」而被高估了。

3、平均畝價不是具代表性的有效指標

已往的明代徽州田價研究，除了普遍高估天啓前的田價外，還通常以平均畝價作為田價比較的核心指標。這種處理忽視了明代徽州賣田契中畝的標準不一、各期畝價數據的離散度不等對平均畝價的有效性和代表性的影響。

1）明代徽州賣田契中畝的標準不一

第一，畝有「實田畝」與「稅畝」之別

從這批徽州賣田契來看，弘治前尚無一例契約明確以「稅」畝計農田面

〔註57〕「畝價」也有類似被高估的情況，推導從略；因為該指標存在諸多問題，數據檢驗不便採用畝價數據。參見下文對畝價的討論。

〔註58〕樣本中沒有考慮 $n=0$ 與 $n=9$ 兩類數據，是因為實際上很難區分兩者。例如，由於不清楚黃冊編造的具體截止日期，即便知道某次土地交易發生在冊年，也難以斷定田稅推割延遲了九年還是沒有延遲。

積，均以「畝」計農田面積；從正德開始才陸續出現兩例以「稅」畝計農田面積的契約（004019、2：26695）；嘉靖、隆慶間，這類契約猛增至 11 例（2：16813.14、000484、006623、002547、003000、004344、000655、001158、004349、004350、2：27298）；萬曆後，此類契約已占主流，122 例賣田契中至少有 66 例明確使用了「稅」畝。

或許有人認爲，在那些沒有明確使用「稅畝」的徽州賣田契中，所謂的「畝」實際指稅畝。這種說法不成立。首先，對無經理字號、尙未升科納糧的農田，其賣田契記載的畝肯定不是指稅畝，而是指實田畝〔註 59〕，即農田的實量面積。如《嘉靖二十八年王太壽賣田赤契》載，王太壽賣一畝無字號田給王德保，結果「外批，其田丈量步九分五釐，其田明，田（照）數添除」（002993），可見該畝數是經實際丈量而得的。其次，對有經理字號、並升科納糧的農田，其賣田契中的「畝」也很可能指實田畝，而不是稅畝。如《天順六年李付同賣田白契》：「經理係弔字……號，地大小二丘，實量得一畝一分，新立四至。」（002938）又如嘉靖十二年《祁門縣光文魁賣田赤契》：「係經理昆字□□號，其田新立四至……計實田一畝六分二釐五毫。」（2：16813）

此外，考慮到萬曆前徽州農田的稅畝面積大多由自實經理而得，有人認爲農田的實田畝數近似等於稅畝數。這種說法缺乏直接的證據。一般地，稅畝通常不計入田邊地角的面積；同時農戶也有動機和手段去隱藏、漏報畝數以便減少稅賦。這些因素都可能使實田畝與稅畝間出現不可忽視的差距。

總之，實田畝是農田實際丈量的幾何面積，而稅畝是農田的納稅面積，兩者是不同類型的統計指標，其數值也不盡相等；將以稅畝計的畝價與以實田畝計的畝價加以平均、比較，所得出的畝價趨勢就會不產生偏差。

第二，稅畝的標準在變化

除了畝有實田畝與稅畝之別外，明代徽州的稅畝標準也在發生變化。萬曆清丈中，徽州各縣實施新畝法，1 稅畝所積的步數有較大改變。以休寧爲例，萬曆前，無論上、中、下田，1 稅畝統一積 240 步；萬曆後變爲 1 稅畝上田積 190 步、1 稅畝中田積 220 步、1 稅畝下田積 260 步。明代徽州各縣的稅畝等

〔註 59〕此處沒有採用「實畝」一詞，是爲了區分「自實畝」與「實田畝」。「自實畝」是農戶上報政府的農田面積，可能存在隱漏而失眞的情況；而「實田畝」幾乎是實測面積，其精度與測量有關。

則，已爲學界熟知，此不贅舉。下文僅列舉這批賣田契揭示的畝步換算的實際情況，以資佐證。

表 2.2：明代徽州賣田契中畝步換算表

藏契號	立契時間	地　　點	畝步換算
2：26386	嘉靖元年一月十八日	祁門在城	1 畝＝240 步
2：26746	萬曆十二年十二月二十四日	休寧 12 都	下田 1 稅畝＝260.3 步 下田 1 稅畝＝259.9 步
002634	萬曆十六年一月二十六日	歙縣槐源	1 稅畝＝224.0 步
004065	萬曆二十年四月二十口	18 都	中田 1 稅畝＝220.0 步
007349	萬曆二十年十二月二十二日	休寧西北隅 1 圖	1 稅畝＝210.7 步
002854	萬曆三十三年八月	不明	1 稅畝＝236.6 步
001270	萬曆四十年十一月二十四日	祁門十西都	1 稅畝＝244.1 步
000624	崇禎二年八月二十四日	4 都	1 稅畝＝220.0 步
007364	崇禎六年二月一日	3 都	中則田 1 稅畝＝220 步 中則田 1 稅畝＝212.6 步
2：26715	崇禎八年五月十日	休寧 23 都	中田 1 稅畝＝220.0 步

徽州稅畝積步標準的改變，使得萬曆前後以稅畝計的畝價間不可直接比較。如對休寧縣而言，即使實際田價沒有絲毫變化，萬曆後以稅畝計的上田畝價仍會減少 20.83%，中田畝價會減少 8.33%，下田畝價則會增加 8.33%。這意味著萬曆後以稅畝計的平均畝價數據很可能被低估或高估。

2）明代徽州各期畝價的離散度不等

除了畝的標準不一外，以往研究還忽視了畝價離散度對平均畝價的代表性的影響。

明代徽州農田的類型眾多，有上田、中田、下田，有官田、民田，有水田、旱田，有熟田、荒田等等。不同類型的農田間畝價差距較大，有時上田畝價幾乎是下田的兩倍。如果簡單地採用平均畝價指標，其研究很可能受到誤導。例如，在洪武年間的 10 例農田交易中，上田交易佔了 80%；洪熙至宣德年間的 24 例農田交易中，上田與糯租田交易共占 45.8%，荒田、下田和新升科田交易僅占 4.2%，其餘 50% 類型未知；而正德至嘉靖年間的 48 例農田

交易中，上田和糯租田交易僅占 14.6％，荒田、下田和新升科田交易共占 47.9
％，其餘 37.5％類型未知。由於上田、糯租田通常是較肥沃的農田，荒田、
下田和新升科田則通常是較貧瘠的農田，這意味著洪武、洪熙至宣德年間的
平均畝價主要代表肥沃農田的價格，而正德、嘉靖年間的平均畝價則主要代
表貧瘠農田的價格。因此，平均畝價的變化不能有效地反映徽州田價的一般
趨勢，尤其在田價受農田類型影響較大的情況下。

　　從統計學上講，不同時期畝價數據的離散度變動越大，其平均畝價的代
表性也就越差。爲清楚地描述明代徽州畝價數據離散度的變化情況，本文繪
製了十年一期的畝價數據的標準差係數分佈圖（其中最後一組畝價數據從
1633 年到 1644 年，包括了十二年）。該圖表明明代徽州畝價的標準差係數從
0.16 到 0.76，變動幅度非常大，因此，平均畝價不能用於代表徽州田價的長
期趨勢。

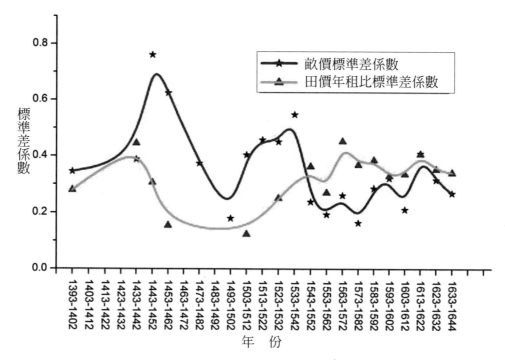

圖 2.1：明代徽州畝價、田價年租比的標準差係數分佈圖

4、新的替代指標：「田價年租比」

　　如上所言，畝價指標存在諸多缺陷，不能有效反映明代徽州田價的眞正

趨勢。除畝價指標外，學界還用過購買年數來描述徽州田價〔註60〕。不過，由於缺乏明代徽州各縣的穀價資料，難以得到足夠多的購買年數的數據。退求其次，本文用田價年租比代替購買年數。田價年租比是平均分攤在每單位年田租上的農田價格。事實上，田價年租比與購買年數、畝價三者間可以相互轉換：

$$田價年租比=\frac{農田售價}{年田租}=(\frac{農田售價}{年田租 \times 租穀價格}) \times 租穀價格 = 購買年數 \times 租穀價格 \quad （a）$$

$$田價年租比=\frac{農田售價}{年田租}=\frac{農田售價}{畝數}/(\frac{年田租}{年產量} \times \frac{年產量}{畝數}) = 畝價/(田租率 \times 畝產) \quad （b）$$

由於購買年數等於零貼現率下預期的年投資利潤率的倒數，由（a）式可知，在租穀價格穩定的條件下，田價年租比越高，預期的年投資利潤率就越低。由於畝價與畝產通常呈正相關關係，由（b）式可知，在田租率穩定的條件下，田價年租比比畝價的變動幅度要小得多，這解釋了為什麼在圖3.3中田價年租比與畝價的離散度雖然變動趨勢大體一致，但前者卻比後者更為平緩的原因。

進一步分析發現，儘管徽州田租種類較多（例如有秈租與糯租、早租與晚租、毛租與淨租、乾穀租與水穀租，還有實租、硬租、典租、監收租、雞穀租等種種名目），但是由於徽州賣田契中多以水穀租為主〔註61〕，因此，田租種類對「田價年租比」的總體趨勢的影響不大。

為方便比較，本文在計算「田價年租比」時，採取1秤計20斤，1砠計25斤的標準。從這批賣田契來看，就「秤」與「斤」來說，除了極個別加秤的情況外〔註62〕，兩者間換算比較穩定，1秤通常計20斤（002514、002676、001284、001689、000704）。相比而言，「砠」與「斤」的換算就複雜得多。在可推斷換算標準的契紙中，1砠計25斤的契紙有10張（2：26625、2：16813.45、2：16815、000757、2：16815、2：26730、002691、002682、000606、002770），1砠計26斤的契紙有2張（2：16806.4、003296），1砠計28斤的

〔註60〕 彭超，《明清時期徽州地區的土地價格與地租》，《中國社會經濟史研究》，1988年第2期，第56～63頁。

〔註61〕 江太新、蘇金玉，《論清代徽州地區的畝產》，《中國經濟史研究》，1993年第3期，第36～61頁。

〔註62〕 例如賣田契中明確注明「加六」（嘉靖三十五年，003001）、「加八」（萬曆44年，001260；萬曆46年，001259；天啓1年，000028）等加秤。

有 3 張（002689、007307、007358），1 砠計 30 斤的契紙有 2 張（007306、2：16818.9）。其中以「1 砠計 25 斤」的出現頻率最高，將其作爲折算標準較爲恰當。總體來講，這種處理也不會影響徽州田價的長期趨勢的判定〔註63〕。

5、「N 形」增長的明代徽州田價趨勢

爲清晰地展現田價曲線拐點的具體時間，我們繪製了《明代徽州田價年租比散點分佈圖及平滑曲線》〔註64〕。同時，儘管明代徽州的畝價數據存在諸多缺陷，但爲更好地比較，我們仍然繪製了《明代徽州畝價散點分佈圖及平滑曲線》〔註65〕。兩圖均以每常規冊年周期爲一觀察窗，以過濾「田稅推割延遲」引發的周期性波動。不過需指出，「田稅推割延遲」對田價的系統性影響並未被消除。天啓前後由於田稅推割制度的不同導致田價在計算上的差異仍然存在。因此，在理解明代徽州田價趨勢時，天啓前的田價還需做適當的低估。

〔註63〕 這裏存在兩種情況。第一種情況，假設砠與斤的換算標準沒有分佈上的變化。無論採取哪種標準，樣本中的田價數據要麼同時被高估，要麼同時被低估，田價的相對趨勢不受影響。筆者以「1 砠 30 斤」的標準，繪製過明代徽州田價的移動平均曲線，發現它與以「1 砠 25 斤」標準繪製的曲線在長期趨勢上未見明顯不同。第二種情況，假設換算標準存在長期、複雜的變化。從能推算出換算標準的田契的時間分佈看，1 砠計 25 斤的 10 張出現於永樂到崇禎，1 砠計 26 斤的 2 張出現於宣德、萬曆，1 砠計 28 斤的 3 張出現於萬曆、天啓，1 砠計 30 斤的 3 張出現於萬曆、崇禎，可見並不存在一種換算標準完全取代另一標準的情況。即使在最壞的情況，採用「1 砠 25 斤」標準可能會導致的田價誤差率約在 0～20% 間。這種誤差率與徽州田價的高變化率相比，不足以影響我們對徽州田價的長期趨勢的判斷。如徽州田價從萬曆中前期的 0.03 兩銀／斤穀到崇禎末的 0.06 兩銀／斤穀，足足增加了 100%，這顯然不是採用不同折算方法就能消除掉的。

〔註64〕 本圖的「田價年租比」數據剔除了遠遠低於或高於平均值的異常數據。

〔註65〕 本圖的畝價數據經過了以下四個方面的處理：(1) 剔除所有夾雜地、山等土地類型的田契，將塘面積計入田畝數；(2) 去掉所有典賣的田契，保留斷賣的田契；(3) 將遠遠超出或低於平均價格的異常數據剔除。這些異常田價往往是因灌溉條件、風水、災害等因素而極大偏離正常水平。如萬曆十六年（1588）歙縣的一份賣田契中的新丈田並井基，畝價高達 50.65 兩銀／稅畝（002634）；崇禎九年（1636）歙縣一塊「聽憑目下遷造風水」的農田價格高達 35.47 兩銀／稅畝（2：26795）；而萬曆二十年（1592）休寧某田因「洪水衝破，不能耕種，田價僅 1.19 兩／畝（007349），遠低於當地時均價 7.16 兩／畝；(4) 萬曆前涉及「步畝」的畝數按「1 畝 240 步」換算；涉及角、畝的，按「1 角 60 步」計。萬曆後田契中很少使用步畝制，多用「稅畝」，本圖不對「畝」與「稅畝」作折算處理。

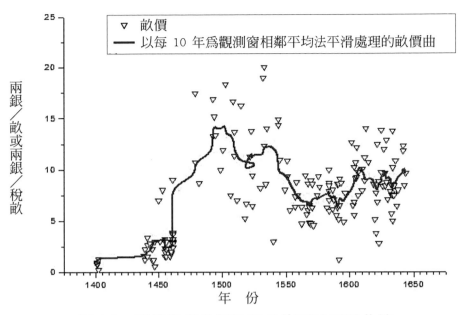

圖 2.2：明代徽州畝價散點分佈圖及平滑曲線

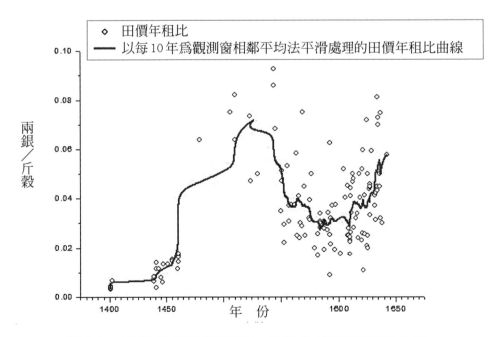

圖 2.3：明代徽州田價年租比散點分佈圖及平滑曲線

從長期趨勢來看，景泰之前，田價年租比極低，不足 0.01 兩銀／斤穀。景泰至天順間，田價年租比增速較快，約在 0.01～0.02 兩銀／斤穀間。成化時，田價年租比陡增至 0.06 兩銀／斤穀，並維持此水平到嘉靖中期。嘉靖中期以後，田價年租比開始大幅下降，由 0.06 兩銀／斤穀驟降爲 0.04 兩銀／斤穀；隨後田價年租比雖偶有短暫攀升，但總體下降趨勢不變，在 0.025～0.04 兩銀／斤穀的水平。自萬曆中後期起，田價年租比又開始節節攀升，到崇禎末年已經接近 0.06 兩銀／斤穀的高位。

根據平均畝價建立的「倒 U 增長說」及其改進觀點，往往低估了明末徽州田價的增幅。而根據年均契紙數、畝價指標建立的「直線增長說」，則又無法解釋嘉靖中期後畝價、「田價年租比」同時下降的事實。此外，值得一提的是，吳承明認爲明末徽州畝價較高，接近成化、弘治時的畝價水平，可惜未作更深入的闡述〔註66〕。

綜上所述，以田價年租比衡量的明代徽州田價既不呈「倒 U 形」增長，也不呈「直線」增長，而呈「N 形」增長。明代徽州田價大體上可分爲四個相對明確的階段。第一階段爲洪武 26 年～成化 10 年（其中天順 6 年～成化 10 年缺少田價數據）：這個時期田價極低，交易的農田大多爲上等良田，而且如果有所謂農田「市場」的話，也最多只有都、圖級規模，且被買方寡頭壟斷，是商業資本進入農業受到限制的階段。第二階段爲成化 11 年～嘉靖 23 年：田價達到最高且方差最大，交易的農田大多爲下等田，是徽人耕賈並重、商業逐漸控制農業的階段。第三階段爲嘉靖 24 年～萬曆 37 年：嘉靖 24 年田價驟降，徽人不重田土，是徽人以賈代耕、快速且擁擠性地進入商業領域的階段。第四階段爲萬曆 38 年～崇禎 17 年：田價攀升，是商業環境惡化、商業資本回流土地的階段。以下就其可能原因，詳細討論之。

6、明代徽州田價「N 形」增長原因試探

對明代徽州田價增長的原因，學界大多從人地緊張、自然災害、土地賦稅等角度進行闡釋，但均忽視了市場結構、流動的商業資本對田價的直接影響。下文嘗試從以上角度作些初步討論。下文重點放在天順前、轉折點的解釋上。

〔註66〕吳承明，《吳承明集》，北京：中國財政經濟出版社，1995 年，第 151 頁。

1）天順前徽州低田價的原因

天順前徽州的田價很低，按「購買年數」計算的田價通常在 2～5 年間，也就是說，2～5 年就能通過田租收回購田成本。將這個數字折算為預期的年投資利潤率，竟高達 20%～50%，無疑是十分不正常的。

從市場結構來看。究其原因，明代前期並不存在一個充分整合的徽州農田市場，而是大量的都、圖級規模的買方寡頭壟斷市場組成的集合〔註 67〕。早期的一些農田買賣，甚至不能稱之為「市場」行為，最多只能算是災荒、匱乏時的偶然交易行為。在當時，農田基本上並不被當作可以任意流動的資產來看待，而是農民有尊嚴生存的最後一道防線。隨意出賣家庭農田的行為，幾乎被視為一種「敗壞」家族的不道德行為，出賣土地者不得不收穫糟糕的名聲。這就是買賣土地的契約中，為什麼通常要提及「為了生計所迫」、「乏食」之類讓人足以產生同情的一個原由。

在統計數字上，洪武二十六年（1393）到天順六年（1462）的 111 件賣田契中，買主汪猷幹（或汪猷、汪猷官、汗猷幹、汪猷觀）有 39 件，占 35.1%；買主汪希美有 21 件，占 18.9%；買主汪士熙有 15 件（其中汪士希 1 件），占 13.5%；買主汪汝嘉有 10 件（其中汪汝加 1 件），占 9.0%；其餘小買主僅 26 件，約占 23.4%。而且，這些交易中跨都圖交易的僅 16 起，占 14.4%，比例很小。在農田市場規模過小，且被買方寡頭壟斷的情況下，極低田價、極高投資利潤率是很容易得到解釋的。

徽州農田市場被分割為一個個都圖規模「市場」的原因，跟明初全國實行的「田不過都」制有關。「田不過都」制，亦即「糧不過都」制。王文祿《百陵學山》載，「大造黃冊年，田在一都者，造注一都，不許過都開除。洪武四年冊可查。餘都仿此，立法嚴整。各歸原都，則凶險可驗，段實可定。糧里長默寓井田法，人皆不敢跨越數都立戶也，無貧富不均都也。今田在一都，提入八九等都，亂而無紀，曷稽哉！」〔註 68〕欒成顯先生詳細闡述了田不過都制在明前期的形成、廢除過程，讀者可以自行參閱，此不贅引。

〔註 67〕這裏用的「市場」一詞，並不意味著真的存在有實體的土地交易場所，而是用現代意義的「市場」概念，將買方、賣方放入一個抽象的交易空間，暫不考慮其它非經濟因素的干擾。這種權宜之計必有不符合歷史經驗的地方，但為更專注地表述交易行為，因此請方家予以諒解。

〔註 68〕王文祿，《百陵學山》求志篇卷 1，轉引自欒成顯，《明代土地買賣推收過割制度之演變》，載《中國經濟史研究》1997 年第 4 期，第 120 頁。

　　從市場等價物變遷來看。除了明代前期徽州農田市場結構對低田價的影響外，明初徽州的農田交易處於貨幣抑制的狀態，這可以從市場等價物類型的變遷得到驗證。下圖揭示了 1393～1461 年間徽州農田市場的等價物的使用情況〔註69〕，樣本包含了 106 件交易（原有 111 件交易，去除其中 1401、1404、1413、1437、1446 年共 5 件同時採用多種等價物的交易）。

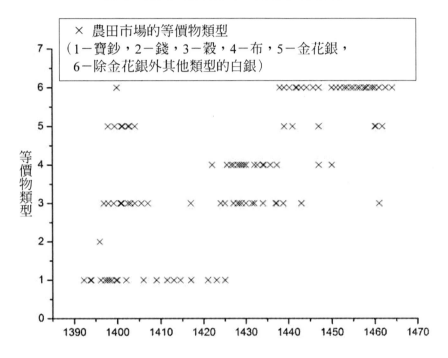

（數據來源：《明清徽州社會經濟資料叢編》第一集、第二集）

圖 2.4：1393～1461 年明代徽州農田市場的等價物類型分佈圖

　　從上圖可以看出，在洪武之初，徽州就已經在夏稅中採用過折色制。這種稅收制度，影響著農田交易中的等價物類型。

　　　洪武七年（1374），以徽、饒、寧國不通水道，輸稅爲艱，令以

〔註69〕　圖中特意將金花銀與普通白銀區別開，因爲二者的價值是不一樣的。《（正德）松江府志》卷 7 載，「老民正不知先年何故金花銀準米四石、布匹準米二石一石，卻乃錢糧反多。今者金花銀不過一石九斗，白銀不過一石七斗，何故錢糧反少？」可見，以松江府的情況來看，金花銀的價格高出普通白銀 11.8％。從性質來看，金花銀又稱「折糧銀」。「京庫折銀」是實物稅糧折收的、可以用來上解京庫的白銀貨幣，與一般的白銀等價物意義不同。因此，雖然不知道明初徽州府是否也存在這種顯著差別，爲保險起見，本文仍然做出了區分。

金、銀、錢、布代輸夏稅。九年，令民以銀、鈔、錢、絹代輸，銀
一兩、錢千文、鈔十貫，皆折米一石，小麥減直十二，縣、苧、絲、
絹等各以輕重爲損益，願入粟者聽之，米麥爲本色，諸折納稅糧者
爲折色。三十年（1397），以行人高稹言陜民困逋賦，乃令天下逋租
皆許隨土所便折收布、絹、縣花及金銀等物。戶部定鈔一錠折米一
石，金一兩十石，銀一兩二石，絹一疋石二斗，縣布一疋一石，苧
布七斗，棉花一斤二斗，帝曰折收逋賦，欲蘇民困也。今如此重將
愈困民，其金銀每兩各加一倍，鈔止二貫五百折一石，餘從所議。
〔註70〕

由於缺乏洪武早期的農田交易史料，這段話難以驗證。目前能確認的是，洪
武末，寶鈔與穀物是農田交易的主要等價物。

建文（1399～1402）間，金花銀、穀物、寶鈔是主要等價物。

永樂（1403～1424）間，徽州農田市場未見金花銀出現，主要的等價物
是寶鈔與穀物，這與永樂元年以鈔法不通、嚴交易用金銀之禁有關。永樂末
年，寶鈔貶值已經十分明顯，穀物則成爲最主要的等價物，布匹開始進入等
價物體系。例如，永樂二十年（1422）六月，休寧 12 都吳文斌出售一塊農田
給汪希美，得松江棉布 3 匹、細苧布 1 匹，其布共該時值價穀 40 秤（2：26630）。
可見，此時穀物是標準等價物，且松江棉布已傳入徽州。

宣德初至正統初的十餘年間，布匹作爲主要等價物得到廣泛認可。布匹
的名目很多，有官苧布、納官苧布、大苧布、交官棉布、納官闊棉布、大棉
布、納官棉布，大多與納稅有關。值得一提的是，宣德前期出現的主要是苧
布，這是徽州本地能夠生產的布匹。宣德後期以棉布爲等價物的例子則開始
增多（請參見附錄 2）。考慮到明代徽州產棉很少〔註71〕，不管這些棉布是購
入棉花後由本地加工生產的，還是從松江一帶直接購入的，區域間棉花或棉
布的流通已經發生。這個時候，徽州經濟已經不能算是純粹的「自然經濟」。

正統初年以後，白銀和金花銀恢復其等價物地位，布匹、穀物則逐漸退

〔註70〕閻鎮珩，《六典通考》卷 66「民政考」，清光緒 29 年（1903）刻本。
〔註71〕《（嘉靖）徽州府志》卷八：「棉花，雖有種，甚少。」（北京圖書館古籍出版
　　　　編輯組編，《（嘉靖）徽州府志（弘治）休寧志》，《北京圖書館古籍珍本叢刊
　　　　29》本，北京：書目文獻出版社，第 212 頁）但是到萬曆間，方志記載有所
　　　　變化。萬曆間的《歙志・風土》載，「貧窶數月不見魚肉，女人織木棉，同巷
　　　　相從績紡，常及夜分。」

出等價物體系。這與正統元年銀禁鬆弛〔註72〕、「南畿、浙江、江西、湖廣不通舟楫地採用折色納銀」〔註73〕有關。下面有兩個特例，清晰地展示了標準等價物的變化情況。正統二年（1437）十一月六日，祁門城馮子永同弟子良出售荒田給十西都的謝榮祥，貨綿布並銀價210貫（002510）。此時，標準等價物的單位是貫，可能是以寶鈔或銅錢衡量的。然而，正統十一年（1446）五月十八日，休寧12都吳雲出售農田給汪希美，得秈穀、銀、松江棉布，「共該好銀」8.6兩（2：16807.5）。可見，到正統末，即便交易中使用的棉布、穀物，其價值已經統一用白銀來衡量了。景泰三年，白銀更成爲臨時支付官俸的貨幣〔註74〕。白銀和金花銀取代布匹、穀物這類等價物，標誌著徽州商業活動的升溫。

這裏值得注意的是，徽州農田交易中大量使用白銀作爲等價物的時間開始於正統初年，這個時間要早於正統五年後折色輕賫制在徽州的實施時間〔註75〕。因此，不能認爲徽州「折色輕賫」制的實施，才帶來了徽州農田交易的白銀貨幣化。《明英宗實錄》卷六五載，正統五年（1440）三月癸亥，

〔註72〕 《明史》「食貨5」：「英宗即位，收賦有米麥折銀之令，遂減諸納鈔者，而以米銀錢當鈔。馳用銀之禁，朝野率皆用銀，其小者乃用錢；惟折官俸用鈔，鈔壅不行。」

〔註73〕 夏燮，《明通鑑》（清同治刻本）卷22載，「（正統元年八月）始定歲賦折銀入內承運庫。初，洪武九年，天下稅糧許以銀鈔代輸者，謂之折色。所折之銀俱送南京，供武臣俸祿及北京各衛官支俸，以爲常。至是，副都御史周銓言：行在各官俸支米，南京道遠費多，輒以米易貨，貴買賤售，十不及一，朝廷虛糜廩祿，各官不得實惠，請於南畿、浙江、江西、湖廣不通舟楫地，折取白金、布、絹解京充俸。江西巡撫趙新、南京戶部尚書黃福亦以爲言。上以問戶部尚書胡濙，濙對以太祖嘗折納稅糧于陝西、浙江，民以爲便。乃仿其制，米麥一石折銀二錢五分，南畿、浙江、江西、湖廣、福建、廣東、廣西米麥共四百餘萬石，折銀百萬餘兩，不送南京，悉入內承運庫，謂之金花銀。除給放武臣俸，餘專供內用，其後概行於天下，自起運、兌運外，率糧四石折銀一兩解京，以爲永例。由是諸方賦入折銀者幾半，而倉廩之積漸少矣。」值得注意的是，據唐文基先生在《明代賦役制度史》（中國社會科學出版社，1991年，第141頁）中的研究，從該項稅收政策的實行情況來看，江南地區這種輕賫折色的金花銀，主要集中在重租官田，實際上是貨幣地租和貨幣稅的合一。

〔註74〕 彭信威，《中國貨幣史》，上海：上海人民出版社，1958年，第452頁。

〔註75〕 此處所說的折色輕賫，唯以白銀結算，與洪武七年徽州實施的折色不一樣。「洪武七年，以徽、饒、寧國因不通水道，輸稅爲艱，而令以金、銀、錢、布代輸夏稅」（見前引閻鎮珩《六典通考》卷六十六民政考，清光緒刻本）。

巡按直隸工部左侍郎周忱奏，直隸徽州府夏稅折收苧布，緣非

產有，遞年負欠，乞準例折銀。從之。〔註76〕

到景泰間，徽州又一次向皇帝申請稅糧折收白銀。《（弘治）徽州府志》卷八「汪敬」條注曰：

景泰間，徽州府知府孫遇以該徵稅糧本色繁重，疏乞折納輕賫。

事下戶部，（汪）敬力贊畫，每麥米一石折銀二錢五分，帶耗銀一分

五釐，郡邑德之〔註77〕。

這與洪武間「銀一兩二石」的折色標準相比，降低了一半。白銀在農田市場恢復流通要早於景泰間徽州折色輕賫制的實施時間，這證明正統初年徽州商業的升溫並不是徽州實施折色納銀的稅收政策所引起的。

總而言之，受限於等價物，明代前期徽州農田市場的發展是比較緩慢的。再加上早期的徽州農田市場是都、圖級的買方寡頭壟斷市場，這導致了明代前期徽州的低田價。

2）成化至嘉靖中前期徽州高田價的原因

成化、弘治以後，徽州休寧和歙縣人大量群體性外出經商〔註78〕。不過，商業只是吸納土地上的部分剩餘勞動力，大部分商人家庭正處於資本積累的初期階段。此時徽商並未被太多人關注，關於徽商活動的文獻也多見於徽州內部的宗譜、族譜、文集、方志中。學界討論很多，這裏不多做闡釋。

到正德末、嘉靖初年，大批富裕徽商以其示範效應，帶動了整個歙縣、休寧地區民眾的出賈，於是，徽州的這個核心地區由弘治間的「家給人足，居則有室，佃則有田，薪則有山，藝則有圃」一變而為正德末的「出賈既多，土田不重，操資交，起落不常。」正德末至嘉靖初，徽州人從「耕賈並重」向「以賈代耕」的轉變，在前面的章節中已詳細討論，此處不重複討論。僅

〔註76〕《明英宗實錄》卷65，臺北中央研究院歷史語言研究所校印本，1962年版，第1256頁。

〔註77〕見汪舜民，《（弘治）徽州府志》卷8「汪敬」，明弘治15年（1502）刻本。孫遇在徽州的活動時間是正統九年至十三年、景泰五年至天順八年間。《（弘治）徽州府志》卷四載，孫遇「正統九年到十三年（1444~1448），丁父憂去任，徽民疏請奪情復任，景泰間復丁母憂去，景泰五年（1454）再任，天順八年（1464）以升去」。何喬遠《名山藏》（明崇禎刻本）卷67「臣林記」亦記載，孫遇「天順元年滿九載，加賜三品俸，遇居徽十有八年」。

〔註78〕范金民，《明代地域商幫的興起》，《中國經濟史研究》，2006年第3期，第93~103頁。

舉數例，以見當時人的活動情況。例如，「翁（陳帥英）爲人俶儻好義。歙人多賈，而翁故亦以賈業」〔註79〕。墓主陳帥英因正德十六年（1521）嘉靖帝迎母，在供役途中中暑而亡。

事實上，這種轉變絕非徽州一地如此。24 歲的吳縣人黃姬水於嘉靖十二年（1533 年）就開始編寫《貧士傳》，他在《貧士傳》的序言中寫道：

> 然昏惑沉淪，危亡安樂，莫不熙熙利來，攘攘利往，貧墨克掊，而粲心充位，饕餮苟得，而跖行塞闒。貴豪積貨於丘山，元庶槁躬於溝壑。嗚呼！此天下所以日就於匪康，而貧士之所以罕覯也。
>
> 〔註80〕

這個時期，徽人因爲商人富裕而被加重了力役負擔的事件，頗具象徵意義。陸深《儼山集》卷五十二《徽守南侯復役記》記載了嘉靖初年，南直隸所屬的池、寧、安、太四府知府聚在一起，對是否該由徽州來攤派南京兵馬司的弓兵力役問題進行了一場辯論。其中太平府的林姓知府（文中稱林侯）的理由是：「徽善賈，多富商，是民力有餘也，改派便。」而當時徽州府的知府南壽則極力抵制，認爲「近奉部符調發凡坐派若干，凡灑派若干，視他郡獨多，定額之上供者每歲計銀三萬兩有奇，而不時之需、大工之具，不與焉？徽煩矣。改派不便。」而且「徽地狹，民不容居，故逐末以外食。商之外富，民之內貧也。徽近多盜，內犯則外移，外犯則內索，大抵明於法則務傷、養其成則滋害，皆吾民也。實弊矣。」〔註 81〕徽州知府最終佔據上風，得以抵制力役的改派。敘述這件事的作者陸深，乃弘治十八年（1505）進士，嘉靖二十三年（1544）去世。文中所言的南侯，即嘉靖七年（1528）任徽州知府的直隸人南壽〔註 82〕。可以合理判斷出，這則材料所載史實應當發生於嘉靖初期。這說明，嘉靖初期，徽商的富名已經爲南直隸的地方官員所熟知，在南直隸各府內部攤派力役時成爲重要的考量標準。

相隔不到十年，由於歙縣、休寧兩縣因經商富裕，徽州府內部單獨增加此二縣的徭賦。休寧人金瑤記載說：

〔註79〕唐順之，《荊川集》文集卷 12《休寧陳氏墓廬記》，四部叢刊景明本。

〔註80〕黃姬水，《貧士傳》，日本早稻田大學圖書館藏本。

〔註81〕陸深，《儼山集》卷 52《徽守南侯復役記》，見景印文淵閣四庫全書第 1268 冊，臺北：臺灣商務印書館，第 322 頁。

〔註82〕北京圖書館古籍出版編輯組編，《（嘉靖）徽州府志（弘治）休寧志》，北京圖書館古籍珍本叢刊 29 史部・地理類，北京：書目文獻出版社，第 95 頁。

> 吾郡取民，舊制五丁折米一石以起徭賦。嘉靖戊戌（十七年）
> 更議，謂休、歙二邑民多商販獲利，於是減爲三丁折。婺、祁、黟、
> 績仍五丁。〔註83〕

休、歙二縣因商賈獲利而增加農業稅賦的事件，側面說明徽商家庭的富裕。
孫礦《南京禮部尚書進階資善大夫贈太子少保泗橋陶公承學墓誌銘》記載，
嘉靖間徽州出現了：

> 徽人相矜以行賈，賈或數十年不歸。前此郡守惡其輕離家，因
> 重稅難之，給傳人二金。公（陶承學）白損之，令止出一錢。〔註84〕

陶承學（1518～1598），浙江會稽人，嘉靖三十五年（1556）由進士南道御史
任徽州知府〔註85〕。可見，嘉靖三十五年以前的徽州郡守對徽人離家經商的
行爲是採用重稅遏制的，當然更可能是地方官員分享商業利潤的一個「堂皇」
藉口。因爲，在農業上施加重稅，並不能眞正恢復農業生產，而是意在分享
在外地經商的徽人的商業利益。農業重稅的實施，將更多的徽州農民逼向商
業領域。

　　概言之，成化至嘉靖中期徽州田價高昂的原因主要來自兩個方面。一方
面，遵奉「以末致富，以本守之」治生理論的富戶和商人將商業領域賺來的
白銀大量投資土地，打破了買方的寡頭壟斷，農田的需求面變得更具競爭性。
另一方面，普通徽州家庭正在進行「以賈代耕」的大轉變，即由「耕賈並重」
開始轉向「以賈代耕」，農田仍是徽人謀生的重要途徑，因此市場中農田的供
給並未顯著增加。這一點可從當時上等田在農田市場中的低份額看出。低供
給與高需求可說是明中期徽州田價高昂的主因。

3）嘉靖中後期至萬曆中期徽州田價下降的原因

　　傅衣凌引正德前後俞弁《山樵暇語》的話，說明徽商處理剩餘資本之
一個最方便途徑是投資土地，然後由於徽州地狹田少和賦稅重，利息薄，
土地容納徽商的剩餘資本已不可能，因此出現徽州田價前漲後落，嗣亦無
人買田〔註86〕：

〔註83〕金瑤，《金粟齋文集》卷4《如砥錄引》，明萬曆41年（1613）汪從龍瀛山書
　　　　院刻本。
〔註84〕孫礦，《居業次編》卷5，明萬曆40年（1612）呂胤筠刻本。
〔註85〕《（嘉靖）徽州府志（弘治）休寧志》，第95頁。
〔註86〕傅衣凌，《明清時代商人及商業資本》，北京：人民出版社，1956年，第78
　　　　頁。

> 江南之田，唯徽州極貴，一畝價值二三十兩者，今亦不過五六
> 兩而已，亦無買田。

從徽州農田畝價與田價年租比的擬合曲線來看，嘉靖 24 年（1545）徽州田價
下降的幅度非常明顯〔註87〕。這跟當時的天災有關係。1544～1546 年，正是
東南地區連續三年大旱的時期〔註88〕（中央氣象局氣象科學研究院，1981，
P.43～44）。從當時的徽州災荒與米價來看，的確如此：

> （嘉靖）二十四年，旱，大饑，斗米二錢，民食葛蕨繼以烏蒜，
> 巡撫都御使丁汝夔賑饑；二十五年，巡撫都御使歐陽鐸賑饑〔註89〕。

從徽州賣田契的個案來看，也存在嘉靖二十四年田價明顯下降的跡象。徽州
某縣（縣別不明）23 都黃文英於嘉靖二十三年（1544）五月四日和嘉靖二十
四年（1545）三月二日分別購入兩塊位於同都的一等田，其田價分別爲 0.093
兩銀／斤穀（或 14.857 兩銀／稅畝）和 0.068 兩銀／斤糯穀（或 10.943 兩銀
／稅畝），下降幅度高達 27％。饑荒確實可能增加了農田的市場供給量，從而
導致田價下降。

　　不過，自然災害對農田價格通常只會產生一種短期的衝擊，很難以此解
釋嘉靖二十六年（1547）旱災結束後田價仍然持續走低、卻沒有再反彈回高
價位。學者大多將嘉靖間田價的下降歸因於田賦的增加。顧起元言道：

> 且自嘉靖中年，田賦日增，田價日減，細户不支，悉鬻於城中，
> 而寄莊户滋多。〔註90〕

這句話是顧起元對當時南京一帶的土地兼併現象發出的議論。對徽州而
言，田價驟降始於嘉靖二十四年（1545）的大旱期間，而徽州的核心地區
休、歙二縣的徭賦猛增卻始於嘉靖十七年（1538），二者在時間上不一致。
同時，徽州力役的加重也並非是從嘉靖二十四年才開始，在此之前徽州出

〔註87〕劉和惠、汪慶元認爲「嘉靖十三年以後到萬曆年間，田價趨於下降，一般畝
　　　　價在六兩至八兩之間」，在分組統計時亦將嘉靖 13 年至萬曆 48 年劃爲一組。
　　　　不過，他們並未提及如此分組的依據，既無總體的拐點分析亦無個例證據。
　　　　參見劉和惠、汪慶元，《徽州土地關係》，安徽人民出版社，2005 年，第 201
　　　　頁。
〔註88〕中央氣象局氣象科學研究院編，《中國近五百年旱澇分佈圖集》，北京：地圖
　　　　出版社，1981 年，第 43～44 頁。
〔註89〕參見《（道光）休寧縣志》卷 6「恤政賑濟」，中國地方志集成·安徽府縣志輯
　　　　52，第 114 頁。
〔註90〕顧起元，《客座贅語》卷 2「户口」，明萬曆 46 年（1618）自刻本。

現了多次加役，田價仍然高居不下。因此，儘管徭賦猛增對徽人外出經商的確產生過一定影響，但很難說它就是嘉靖中後期徽州田價長時間持續下降的主因。

因此，筆者想要探討另外一個可能性：經過成化至正德的高田價之後，此時的徽州農田市場已成為徽商資本的儲蓄市場，因此，影響田價的主要因素也不再是土地稅率，而是商業投資利潤率和商業風險。

從當時的商業投資來看，鹽業和海洋貿易是當時徽商資本積累到一定程度後，通常轉向的領域。首先，從事鹽窩買賣是內商從中賈躍身上賈的一個重要途徑。

> 「上賈棲淮海，治魚鹽，恪守程期，歲息不逮什一，顧薄收厚積，原大而饒」……，（徽商王子承）：「長子世綱，嘗從老夫戮力起蜀，命之受蜀故業。庶幾，習蜀事而屢蜀，心淮海利源，且去新都差近，部使者主鹽筴，厥有章程，即利滋薄無近功，蓋王道也」
> 〔註91〕。

此類中賈向鹽筴上賈變遷事例有不少（隆慶萬曆間汪道昆等文人描述的徽州中賈最終多以業鹽為結局），茲不贅引。

其次，投資海上貿易是嘉靖海禁之前徽商的第二大選擇。比較典型的例子是歙縣海商許棟和汪直。嘉靖十九年，徽商許棟據寧波雙嶼港，號海寇，最強。海商汪直（假名王直），「先以鹽商折閱，投入賊夥」〔註 92〕。嘉靖十九年（1540），汪直「與葉宗滿等造海舶，販硫磺、絲棉等違禁貨物，抵日本、暹羅、西洋諸國，往來貿易五六年，致富不貲，夷人人信服之，稱為五峰船主」〔註93〕。

曾經抗倭的徽商中也有參與過海洋貿易的例子。例如歙人許谷，

> 將服賈，資斧不具，伯予千金，乃販繒航海，而賈島中，贏得百倍，舟薄浯嶼，群盜悉掠之〔註94〕。

〔註91〕 汪道昆，《太函集》卷 17《壽域篇為長者王封君壽》，明萬曆刻本。

〔註92〕 顧炎武，《天下郡國利病書》卷 119《海外諸番·日本條》，轉引自張海鵬、王廷元主編《明清徽商資料選編》，合肥：安徽人民出版社，1995 年，第 425 頁。

〔註93〕 《殊域周咨錄》，轉引自《明清徽商資料選編》，第 424 頁。

〔註94〕 《重修古歙東門許氏宗譜》卷 9《許本善傳》，轉引自《明清徽商資料選編》，第 432 頁。

但是，隨著海禁日嚴，海商遭到沉重打擊。嘉靖二十七年（1548），巡撫朱紈破雙嶼，殺許棟，餘眾遁福建浯嶼；嘉靖三十二年（1553），徽商汪直、徐海等人引發了最劇烈的倭亂；直到嘉靖四十三年（1564），倭亂才漸次平息。

徽州行商參與東南倭亂之事，黎民表曾賦詩云：

> 吁嗟二百年來久，海上烽煙從癸丑（嘉靖三十二年，1553）。徽饒行賈多緡金，漳泉篙師稱好手。七國連謀敗晁錯，百年爲戎歎辛有。可憐枉死朱中丞，束濕無功成禍首。[註95]

朱中丞，即因禁海而入獄自殺的朱紈。可見，作爲海商的徽州商人在嘉靖中期已經深入人心。這次倭亂對江南地區影響也很大。以西洞庭爲例，

> 正德以前，家戶饒給，父老多不識城市，有西山富之謠。嘉靖倭殘，罄篋賷盜，山徑荒蕪，致額糧虛宕，民力不堪，競思逃徙。
> [註96]

《采常吉倭變事略·序》亦載：

> 目嘉靖癸丑歲，倭夷騷動，閩、浙、蘇、松之境中患我邑數載勿靖，幸而漸就殲滅，然東南罷敝極矣。[註97]

「東南疲敝極矣」，雖有些誇張，但是對於需要秩序保證的商業活動來說，無疑影響很大。更重要的是，明廷嚴肅海禁及倭亂，導致一度與徽州鹽商並駕齊驅的徽州海商集團遭到毀滅性的打擊，迫使徽州海商不得不動用積蓄在土地上的資金以渡過難關。它引發的外貿銳減迫使海洋貿易體系內的東南商人（尤其是大量中小商人）不得不轉入國內貿易中，加劇了國內競爭，這又促使徽商從土地中抽取資金（或減少對土地的投資），進軍鹽業、典業等高利潤、高資本要求的行業[註98]。在倭亂平息後，隆慶間政府重

〔註95〕黎民表，《瑤石山人稿》卷3「七言古詩」《哀莆中王子世廉俠士也愍閩嶠之亂作爲此歌予讀之泫然亦同作焉》，見景印文淵閣四庫全書第 1277 冊，臺北：臺灣商務印書館，第 38 頁。

〔註96〕顧炎武，《天下郡國利病書》第 5 冊「蘇下」，乾隆稿本。

〔註97〕采九德，《采常吉倭變事略》序，見鹽邑志林第 29 冊，上海涵芬樓影印本，1937 版。

〔註98〕徽商此時轉入鹽、典業的案例較多：汪道昆《太函集》（明萬曆刻本）卷 17《壽域篇爲長者王封君壽》載，徽商王世綱「習蜀事而釐蜀，心淮海利源，且去新都差近，部使者主鹽筴，厥有章程，即利滋薄無近功，蓋王道也」。耿定向《耿天台先生文集》（明萬曆 26 年刻本）卷 16《儒賈傳》載，歙商程豪

新恢復除日本外的海洋貿易時，徽州農田的田價年租比雖出現短暫的上升，但徽商資本向鹽業、典業的大轉移並未被中斷。徽州的土地資本大舉向鹽業資本和借貸資本的轉型，很可能是嘉靖中期以後徽州田價大幅下降的一個深層次原因。

4）萬曆後期田價上升原因

萬曆後期，商業投資環境越來越惡化，徽州糧商、典商、鹽商、木商先後遭到沉重打擊。先就糧商而言。徽州糧商屯米引起產糧地士紳的不滿。例如劉宗周在給張太符太守的信中寫道：

> 高收在即，歲爲徽商所販，以給土民者不十五，更可禁也。禁
> 之則米價可平，低收益裕，以儲常平，且有餘米。〔註99〕

徽商屯米更成爲群眾性事件的導火索。

> 萬曆庚申（四十八年，1620），因過羅米騰，一二饑民強借徽商
> 之米，有司稍繩以法，而隨有萬人屯聚府門，毀牌毀役，幾致大變。
> 〔註100〕

張國維《撫吳疏草》中《饒民截商疏》一文記載過崇禎間徽商運糧商船屢次被江西人劫持之事〔註101〕。

次就典商而言。周孔教抨擊寓居吳門的徽州典商，

> 乃一遇歲祲，類稱無本收當，深藏閉戶十家而九，間有收者較
> 之平常所典十僅與一。夫厚獲利於豐稔之時，而忍坐視于凶荒之日，
> 無論非情法之所宜〔註102〕。

再就鹽商而言。在富安鹽場，徽西二商，「假託上臺引單不行，餘鹽緊急」，壓低鹽場的收購鹽價，結果造成「次日旋有竈丁上街搶食充饑，各店鋪登時閉門，貿易不行，老幼驚惶，地方陡變」〔註103〕。

年輕時賈於麻城，年老歸家前「乃委監奴受鹽筴真州」。嘉靖萬曆間，徽人已
大量轉營典業。汪道昆《太函集》（明萬曆刻本）卷59《明故處士鄭次公墓誌
銘》載：「近歲多子錢家，岩鎮則其藪也。」

〔註99〕劉宗周，《劉蕺山集》卷6「書一」《與張太符太守》，見景印文淵閣四庫全書
　　　第1294冊，臺北：臺灣商務印書館，1983年，第397頁。
〔註100〕沈國元，《兩朝從信錄》卷23，明崇禎刻本。
〔註101〕張國維，《撫吳疏草》·《饒民截商疏》，明崇禎刻本。
〔註102〕周孔教，《周中丞疏稿》卷2《督撫軍門救荒事宜》，明萬曆刻本。
〔註103〕鄭二陽，《鄭中丞公益樓集》卷2《東巡紀事》，清康熙世德堂刻本。

天啓六年的黃山大獄更是沉重打擊了徽州的大鹽商（同時也有大木商、大水商）。蔣臣曾說，「徽商自黃山貽累以後，巨室半空。」〔註104〕

商業投資環境惡化，投資利潤率下降，迫使徽商資本從商業領域回流土地，這導致了萬曆後期徽州田價的持續升溫。這一過程有待更有力的證據推進研究。

7、小結

綜上所述，天啓前的徽州田價因忽視「田稅推割延遲」的因素而被普遍高估，而平均畝價也因爲畝的標準不一、畝價的離散度不等而失去有效性。在這種情況下，通過「田價年租比」的擬合曲線分析，我們發現，明代徽州田價既不呈「倒 U 形」增長，也不呈「直線」增長，而呈「N 形」增長。

這反映了徽商資本在徽州土地市場的流動情況，也是明代江南乃至中國的經濟變遷的一個縮影。成化以前，徽州土地市場被分割爲一個個都、圖規模的賣方寡頭壟斷市場，徽商資本大規模進入受到限制，因此田價很低；這是明前期商業活動受限、農業恢復元氣的小農經濟階段。成化至嘉靖中葉，徽人由「耕賈並重」向「以賈代耕」的大轉變，土地市場逐漸成爲商業資本的儲蓄市場，因此田價始終處於高位；這是商業資本逐漸控制農業生產的階段。嘉靖中葉至萬曆中葉，受到嚴肅海禁政策與東南倭亂的影響，國內商業競爭加劇，徽商資本大量從土地流向鹽業、典業等高利潤、高資金要求的行業，因此田價出現持續地下降；這是商業領域分化、大量資本從競爭性行業轉入壟斷性行業的階段。萬曆中後期至崇禎末年，商業環境的持續惡化迫使部分徽商資本回流土地，田價亦日趨升溫；這是競爭性行業疲敝、壟斷性行業特權爭奪劇烈的經濟大蕭條的階段。

從市場結構變遷與商業資本投資轉型的角度，來解釋明代徽州土地市場的重要意義在於：不再將土地市場孤立於其它市場之外，以致簡單地用土地稅率、人地壓力等因素來理解田價問題，並且不自覺地陷入歷史循環論中，低估了明代中後期商業對土地市場的影響。

〔註104〕蔣臣，《無他技堂遺稿》卷 3《漕鹽通變議》，清康熙四十九年（1710）蔣於湄刻本。

第三節　「春夏秋冬」：易變的歷史——明末儒生眼中的社會變遷

明代社會經濟變化的規律是什麼？或者用當時人的話語，它的「道法」是什麼？明代人自己是如何感知和思考所在時代的變化？

1609 年成書的《歙志》中有一段尖銳的話經常被人引用，作為明代徽州歙縣甚至全國社會經濟轉化與變遷的總線索。顧炎武在《天下郡國利病書》中抄錄了它，因此引起了研究明代問題的學者的重視。不過，這則文本的意義並沒有得到深刻解讀，甚至還經常遭到誤解。它常被理解為一種抑制商業、回歸明初自然經濟的道家式主張，而不是「天道」變化整個過程中關於「生意」信念的呈現。我想爭辯的是，這是一個明顯錯誤的判斷，至少不符合宋明儒學對商業的文化理解。引文的篇幅有點長，但為了展示一個比較完整的語境，筆者將它們全部摘錄下來，以便詳細討論。

> 國家厚澤深仁，重熙累洽，至於弘治，蓋綦隆矣。於時家給人足，居則有室，佃則有田，薪則有山，藝則有圃，催科不擾，盜賊不生，婚媾依時，閭閻安堵，婦人紡績，男子桑蓬，臧獲服勞，比鄰敦睦。誠哉一時之三代也。豈特宋太平、唐貞觀、漢文景哉？詐偽未萌，訐爭未起，芬華未染，靡汰未臻。此正冬至以後、春分以前之時也。

> 尋至正德末、嘉靖初，則稍異矣。出賈既多，土田不重；操資交捷，起落不常；能者方成，拙者乃毀；東家已富，西家自貧；高下失均，錙銖共競；互相凌奪，各自張皇。於是詐偽萌矣，訐爭起矣，芬華染矣，靡汰臻矣。此正春分以後、夏至以前之時也。

> 迨至嘉靖末、隆慶間，則尤異矣。末富居多，本富盡少；富者愈富，貧者愈貧；起者獨雄，落者辟易；資爰有屬，產自無恒；貿易紛紜，誅求刻核；奸豪變亂，巨滑侵牟。於是詐偽有鬼蜮矣，訐爭有戈矛矣，芬華有波流矣，靡汰有丘壑矣。此正夏至以後、秋分以前之時也。

> 迄今三十餘年，則奐異矣。富者百人而一，貧者十人而九；貧者既不能敵富，少者反可以制多；金令司天，錢神卓地；貪婪罔極，骨肉相殘；受享於身，不堪暴殄；因人作報，靡有落毛。於是鬼蜮

則匿影矣，戈矛則連兵矣，波流則襄陵矣，丘壑則陸海矣。此正秋
分以後、冬至以前之時也。

嗟夫！後有來日，則惟一陽之復。安得立政閉關、商旅不行，
安靜以養微陽哉！〔註105〕

一、創作背景

上段話出自的萬曆《歙志》，是歙縣的第一部有記錄的縣志。它的主修是
湖廣黃陂人張濤（1554～1618）。張濤，字元裕，由工科給事中以言事忤旨放
歸十餘年（參與彈劾首輔趙志皋），後朝廷收敘諫臣，於明萬曆三十五年（1607）
起用爲歙縣令，三十七年（1609）擢升戶部廣東司主事，官至都察院右都御
史。張濤初臨歙縣時，正當三十五年的水災蕩析之後，春大饑，米珠薪桂。
三十六年，水旱並至，斗米騰至一錢三分。張濤開倉放賑，申請都察院贖錢
以購買糧食，兼令富人買米平糶，又興建救荒工程如霞山塔、張公堤，修繕
紫陽書院、孝子祠、尚賢祠等。以工代賑，先後活人無數，其後被歙縣人於
霞山建張公祠祭祀。《歙志》就是在萬曆三十六年，張濤延請歙縣人謝陛擔任
總纂，然後由謝陛在新察院數月內完成草稿，並於三十七年刊印的。

《歙志》的主纂謝陛（1547～1615），字少連（或少廉），歙縣開皇里人。
據陳智超先生的考釋，謝陛的父親「是一名有一定文化、並計劃走科舉仕宦
之途的商人。科舉失敗後寄希望於兩個兒子謝陛和謝陛。謝陛大概取得了郡
學生的資格，『嗣後數不利於京兆試，遂棄去，專攻古文。』……此後足跡及
於四方，交遊甚廣。」〔註106〕謝陛既是豐干詩社的七君子之一，也是白榆社
的創始成員之一，與「儒賈」詞語的創作者汪道昆保持著異常緊密的聯繫。《歙
志》撰寫的時候，汪道昆已經去世十多年，謝陛徵詢了當時已經年邁不能動
筆的徽州名紳方弘靜的意見。

張濤和謝陛二人在不同程度上都參與了該縣志的創作。由於前引「風土」
篇的總結性評論並沒有作者的標識。因此，關於該評論的作者是誰，以及如
何理解這段話，就出現了很大的討論空間。

〔註105〕張濤修、謝陛纂，《明萬曆·歙志》，合肥：黃山書社，2014 年，第 99～100
頁。
〔註106〕陳智超，《明代徽州方氏親友手箚七百通考釋》，安徽大學出版社，2001 年，
第 36 頁。

加拿大漢學家卜正民（Timothy Brook）撰寫的《縱樂的困惑》一書，在學術界享有盛名。該書將明代的社會經濟變遷像畫卷一樣活靈活現地展示出來，其貫穿始終的主要線索就是這段的評論。如果說，其它的歷史學家大多只把這段話處理為一則有價值的實證史料，卜正民教授則嘗試進入了評論背後的複雜的思想世界。在他的筆下，張濤作為這篇歙縣風土的作者，將社會瓦解、道德敗壞的罪責歸咎於商業，並提出應該重新返回洪武皇帝時的「冬」季秩序中，恢復父權家族、等級秩序和統治階級的正義等中庸價值體系，而正是這些東西維繫著中國的社會結構秩序〔註 107〕。無論是對該文作者的認定，還是其思想的詮釋，我以為，卜教授的說法都值得商榷。

二、文本的作者：是張濤還是謝陛？

卜正民教授首先認為，該評論的作者是縣令張濤。他並沒有給出切實的證據，而是予以直接認定。他提及整篇縣志的正文中多次出現「張子濤曰」的議論，並暗示這是張濤自己不夠謙虛的表現。實際上，這些所謂的「張子濤曰」的評論標識，並不是以張濤的口氣寫的，而是擔任總纂的謝陛直接引用張濤的話時加上去的。因此，出現「張子濤曰」這樣的敬語是很正常的，而不是張濤驕傲地尊稱自己為「張子」。這反過來證明，主纂不是張濤。

從標識的具體出處來看，張濤主要對歙縣的政事及少量人物做了議論和品題，而在其它事務上則建議較少。例如，《歙志》考卷三「戶賦」篇《戶賦議》出現了「本縣久蟄田間」〔註 108〕，《供需議》、《差船議》、《堤河議》有「張子濤曰」〔註 109〕，《夫馬議》有「濤查南陵等縣」〔註 110〕，《魚梁一帶河稅議》有「濤按」〔註 111〕；「恤政」篇《振議》有「余不佞濤初臨邑」〔註 112〕等文字；只能說明這些是直接或間接引用張濤關於政事的議論，所選言論能反映張濤在徽州治理荒政的部分成績。同時，在考卷四「禮樂」篇文末，同時出

〔註 107〕卜正民著、方駿等譯，《縱樂的困惑：明代的商業與文化》，北京：生活‧讀書‧新知三聯書店，2004 年，第 306 頁。

〔註 108〕《明萬曆‧歙志》，第 45 頁。

〔註 109〕同上，第 66，68 頁。

〔註 110〕同上，第 67 頁。

〔註 111〕同上，第 68 頁。

〔註 112〕同上，第 75 頁。

現了「今張公蒞政」、「張子濤曰」的字句〔註113〕，「張子濤曰」顯然是以纂者的立場所寫；傳卷二「通傳下」、傳卷三「節概」、傳卷八「列女下」三處也出現「張子濤曰」〔註114〕，這些標識隱藏在大量的謝陛的評論中，而謝陛的評論大多以「外史氏曰」這樣的標識出現的。「風土」篇的評論，沒有以上任何一類標示，因此很難直接認定它是由張濤或謝陛撰寫的。

　　卜正民教授為了證明，所謂的作者張濤已經意識到他的批評很難被人接受，進而將《歙志》篇尾的《昭告城隍表》一文的作者，也直接歸於張濤所寫。例如，他說：

> 並不是那個時代的所有人都贊同張濤關於明代正在經歷著的變化的嚴屬評論，張濤在一篇歙縣的《昭告城隍表》中向我們透露了他的觀點在當地並不很受歡迎，在這篇文章中他宣稱自己用「直筆」來修志，冰心鐵臉。〔註115〕

這無疑是錯誤的。因為《昭告城隍表》一文中有非常明顯的證據表明，它是由謝陛撰寫的。《昭告城隍表》的首段，就出現了這樣的話語：

> 幸值邑侯大賜恢弘於今日，謬舉蓬門之士，顒開草創之基。漫言三讓彌高，究竟屢辭弗獲，乃卜嘉平之吉，爰居察院之中。〔註116〕

毫不奇怪，這篇禮神駢文中的「邑侯」，也稱「百里侯」，是縣令的意思。這無疑是作者謝陛對縣令張濤的尊稱，「謬舉蓬門之士」則是謝陛的自謙之辭，明顯不可能是張濤的文字。而且謝陛的《〈歙志〉草創自序》中提及縣令張濤延請他撰寫縣志的故事，又與這篇文字所述事蹟相契合。謝陛《〈歙志〉草創自序》中說「固辭弗獲」，前去徵詢曾官至南京戶部侍郎的方弘靜的建議，得到了「吾子勉旃，要在冰心鐵面、鑒空衡平而已」的指導；因此《昭告城隍表》下文出現了「敬秉命於司徒，蒙贈言為功令」，「冰心鐵面，置恩仇毀譽於誰何；空鑒衡平，聽好醜低昂其自在」的呼應；此外，謝陛就局撰寫《歙志》時，「因局在新察院，乃城隍廟舊基」，因此也有了向城隍大神「虔心秘禱」，誓言「一絲少徇，則降之罰」的事〔註117〕。這也就是為什麼在「大神證盟」之後，縣志撰寫成之時，謝陛又以《昭告城隍表》一文來「應誓」。

〔註113〕《明萬曆‧歙志》，第78頁。
〔註114〕同上，第227、239、392頁。
〔註115〕《縱樂的困惑：明代的商業與文化》，引言「明代的四季」，第11頁。
〔註116〕《明萬曆‧歙志》，第699頁。
〔註117〕謝陛，《〈歙志〉草創自序》，《明萬曆‧歙志》，第11～17頁。

　　城隍神是傳統中國的常見地方守護神，將地方志的撰寫與城隍神關聯在一起，就有了非常強烈的宗教感。這無疑是很獨特的。缺少這種內在的宗教性體驗，我們現代人已經很難想像《歙志》在數月內撰寫完成，謝陛到底受到了一種什麼樣的精神驅動；也很難接近他的思想的深處。

　　秉直筆、去私心是謝陛很嚴肅的誓言，不是一場精心策劃的文字秀。他也因此把通常用來獎善隱惡的「志」當作獎善懲惡的「史」來寫。模糊兩種歷史體裁的不同，就是在謝陛強烈的批判精神之下有意形成的。因此，由謝陛本人纂寫《風土》篇的尖銳評論是有很大可能的。事實上，他充分意識到自己的直筆會遭到很多人的詫異和批評。在萬曆三十七年（1609）志稿纂成之後，到了評稿的階段，人情聳動，一片非議，要求重修志書、刊刻印行。天啓三年（1623），短短十四年後歙縣人就又重編了一部《（天啓）歙志》。這是極不正常的。乾隆《歙縣志・凡例》評論說：

> 萬曆志體裁近史，至啓讀志公言，分嚚聚訟。天啓志易爲調停
> 之作。〔註118〕

也正因爲它的體裁近史，《（萬曆）歙志》才被學術界公認爲研究歙縣萬曆間風土人情的關鍵史料。

　　另外一條證據是，《風土論》出現了「餘別有說，具貨殖傳中」的字句。而卷10《貨殖傳》中作者多次提及「吾邑」及其語氣來看，《風土論》一篇由張濤撰寫的可能性不高。回到正題。既然沒有直接證據表明《風土篇》的評論是由張濤所作，我們還可以從其獨特的歷史觀、歷史分期等方面來甄別。筆者認爲，謝陛撰寫這則評論的可能性更大。風土篇評論以「春夏秋冬」四季來隱喻明朝的歷史，評論所展現的世界觀與謝陛《〈歙志〉草創自序》裏的撰寫意圖是一致的。

> 王弇州之言曰：「子長不絕也，其書絕矣。即千古而有子長，亦
> 不能成《史記》。」余則曰：「夫子往矣，其書不絕也。後千古而學
> 夫子，亦可以作《春秋》。」蓋彼之所指者，史之事辭也；而余之所
> 指者，史之道法也。事辭，則文章不無高下；道法，則今昔何有隆
> 污？先夫子而有百國寶書，劉子玄以爲《春秋》，而魯史則夫子所獨
> 取也；後夫子而虞氏、呂氏、崔氏諸人皆有《春秋》，而刁氏則獨取

〔註118〕轉引自張豔紅，《明萬曆〈歙志〉內容提要》，載張濤修、謝陛纂，《明萬曆・
　　　歙志》，合肥：黃山書社，2014年，「內容提要」第8頁。

> 法於夫子也。孟子以魯之《春秋》與晉之《乘》、楚之《檮杌》並稱，
> 而世人遂以「春秋」者，錯舉四時之名，為紀事之詞。此淺之乎！
> 知春秋也，夫子所作，即不名以《乘》與《檮杌》，胡不別立一名，
> 乃獨沿魯史舊名，而曰「吾志在春秋」乎？若曰「春秋」者，天之
> 時也；春生而秋殺者，天之道也；至公而無私者，天之心也；好生
> 而惡殺者，天之本體也；栽培而傾覆者，天之微權也；有黳而不定
> 者，天之少變也；太虛而終定，天之故常也。〔註119〕

謝陛並沒有將撰寫《歙志》視為一次為地方士紳博取聲名的襃獎行動，而是
用撰寫歷史的態度來撰寫方志。他所著意的，是闡明「史之道法」，並認為這
是古今相同的地方。謝陛以孔夫子所撰魯史即《春秋》自期，並認為「春秋」
並不是常人所認為的「錯舉四時之名，為紀事之詞」。他不是在時間的意義上
來談「春秋」，而是從「天道」這樣的終極價值的意義上談「春秋」。因此才
有了對孔子「吾志在春秋」一句話的獨特解釋。

　　同時，他提出「大夫揭示用天之道，以《春秋》法從事」〔註120〕的指導
原則。大夫是指縣大夫即縣令張濤，所謂「《春秋》法」實際上並不是通常人
們認為的「春秋筆法」，寓褒貶於曲折的文筆中，而是「直筆」「鐵面」這樣
的「用天之道」。他認為「春秋」是「天之時」，「春生秋殺」是「天之道」，「至
公無私」是「天之心」，「好生惡殺」是「天之本體」，「栽培而傾覆」是「天
之微權」，「黳而不定者」是「天之少變」，「太虛而終定」是「天之故常」。在
「天時」、「天道」、「天心」、「天之本體」、「天權」、「天變」、「天常」這些概
念組成的意義系統中，「春秋」四時被賦予十分豐富的涵義。

　　因此，謝陛的世界觀與前引評論的四季隱喻在意義上是可以溝通和相互支
持的。也正是在這種指導思想之下，方志完成時，才出現了「闔邑之人，始而
詫，既而搖，尋而求，終而不知所測，彼此付之無可奈何」〔註121〕的結果。

　　此外，從歷史分期來看，風土篇的評論將弘治、正德末嘉靖初、嘉靖末
隆慶間、萬曆三十餘年後這些歷史分期的劃定，實際上與縣志考卷二「建制」
篇關於學校官師考試的議論中表達相近。二者亦可以互證。

　　據此，我更傾向於認為謝陛是評論的作者。當然，這並不意味著，張濤

〔註119〕謝陛，《〈歙志〉草創自序》，載《明萬曆・歙志》，第11～12頁。
〔註120〕同上，第13頁。
〔註121〕同上。

與謝陛沒有分享相同的價值觀與歷史認識的可能。要判定這一點，還需要更多關於張濤的歷史材料方能下結論。在將謝陛與風土論關聯起來之後，我們就可以對該評論做出更深入的詮釋。

三、文本解析：是儒家理想還是道家理想？

　　我不打算更多地涉及謝陛撰寫縣志的歷史細節，而是直接將研究重心放在文本思想的詮釋及其可拓展的意義系統上。這不是爲了便宜行事，實在是因爲現代的歷史學者在這一方面上存在著很大的缺陷，極容易產生誤讀。由於對經學的陌生和隔離，一些現代學者很難眞正理解古代儒士在理解這些觀念時的意義豐富性。

　　這種缺陷的表現之一是，風土篇的評論因爲歷史學家的過度徵引而變得有些「陳詞濫調」。之所以被視爲陳詞濫調，其原因是該文字的詮釋空間被主流的現代視野所擠壓，而呈現大量同質的淺層解讀甚至錯誤解讀。尤其在歷史文字被處理爲實證素材或證據材料之後，謝陛的深刻洞見，往往因爲脫離其原有的意義系統而顯得天眞或者匪夷所思。因此，要充分拓展這段話的詮釋空間，必須先同情地理解謝陛話語背後的意義系統，並在此基礎上展開「視域的融合」。所以請允許我暫時拋開歷史學者的實證主義心態，以人類學者的同情心態來感受這段評論。整個評論共五段。

　　1、明代弘治之前的社會氣象：「冬至以後、春分以前之時也」

　　謝陛在歙縣風土的評論開篇即提及「國家厚澤深仁，重熙累洽」，作爲話題引子。所謂的「國家」絕非指現在意義上的民族國家，它有兩種可能的解釋，其一是指朝廷，其二是指官家或皇帝。官家與朝廷在「國家」象徵上並沒有被嚴格區分，我更傾向於後一種解釋。因爲「厚澤深仁」、「重熙累洽」這兩個形容詞是稱頌皇帝仁德、治理成功的常見詞彙。「厚澤深仁」類似於宋儒陳亮《書〈歐陽文粹〉後》一文中曾使用的「深仁厚澤」：「太祖、太宗、眞宗以深仁厚澤涵養天下蓋七十年」〔註122〕，意指用深厚的仁愛和恩惠，保育涵養天下。「重熙累洽」，原文出自東漢班固的《東都賦》，意指西漢光武帝、明帝的功績相繼，所形成的累世昇平局面。

　　二詞雖然是常見讚譽聖德的詞彙，但並不意味著它們完全是政治正確的

〔註122〕陳亮，《龍川集》卷16，清宗廷輔校刻本。

「空洞」話語、沒有任何實質涵義。「深仁厚澤」是內在的「德性」，故以「深」、以「厚」來表徵；「重熙累洽」是外顯的「治理」，故呈現爲光明（「熙」）與浸潤融合（「洽」）。可見，漢儒以來「得君行道」的思路，仍然影響著謝陛的認知框架。

在謝陛的歷史構想中，明朝前幾代皇帝用德政治世的表現，如果稍作提煉，實際上涵蓋了經濟、國家稅賦、社會安全、家庭婚姻與鄉土秩序、社會分工、社群關係六個面向的特徵：1）充足的居住、勞動與生活的物質條件（「居則有室，佃則有田，薪則有山」）；2）無擾的稅賦與強制力（「催科不擾」）；3）消於未萌的社會危機（「盜賊不生」）；4）正常的家庭成長與安居的鄉梓（「婚媾依時，閭閻安堵」）；5）有序且具有活力的性別分工與社會分工（「婦人紡績，男子桑蓬，臧獲服勞」）；以及 6）敦厚和諧的鄰里社群（「比鄰敦睦」）。很明顯，謝陛對明初到弘治這段時間的歷史評價，已經自豪地等同於宋太平、唐貞觀、漢文景這三個被人公認的治世，甚至將這段時間稱作「一時之三代」。這個時代的淳樸風氣，是用幾個否定性的特徵來描繪：沒巧詐虛僞（「詐僞未萌」）、沒有揭短爭鬥（「訐爭未起」）、沒有誇耀顯擺（「芬華未染」）、沒有浪費驕奢（「靡汰未臻」）。在這種向古代的良好政治理想的追溯中，謝陛對於洪武（1368～1398）至弘治朝（1488～1505）近 140 年的歷史認知也構建起來。這個時期，就是作者所形容的冬至到春分的時段，主要特徵是收斂、保藏、培育生機。

我們暫且不理會謝陛對明初的歷史認知與歷史眞實之間的巨大差距，先集中精力同情理解他的問題意識和重要關切的來源。對於冬季所象徵的「自然經濟」或樸素鄉村生活狀態的迷戀〔註123〕，幾乎成爲啓蒙心態影響下的現代人勾勒傳統儒家知識人的通用刻板印象。作者以其保守的形象，更加深了人們的這一印象。在這種印象下，道家的理想與儒家的理想似乎融合在一起。這正是漢學家卜正民在《縱樂的困惑》一書中努力讓大家相信的：作者似乎

〔註123〕馬克思主義歷史學者將「自然經濟」視爲儒家致力維護的目標，並把明代早期的經濟稱作「自然經濟」。實際上，這種經濟不是「自然」的，而是在非常徹底和嚴酷的政策手段下形成的。即便將「自然經濟」定義爲：生產是爲了直接滿足生產者個人或經濟單位的需要，而不是爲了交換的經濟形式；我們也很難發現明初的經濟是缺乏交換的，對於大多數農民而言，其基本生活資料、生產用倶如食鹽、碗、布匹、鐵器等都是交換而來的。眞正的自然經濟一定伴隨著低程度的分工，而這明顯不是明代初期的特徵。或許可以適當地使用「小農經濟」，但絕不能等同於「自然經濟」。

分享著明朝的開國皇帝朱元璋對《道德經》「小國寡民」狀態的相同欣賞。

　　　張濤對明代歷史的這種解釋顯然是接受了洪武皇帝通過徹底和通常是嚴酷的手段干涉人們的生活、復活古老的道家理想的說教。本書開頭引用的《道德經》中的一章表達了這種理想。洪武皇帝相信由少數精英分子統治的封閉鄉村社會體系會給混亂的王國帶來秩序，給他的王朝帶來永久的穩定和安寧。〔註124〕

《道德經》中的這一章理想是：

　　　小國寡民。使有什伯之器而不用，使民重死而不遠徙。雖有舟輿，無所乘之；雖有甲兵，無所陳之。使人復結繩而用之。甘其食，美其服，安其居，樂其俗。鄰國相望，雞犬之聲相聞，民至老死不相往來。〔註125〕

這種解讀將儒家對三代理想的同情和嚮往，等同於追求回歸古樸的生活。實際上，儒家對於理想「風俗」的理解，並不是道家的「回到自然」。日本學者岸本美緒特別在意「風俗」一詞對於明末清初知識人的重要性，並對明代的「移風易俗」給出了富有啓發性的認識：

　　　「移風易俗」的目標並不是單純的「文明化」，也不是單純的「回到自然」，而是把教養、禮儀、天眞的良知等各種要素綜合起來實現的「一團和氣」的理想秩序。各個時代的風俗論有獨自的特點，比如，明末人對城市的「淫奢黠敎之俗」批評得特別屬害而懷念過去農村的樸素生活。相反的，清末時期的「改良風俗」運動通過啓蒙性活動謀求人智的增進。但關於實現穩定的社會秩序這一個目標來說，兩者是完全一致的。〔註126〕

岸本美緒教授的解讀是很有道理的。明末儒家「移風易俗」的目標絕不是單純的「回到自然」。這一點，尤其需要人們在探索明代儒家知識人的思想世界時加以留意的。

2、明代正德末、嘉靖初的社會氣象：春分以後、夏至以前之時也

　　然而，古樸的鄉村生活並沒能長期保持。在謝陛的記載中，正德末到嘉

〔註124〕《縱樂的困惑：明代的商業與文化》，第10頁。

〔註125〕《道德經》第80章。

〔註126〕岸本美緒，《風俗與歷史觀》，載《新史學》13卷3期，2002年9月，第7～8頁。

靖初的社會現實與社會風氣出現了可以清晰感知的變化。變化的源頭是吸引力從農業向商業的轉移：外出經商的人增多，而農業生產不再像明初那樣受到民眾的重視。競爭性的商業資本迅猛地滲透到經濟生產中，強大的市場力量帶來了社會的劇烈變動，有才能的人適應了市場，無能者則破敗消亡。農村經濟建立的舊有財富平衡被打破，人們在驚慌失措中開始追逐商業利益，相互欺凌掠奪。於是巧詐虛偽、揭短爭鬥、誇耀顯擺、浪費驕奢的壞風氣就發展出來了。這是春分到夏至的時段，主要特徵是萬物萌芽、生機顯露。

　　一個很明顯的選擇就是，謝陛將社會風氣趨於涼薄的罪責歸咎於商人與商業的發展，這與明朝的開國皇帝朱元璋對「商賈」、「市民」的認知的確是一致的。將商業限制在一定的範圍內，並且延緩商業侵蝕農業的做法，在明朝前期也成為最主要的政策原則。即使到了明代後期，保護農業成為商業化社會中的重要原則仍然具有龐大的信奉人群。謝陛毫無疑問只是其中的一員。但是，需要特別分辨的是，我們看到的並不是謝陛在反對商業的發展，而是在批評商業對原有秩序的破壞性後果。他並沒有想要否認商業的價值。在他看來，商業的發展與商業發展後的破壞性後果，這兩者都是天道運行的必然結果，而且是不可逆的。

3、明代嘉靖末、隆慶年間的社會氣象：夏至以後、秋分以前之時也

　　他在接下來的文字中，繼續以商業對社會風氣的不良影響為著眼處，陳述說情況越來越嚴重：到了嘉靖末年、隆慶年間，由於富人階層中以商業致富的人數已經超過了以農業致富的人數，財富在農商之間的轉移，引發了持續擴大的貧富差距、以及殘酷的生存競爭與淘汰，又使得資產來自於人們各自擁有的利權，財富來源於不可持久的商業行為。在紛繁雜亂的貿易行為中，出現各種苛刻的需索，有計謀、有勢力的人毫無顧忌地使用暴力製造混亂，極其奸詐油滑之輩肆意地侵害掠奪他人。於是，社會風氣從以前的巧詐虛偽轉化出險惡用心、暗中傷人之類的鬼蜮伎倆，以前的揭短爭鬥轉化出兵刃相向、生死相搏，以前的誇耀顯擺轉化出大面積的人云亦云、隨波逐流，以前的浪費驕奢發展出如山陵與深壑般巨大的社會差距。這就是夏至到秋分，陽氣盛行，各竭其力的時段。

4、明代萬曆後期的社會氣象：秋分以後、冬至以前之時也

　　謝陛觀察到，到了萬曆中後期，社會發生更加劇烈的變化——「富人百人而一，窮人十人而九」。若對這些數字較真，那麼財富壟斷在百分之一的少

數人手中，而窮人佔了百分之九十，不富不窮的中產者比例只有百分之九。
當然，這些百分比數字實際上並不具有統計意義，只是在傳遞一個警示：貧
富差距到了十分巨大的程度，中產者紛紛破產。人數眾多的窮人已經被人數
極少的富人控制、奴役，天地由貨幣的擬人物「金令」、「錢神」所掌控，許
多社會的內在價值已經被邊緣化。人們的貪婪到了極致，以至於家庭破碎、
骨肉相殘；享樂糟蹋身體，以至於不能承受的程度；報應因人而定，以至於
沒有一個漏空。這個時期，鬼蜮伎倆已被巧妙偽飾到不著痕跡的地步，個體
的爭鬥已經發展為群體間的生死相搏，大面積炫耀顯擺的行為已經有了吞山
之勢，丘壑般的社會差距已經擴展到陸海之間般巨大。這就是秋分到冬至的
時段。

5、對未來的期待：一陽來復，安靜以養微陽

在評論的末尾，謝陛感歎一聲──「嗟夫」，試探性地提出自己對未來的
看法：按照天道的運行，未來的發展趨勢是在嚴冬中醞釀「一陽之復」。謝陛
展露了對未來趨勢的不可阻擋的悲傷，但他並不認為歷史會有　個末日般的
結局，而充滿希望地認為仍有新的生機在醞釀，也就是所謂的「一陽之復」。
即便他對明初社會懷有某種敬意，但是他已經意識到要想退回「立政閉關、
商旅不行」，「安靜以養微陽」的狀態也很難辦到了。「安得」二字，本意就在
稱述某種不可得的狀態，抑或是在追問如何得到，這說明「立政閉關、商旅
不行」，「安靜以養微陽」是很困難的事情。困難的具體原因，他並沒有交待，
但是我們可以做一些推測。謝陛無疑對於歙縣人去農就商有著非常同情的理
解，他在「貨殖篇」中寫道：

> 嗟夫！吾邑之不能不出賈，時也，勢也，亦情也。……乃今邑
> 之人之眾，幾於漢一大郡，所產穀粟不能供百分之一，安得不出而
> 糊其口於四方也？諺曰：「以賈為生。」意不賈則不生，奈何不亟亟
> 也？以賈為生，則何必子皮其人而後為賈哉？人人皆欲有生，人人
> 不可無賈矣。〔註127〕

可見，出於人口壓力而不得不經商謀生，謝陛並不願意簡單地用道德判斷來
消解商業的價值。實際上，農民外出經商就是天之本體「好生而惡殺」的結
果，但是其中又蘊藏著「春生秋殺」的天道規律。謝陛認為「安得立政閉關、
商旅不行，安靜以養微陽哉」，說明他認識到此事的艱巨性。

〔註127〕《明萬曆·歙志》，第415頁。

　　總而言之，這種風土篇的評論顯然並不是卜正民教授所理解的對明初舊鄉村秩序的簡單懷念，其背後有著更深層的意義系統作爲支撐。下文嘗將這個意義系統試稍作揭露。

四、意義連接：四季隱喻與生機流轉

　　對於明朝弘治以前的時代氣象，謝陛使用了象徵或隱喻，就是以自然界的「四季」變化來曉喻人世的變遷。對於習慣於邏輯論辯的現代學者來說，這種「連類引譬」的啓發式思考，經常因爲它的模糊性而受到輕視。但是，不可否認的是，象徵或者比喻的手段給出了兩個事物在意義上的連接，可被視爲經由人心的「感通」行爲。大量積累的象徵符號，構成人們構建意義世界的一塊塊基石。有些象徵符號被習俗、法律以及價值論述所固定下來，成爲編織社會秩序的精神資源。比如說，色彩與五行之間，就在中國的價值系統中產生了有意義的連接。民間習俗中金爲白，木爲青，火爲赤，水爲黑，土爲黃。顏色與五行之間的關係就是所謂的象徵關係。如果用這種方式來看待謝陛以「春夏秋冬」來對應明朝不同時期的做法，我們很自然地就多少有些同情地理解。

　　值得注意的是，如果僅僅停留在象徵或者隱喻的認識，並不足以眞正理解謝陛的觀點。如果謝陛的四季隱喻只是一種個體的偶然靈感，背後沒有一整套連貫的意義系統支撐，那麼就沒有什麼值得大書特書的。事實上，自然與人事相通這樣的「天人一體」觀念，至少自漢代就逐漸在中國人的頭腦中佔有牢固的地位。借用董仲舒的觀念，天、地、人三者既有「天德施、地德化、人德義」的分別，又由貫穿三者的「氣」形成一種有機整體。

> 　　天德施，地德化，人德義。天氣上，地氣下，人氣在其間。春
> 生夏長，百物以興，秋殺冬收，百物以藏。故莫精於氣，莫富於地，
> 莫神於天，天地之精所以生物者，莫貴於人。〔註128〕

那麼，天地自然與人類社會在實體上並不是分離的。四季所象徵的雖然是天地自然的變化，也可以對應人世的變化。也就是說，天地的四季與人世的變遷在中國文化的語境中並不只是簡單的隱喻關係，它們還具有非常複雜的意義上的連接，這些連接已經成爲中國人的常識，被習俗所固定下來。謝陛或

〔註128〕董仲舒撰，林曙注，《春秋繁露》卷13「人副天數」第56，中華書局，1975年，第439頁。

許不一定會完全贊同董子的機械性天人同構觀，但無疑會受到這種儒家大傳統的影響。

在他評論的最後點題之語中，有幾個重要概念確實關聯到了從《易經》引申而來的儒家的意義系統。

> 嗟夫！有來日則惟一陽之復，安得立政閉關、商旅不行，安靜
> 以養微陽哉！

其中的「一陽之復」、「閉關」、「商旅不行」、「安靜」、「微陽」，毫無疑問是跟《易經》的「復」卦有很深的聯繫。所謂「一陽之復」，亦稱「一陽來復」。「復」即復卦，卦象是☷☳，上坤（地）下震（雷）。從卦象上看，除了最下位（初九）的爻為陽爻外，其餘五爻均為陰爻。其象辭曰：

> 雷在地中，復。先王以至日閉閉，商旅不行，後不省方。〔註129〕

即象徵農曆十一月冬至的一陽復生，潛力雖大，外勢微弱，雷潛伏於地下，尚未破土奮起。冬至並非最寒冷的日子，即便有一陽來復，總體上象徵凝滯的陰氣仍持續占據上風，嚴冬尚在其後。此時需要保藏、養護象徵創造活力的微陽，以待來日，因此古代聖王體察卦象，用於政事則於此時閉關靜養，約束商人旅客不得外出，國君也不巡遊四方。

謝陛並沒有在哲學思想上以創新者的姿態提出他的新見解，而是直接用了他從《易經》所獲得的智慧來提供解決方案。與其說它是老練的解決方案，毋寧說是對儒家「陰陽轉化」信念的自我確認。

值得提醒的是，倘若放棄挖掘這些符號的深刻意義，我們會很容易將謝陛關於四季交替的理念，淺顯地理解為一種循環論或者螺旋論的世界觀。雖然現有的文字不足以讓我們對謝陛的思想做更深入的分析，但是我們仍然可以提供另外一種可能的「謝陛的」（或中國式）世界觀——陰陽轉化論。這也更符合《易經》的思路。杜維明先生對此曾有過深刻的辨析：

> 許多歷史學家指出，中國人的循環交替觀念（如四季更替）與
> 現代西方的進化思想大相徑庭。誠然，傳統的中國史學觀缺乏直線
> 性發展的思想，比如馬克思用生產方式來描述歷史的必然性的思
> 想。但是，反過來說，把中國的歷史說成是一系列相關的事件在時
> 間順序上的重複羅列，那又是具有誤導性的。中國的歷史觀並不是
> 循環論的世界觀。它既不是循環論，也不是螺旋論，而是轉化論。

〔註129〕《周易》卷3「復」卦，四部叢刊景宋本。

由於一些人為或非人為因素的影響，這種轉化的形式和指向在特定的歷史進程中又是不確定的。〔註130〕

《易經》所形成的陰陽轉化的思想，跟人類社會的道德有什麼關係呢？如果我們沿著謝陛所重視的復卦繼續考察，那麼就可以瞭解到復卦的詮釋所延展出來的一系列儒家式的思考。這些思考就是謝陛話語背後的大思想傳統。

謝陛點出「一陽之復」，又提及「好生而惡殺」是天之本體，實際上是源於易經象辭的解釋。象辭曰：「《復》，其見天地之心乎！」〔註131〕圍繞這句話，儒家學者做出了大量的解釋，並在此基礎上構建了一整套「生生」之「仁」作為「天地之心」的學說，這與道家注重「無」為本體、「天地不仁」有很大的區別。注重生機流轉作為天地運行的本體，這是宋明以來儒家的重要特色。

我打算在下面引用一些傑出的中國思想家關於「以動見天地之心」言論，做一個粗淺的說明，以澄清將儒家理想直接等同於道家理想的誤解。

宋儒將天地生成萬物的現象推崇備至，並形成了「以動觀天地之心」的理念。周敦頤極為欣賞《繫辭傳》的「天地之大德曰生」，認可天地最根本的屬性就是「生生」，只有這種不停息，才可能稱得上是「易」，即所謂「日新之謂盛德，生生之謂易」〔註132〕。於是，「觀天地生物氣象」〔註133〕，也就成為宋明以來儒者的修身功課之一。邵雍則提出「天地之心者，生萬物之本也。」〔註134〕程明道說，「天只是以生為道，繼此生理者即是善也」〔註135〕。程頤強調「生物」與「動」以見天地之心，他詮釋說：

〔註130〕杜維明，《存有的連續性：中國人的自然觀》，載孔祥來、陳佩鈺編，《杜維明思想學術文選》，上海古籍出版社，2014年，第90頁。

〔註131〕《周易》卷3「復」卦。

〔註132〕《周易》卷7「繫辭上」。

〔註133〕《朱子語類》（明成化九年陳煒刻本）卷96「程子之書二」載：「問：周子窗前草不除去，即是謂生意與自家一般。曰：他也只是偶然見，與自家意思相契。又問：橫渠驢鳴是天機自動意思。曰：固是，但也是偶然見他如此。如謂草與自家意一般，木葉便不與自家意思一般乎？如驢鳴與自家呼喚一般，馬鳴卻便不與自家一般乎？問：程子觀天地生物氣象也，是如此？曰：他也只是偶然見如此。便說出來示人，而今不成，只管去守看生物氣象。問：觀雞雛可以觀仁，此則須有意，謂是生意初發見處。曰：只是為他皮殼尚薄，可觀；大雞非不可以觀仁，但為他皮殼粗了。」

〔註134〕邵雍，《皇極經世書》卷14，清文淵閣四庫全書本。

〔註135〕《二程遺書》卷2上，清文淵閣四庫全書本。

「一陽復於下，乃天地生物之心也。先儒皆以靜爲見天地之心，
蓋不知動之端乃天地之心也，非知道者孰能識之！」〔註136〕又説，
「人説『《復》，其見天地之心』，皆以謂至靜能見天地之心，非也。
《復》之卦，下面一畫，便是動也，安得謂之靜？自古儒者皆言靜
見天地之心，唯某言動而見天地之心。」〔註137〕

張載也明確指出，

大抵言天地之心者，天地之大德曰生，則以生物爲本者，乃天
地之心也。地雷見天地之心者，天地之心惟是生物，天地之大德曰
生也。雷復於地中，卻是生物。〔註138〕

朱熹進一步接著張載講：

天地所以運行不息者，做個甚事？只是生物而已。物生於春，
長於夏，至秋萬物咸遂，如收斂結實，是漸欲離其本之時也。及其
成，則物之成實者各具生理，所謂「碩果不食」是已。夫具生理者，
固各繼其生，而物之歸根覆命，猶自若也。如説天地以生物爲心，
斯可見矣。〔註139〕

至此，以「動」見天地生物之心，成爲理學家的不自覺思想主張。以上對於
此意義系統的描述，並不是爲了證明它們被謝陛所完全接納。思想精英的觀
念並不一定能完全轉變成爲地方知識精英的認知。但是，程朱理學作爲明代
科舉考試的理論基礎，這種解釋無疑是最主流的。儒、道兩家關於天地之心
的區別（以生、動爲心，還是以無、靜爲心），仍然是我們眞正理解謝陛評論
的入手之處。如果不瞭解這些差異，基本上我們是在儒家的意義系統之外，
做些浮光掠影的紙上工夫罷了。深受儒家經典影響的謝陛，執著於探尋「一
陽之復」以及「養微陽」的方式，來轉化明代的社會風氣，這種觀念就絕不
是偶然的。

可以肯定的是，我們不能將這樣的態度簡單地理解爲道家「小國寡民」
之類的追求，因爲對於生活在商業發達的徽州地區的謝陛而言，商業作爲
徽州人不得不選擇的謀生之路，他是十分清楚的。明朝初期政府的嚴厲做
法，對於密切關注人民「生意」的謝陛來説，並不是可以輕易回歸的。他

〔註136〕程頤，《伊川易傳》經傳卷4，元刻本。
〔註137〕《二程遺書》卷18。
〔註138〕張載，《橫渠易説·復卦》，載《張載集》，中華書局，1978年，第113頁。
〔註139〕朱熹，《朱子語類》第5冊卷71，中華書局，1986年，第1791頁。

只是把問題留給了後來者——在嚴冬來臨的時候，怎麼樣才能保存中國人的生機或者「微陽」？自然，他的「盛世危言」不受一些人待見是可以想見的。

綜上所述，我們已經辨析了儒家所追求的並不是回歸到原初的經濟狀態中，而是在轉化與變遷的社會中尋找可以持續發展的生機。儘管他們對明代前期的良善風俗懷有一種憧憬和偏愛，但並不等同於一定要回到道家式的「小國寡民」的理想狀態。又由於儒家對於轉化理念的特別強調，因此也不能被視爲限制於某種政治經濟結構的特殊意識形態，無論這個結構是自然經濟的、商品經濟的，還是市場經濟的。

第四節　「生意」：一種儒家式的商業觀？

在前面「四季隱喻與生機流轉」部分，我考察了明代儒生謝陛的自然與社會發展觀。他相信人類的道德源於天，儘管「春生秋殺」是天之道，但堅信「好生惡殺」是天之本體。這個本體，是藉著季節轉化所啓示出來的：即便在最嚴酷、生命雕敝的冬天，生機仍然潛藏地下，等待另一輪的春季到來。前面已指出，宋儒程頤教導我們，在「一陽來復」之時，觀天地生成萬物的氣象，可以見「天地之心」——也就是「好生惡殺」的「天之體」。這個天地之心，在天地曰「生」，在人曰「仁」。這種天人同構的形式化敘述，是不拘於特定時間與空間因素的高度想像的結果。朱熹關於「天地以生物爲心」的論述尤其重要，我不厭其煩再引用一次。

> 天地所以運行不息者，做個甚事？只是生物而已。物生於春，長於夏，至秋萬物咸遂，如收斂結實，是漸欲離其本之時也。及其成，則物之成實者各具生理，所謂「碩果不食」是已。夫具生理者，固各繼其生，而物之歸根覆命，猶自若也。如說天地以生物爲心，斯可見矣。〔註140〕

宋儒所理解的「天地以生物爲心」，實際上爲中國人理解人類的存活提供了一種溫暖的、積極的哲學本體。這種信念實際上也滲透到中國人的「治生」活動中，並爲這些活動提供「天經地義」的正當性。例如，在四川農村，至今還有將做事謀生叫「做活路」，做事叫「幹活」，農業生產叫「農活」的提法。

〔註140〕《朱子語類》卷71。

「活」字與工作、做事緊密聯繫在一起。與此涵義相近的「生計」、「生意」二詞，亦在民間大量使用。尤其是後者，更是成為世俗中國社會稱呼商業活動的口頭詞語之一。我們經常聽到說「做生意」、「生意經」之類的提法，很多時候專指買賣、商業的活動〔註141〕。這對於當代「去儒化」的中國人來說，似乎沒有什麼值得大驚小怪的，它們無非講些謀生之類的事情。

然而，如果我們用比較文化的眼光來看，事情就變得有趣了。我們知道，英美國家的人提及商業活動的時候，在口頭語言中一般使用 business 一詞，而「business」的詞根來源於 Northumbrian 地區的古英語「bisignes」，其最初涵義是「關心、焦慮與職業的」。在 14 世紀中期「bisignes」的「忙碌」涵義逐漸消失，並被「busyness」取代。18 世紀前期，「business」被證實首次具有了「貿易」、「商業活動」的涵義。這與世俗的中國人使用原意為「生機、生長狀態」的「生意」一詞來描述商業活動很不相同。如果不考慮文化的影響，是很難想像這種差異的形成的。因此可以這麼說，不同文化傳統的人們對於商業活動的理解存在很大差異的。我的問題是，中國人是什麼時候開始用「生意」一詞來描述商業活動？商業活動在儒家文化中的正當性是如何實現的？這種正當性又是怎樣遭到破壞、並被剝離的？這些問題雖然不能在本節得到一一回應，但可留待以後詳細展開。

中國近現代以來，大量的詞語來自西方文明或者經由日本轉譯而來，即便原有的話語仍然在民間留存，但其本土的文化思路在精英階層的話語體系中已經近乎斷絕。我提及這個問題，並不是為了證明宋儒的形而上理解已經完全滲透到宋明以來人們對商業活動的理解中，而是為了提醒現代學者注意，發生在「生意」一詞上可能的形上學意義消散與重新鏈接的問題。無論是對這種形上鏈接持有譏諷、擱置還是篤信不疑的態度，作為一個背景板，它始終都不會是完全「不在場」的。

〔註141〕買賣、營生都可以稱作「生意」；例如，民國時妓女開門接客，也常用「生意」一詞。

第三章　由意生象：想像的群體
──「徽商」──作爲新話語的浮現

　　「微聞徽商健訟，動以人命相証，剖決稍遲，或遭騷擾，此語
未審眞否？」

──嘉善人魏學洢（約 1596～約 1625）

　　根據《明史・地理志》記載，終明一朝大約有 140 府，193 州，1138 縣。這些州、府、縣中或多或少都有商人的存在，但是，能夠用地域的名稱冠於商人之前，並被社會約定成詞的，只有極少數的府縣。「徽商」就是其中之一。徽商，顧名思義，字面意思是指徽州府的商人。「徽商」或「徽賈」之所以得名或者成詞，很顯然與徽州籍貫的商人在明清以來極其優秀的經濟、文化表現相關。該詞語經過了一個複雜的文化想像與建構的過程，最終才被穩定下來，成爲一個約定俗成的詞語。

　　在本章標題中，我使用了「想像的群體」一詞，借用自本尼迪克特・安德森的「想像的共同體」概念〔註1〕。我的目的不是想要去探討一種在印刷術、書籍等媒介技術迅速普及的過程中，所形成的集體情感及其文化根源的問題，而是用來理解一種前現代的地域性商人群體──「徽商」──是如何建構起來的。「徽商」的象徵性邊界更大程度上是由外部的人想像出來，而不只是其內部人的行動與言論創造的。這種想像不是捏造，不是虛假意識的產物，

〔註 1〕 參見本尼迪克特・安德森著，吳睿人譯，《想像的共同體──民族主義的起源與散佈》，上海人民出版社，2005 年。

而是社會心理學上的「社會事實」。因此，我不願意將它放入一種主觀的認知主義的定義中，也不願意將它看成人類意識在現代性建構中才出現的一個變化。

一個具體的、活生生的明代徽州商人，一定是由多種身份認同凝聚在一起的：他可能是一個在兩個城市有著家庭的男人，一個從事茶葉貿易的商人，一個陽明學的實踐者，一個來自歙縣嚴鎮的程姓家族的人，一個捐納的太學生，一個業餘詩人。按照其籍貫來簡化指稱的做法，就是在有傾向地控制這種「象徵性邊界」，這裏面極有可能蘊藏著偏見與歧視。

同時，我也不願意使用「共同體」（Community）這樣的概念來形容明代徽商，主要是顧慮到徽州商人內部似乎並不沒有形成「來自徽州的商人應該是一個整體」這樣的清晰意識，或者說並沒有足夠充分的史料說服我得出這個結論。一種「我們徽商」的意識，似乎並沒有在明代的文獻中被發現，這可能與文本的主要記載者是異域的他者有關。當然，我也注意到，在嘉靖年間已經出現徽商在北京捐資建設歙縣會館（試館）、以及在揚州的徽州籍商人長期集體對抗山陝鹽商之類的共同行動的出現。但是，我認爲，明代的「徽商」或「徽賈」詞語主要是由外地人使用，用於定位或標籤某些不知道或不關心其具體縣別的商人。

隨著時代的遷移，用於描述徽州商人的詞彙及其涵義一直在發生改變。當今學術界也亦受其影響，並加入到這種創造活動中。爲了揭示這些情況，讓我們先將目光投入到幾組話語的生成及發展上來。

第一節 「徽商」概念的辨析

當代學術作品常常將明代的徽州商人群體稱爲「徽幫」或「徽州商幫」。事實上，這種指稱只是清代中期以來的通俗稱呼，不能用於準確指稱明代的徽州商人群體。「商幫」在明代主要特指運鹽、運糧的半官方的商人船隊組織。明代人對地域性的商人群體也並不會稱爲「商幫」。模糊這種差異，可能會帶來理解上的混亂，甚至可能不自覺地喪失對立論預設的清醒反省。

一、當代學術作品中「徽商」概念的變遷

在考察「徽商」或「徽賈」話語的歷史之前，有必要先認識當前人們對

於這些話語的「現有理解」，以便在我們形成歷史理解時，有足夠的自覺和警惕來避免現有理解對歷史理解的干擾。這種思慮上的自省與警覺，在探索歷史話語時非常有必要。也只有在這種比較與反思之後，我們才能眞正地把握新話語出現的特殊時代意義。

當代學界對「徽商」概念的理解，主要發生了兩次較大的轉換。即從「徽州的商人」到「徽州商人集團」，再到「徽州商幫（即徽幫）」。

上世紀四、五十年代，「徽商」一般被理解爲「徽州（或新安）商人」的簡稱。例如，日本學者藤井宏指出，「新安商人是徽州商人（一般簡稱徽商）的別名。是指安徽省南部的舊徽州府，包括歙、休寧、婺源、祁門、黟、績溪六縣，相當於原來的新安郡之地，故多據古名稱爲新安」〔註 2〕。在他的筆下，「徽商」作爲舊中國最典型的前期財閥，被關聯到專制國家、官僚體制等結構性的概念中予以解讀。傅衣凌先生與藤井宏先生給出的定義相同，不過，他是將「徽商」作爲一個社會階級，納入了「資本主義萌芽」的框架中予以解讀，以此著力探索舊中國商業資本發展的唯一「正確路線」的問題〔註 3〕。

八十年代初，隨著社會經濟史分析框架的引入，徽學界開展了「徽商」起源的大討論，「徽商」不再單指個別的「徽州商人」，而是一個有相同特質的商人集團。葉顯恩、李澤綱認爲徽州商人的起源可以追溯到東晉年間，這與當時北方士人家族南遷有關〔註 4〕；而劉和惠則認爲，商業與商人活動，自商、周時期就已經出現了；所謂的東晉說、宋代說不是指徽州到東晉或宋代才出現商人，而是指「徽商」稱號當形成於一定的歷史時期。因此，他利用南宋至清代存世的徽州方志中所描述的徽州風氣的變化，得出徽商肇始於南宋後期，發展於元末明初，形成於明代中葉，盛於明嘉靖以後至清康、雍時期的結論〔註 5〕。

〔註 2〕藤井宏，《新安商人的研究》，載《江淮論壇》編輯部編，《徽商研究論文集》，合肥：安徽人民出版社，1985 年，第 137～138 頁。

〔註 3〕傅衣凌，《明清時代商人及商業資本》，北京：人民出版社，1956 年，第 84 頁。

〔註 4〕葉顯恩，《試論徽州商人資本的形成與發展》，《中國史研究》，1980 年第 3 期，第 391～405 頁；李澤綱，《徽商述略》，《江淮論壇》，1982 年第 1 期，第 14～18 頁。

〔註 5〕劉和惠，《徽商始於何時》，《江淮論壇》，1982 年第 4 期，第 26～29 頁。

　　將「徽商」定義爲一個同質的商業集團，而不是一些個別的、徽州的商人，這種認識上的轉換，引導學者對徽商集團的階級或組織特徵的自覺關注。這一點，我們可以從葉顯恩教授的「宏大敘述」中來集中認識。

　　　　但是，徽商同時又身兼地主、官僚，形成三位一體，具有明顯的封建性特徵。而且總體說來，他們是服務於封建制度的。我們從其利潤的封建化中就可以看出這一點（已詳上節）。這裏還必須指出，徽商增值資本的主要途徑是從買賤鬻貴中賺取的價格差額。特別是鹽商，在封建政府的庇護之下，用專賣的形式最大限度地賺取高額利潤。眾所週知，只有當商人感到經營商品生產比經營商業更首先能取得經濟效益時，商業資本才會轉入生產領域，向產業資本轉化。由於官府的庇護和享有豁免稅收等特權而取得優惠利潤的徽商，是一般商人所不能與之競爭的。他們沒有感到有改爲經營商品生產的必要。因而徽州商業資本轉入商品生產領域的也就爲數甚微。……更值得注意的是，徽商將巨量的資金投入捐納、捐輸，建祠堂，修墳塋，建會館、義莊，置祠產、族田，敍族譜、訂家法宗規，開辦學校、書院、義學、試館，等等。一方面，他們力求向封建官僚轉化，躋身於縉紳的行列；一方面力倡程朱理學，強固封建宗法制，培植封建人才，擴大其封建政治勢力。徽商投入這方面的資金愈多，封建理學對人們思想的禁錮，以及祠堂族長的淫威就越發加甚，封建宗法制的經濟基礎祠產族田等，就更爲膨脹，商人與官僚、地主結成的三位一體也就更爲牢固，他們在地方和中央的政治勢力就越發顯赫。一言以蔽之，封建主義的政治、經濟和文化方面的勢力就愈加雄厚。而這些正是橫加在佃僕和廣大勞動人們脖子上的粗大繩索，對堅持落後的生產關係起了惡劣的作用。因此，徽商在歷史上雖起了一定的積極作用，但基本上是扮演了一個保守的角色。〔註6〕

在此敘述中，「徽商」是一個主語，一種社會角色，一個有意志的、可集體動員的社會階級，經常被用來比擬西歐的「資產階級」，因此被賦予了太多衝破舊制度的期待而失望甚至痛惜的情感。尤其在近現代西方資本主義的反襯

〔註6〕 葉顯恩，《明清徽州農村社會與佃僕制》，安徽人民出版社，1983 年，第 152
　　　　～154 頁。

下，學術作品與通俗讀物中的「徽商」大多呈現出被桎梏於封建專制囚籠的悲情色彩。這樣，「徽商」成爲可以自覺的、一致行動的社會主體，具有某些階級本質，不是簡單的個體的集合。它又是匿名的、模糊的，是「單數」的。一言以蔽之，這些描述已經超越了該符號的原初涵義，將建構西方興起神話的諸多象徵資源勾連在一起。

八十年代末到九十年代，徽學界的一些學者逐漸將「徽商」視作「徽州商幫」（簡稱「徽幫」），轉向強化徽商的組織特徵，淡化階級特徵〔註7〕。例如，唐力行教授指出，「徽商是有特定的內涵與外延的，它指的是以地域和血緣紐帶維繫的鬆散的商人群體，亦即我們通常所說的徽州商幫」〔註8〕。他認爲徽幫始於明代成化、弘治間，嘉靖間北京歙縣會館的重建標誌著徽幫的最終成立。此外，由當時安徽師大的王廷元、唐力行、王世華、周曉光、李琳琦諸位學者執筆撰寫的《中國十大商幫》，也明確地將徽商定義爲「明清時期徽州府籍的商幫集團」〔註9〕，徽幫只是中國十大商幫之一，此時商幫概念已經泛化。王廷元指出，「徽商，指以鄉族關係爲紐帶所結成的徽州商人群體，它與晉商、陝商、閩商、粵商一樣，是一個商幫的稱號。所以徽商始於何時的問題，就是徽州商幫何時形成的問題。徽州商幫的形成必須有兩個條件：其一是有一批手握鉅資的徽州富商構成商幫的中堅力量；其二是，商業競爭日趨劇烈，徽州商人爲了戰勝競爭對手，有了結成商幫的必要，而這兩條件只有到明朝中葉才能具備。」〔註10〕他還從徽人從商習賈風氣的形成、徽人結夥經商、「徽」、「商」（或「徽」、「賈」）相連成詞、作爲徽商骨幹力量的徽州鹽商在兩淮鹽業中取得的優勢地位這四個方面，得出徽商形成於明代成化、弘治之間的觀點。

總言之，筆者的問題是，當代學術界所構建的「徽商」概念，是否眞正捕捉到史料作者的觀念世界？「徽商」這一概念若是放在徽商歷史情境的變化中，放在當時人的對這種變化的清晰感知、重視與抽象化的過程中理解，我們又能收穫什麼新的、有意義的知識？此外，「徽州商幫」或「徽幫」的提

〔註 7〕 這種認識上的轉向跟當時中國在政治上不再以階級鬥爭爲綱，而是致力於發展商品經濟、市場經濟有關。

〔註 8〕 唐力行，《論徽商的形成及其價值觀的變革》，《江淮論壇》，1991 年第 2 期，第 65 頁。

〔註 9〕 張海鵬、張海瀛，《中國十大商幫》，合肥：黃山書社，1993 年，第 440 頁。

〔註 10〕 王廷元，《論徽州商幫的形成與發展》，《中國史研究》，1995 年第 3 期，第 39～55 頁。

法，至今也沒有概念演進及概念論證的相關史料支撐，它們是否適用於稱呼明代的徽州商人？包偉民、傅俊曾質疑「龍遊商幫」是一個虛假概念〔註11〕，他們的挑戰是否同樣適用於「徽州商幫」或「商幫」意義下的「徽商」概念呢？帶著這些的關切，筆者對歷史上「徽商」及相關概念的形成，作了一番初步的考察。

二、明代「徽商」話語的變遷

在現存文獻中，「徽商」（或「徽賈」）成詞於正德年間，首先出現於刑事案件與賄賂事件等與官府相關的事例中。正德之前的明代史料中，大多使用了「徽州客人」或「徽人」這些職業特徵並不明顯的用語。從「徽州客人」或者「徽人」向「徽商」的轉變，很可能是跟正德間徽州人「以賈代耕」的社會變遷有關。

1、徽商的舊稱：「徽州客人」（「徽客」）、「徽人」

范金民教授注意到，明代弘治四年（1491）工部侍郎徐恪的奏議中，仍稱「徽州府客人」汪璽等受害上告，而未稱後世習見的「徽商」〔註12〕。可見，「徽商」成詞比較晚。其中「徽州客人」的用法，在南宋紹興年間的奏章中，就已有出現。《宋會要輯稿》食貨六三載：

> （紹興二十九年）八月八日，殿中侍御史汪澈言：「徽州客人陳
> 恭等越臺陳訴，拘收抽解木植，解場人吏與保稅人通同乞受錢
> 物……。」〔註13〕

「客人」一詞，與「主人」、「土著」相對，帶有客居之意，通常帶有尊重、同情的情感色彩。在以上兩例中，主要凸顯了徽州商人受到侵害、急需同情和幫助的境況。然而，在另外一例明代的事件中，同樣是客居外地的徽州商人，卻被稱作「徽人」。弘治年間，

> 徽人相與殖資（崇德）縣中，取民倍稱之息，民不能堪，（知縣
> 湯沐）下令捕之，皆散去，闔境稱快。〔註14〕

〔註11〕 包偉民、傅俊，《從「龍遊商幫」概念的演進談學術失範現象》，《福建論壇‧人文社會科學版》，2004 年第 3 期，第 58～63 頁。

〔註12〕 范金民，《明代地域商幫的興起》，《中國經濟史研究》，2006 年第 3 期，第 93～103 頁。

〔註13〕 《宋會要輯稿》食貨 63。

〔註14〕 趙文華，《（嘉靖）嘉興府圖記》卷 11，明嘉靖刻本。

這些在嘉興府崇德縣違禁取利的徽州商人，顯然不是府志作者產生愉快或同情體驗的合適對象，因而不言「徽州客人」而用「徽人」。

2、「徽商」或「徽賈」作為角色話語的早期浮現：麻煩的製造者

就目前史料所及，「徽商」或「徽賈」成詞的時間則要晚至正德以後。張海鵬、王廷元原來認爲「徽商」成詞於成化末的松江地區〔註 15〕，所引用的關鍵史料是萬曆間李紹文撰寫的《雲間雜識》卷一的一句話：

> 成化末，有顯官滿載歸者，一老人踵門拜不已。官駭問故，對曰：「松民之財，多被徽商搬去，今賴君返之，敢不稱謝。」官慚不能答。〔註 16〕

這一材料廣爲人引證，並未加以懷疑。但是，王振忠教授發現，《雲間雜識》這段話的原型來自於嘉靖九年（1530）之前成書的《淞故述》，《雲間雜識》將原作的「官府」二字改爲「徽商」而已〔註 17〕。據他的考證，《雲間雜識》的這段引文後還有關鍵的「見《淞述故》」四字，未被引全。因此，《雲間雜識》的這條材料並不能作爲成化末「徽商」成詞的證據。隨後，他檢索了電子版《四庫全書》，其中有 1 條正德間「徽商」相連成詞的早期證據。即，無錫人邵寶撰寫的《明故太平府同知進階朝列大夫屠君暨配陸宜人墓誌銘》：

> 1）興國民吳榮謀殺徽商張姓者，久未成獄。君廉得榮焚屍藏陶穴中，竟致於法。〔註 18〕

墓主屠某卒於正德九年（1514），該書開篇有正德 12 年（1517）寫的《榮春堂集序》，可以判定這則史料撰於正德末年。此處「徽商」一詞，實際只是「徽州府商人」的文言文簡稱，並非實指某種已約定俗成的群體。文中的「徽商張姓者」與「興國民吳榮」相對，是從司法管理者的角度用籍貫和職業來定位刑事案件所涉及的當事人。作者不是有意識地想要創造「徽商」這樣的新類別名。此時，關於「徽商」的大量知識和象徵性邊界並未生產和確立起來。

─────────────

〔註 15〕 張海鵬、王廷元，《徽商研究》，合肥：安徽人民出版社，1995 年，第 7 頁。
〔註 16〕 李紹文，《雲間雜識》卷 1，民國二十四年（1935）上海瑞華印務局影印黃氏家藏舊本。
〔註 17〕 王振忠，《明清文獻中徽商一詞的初步考察》，《歷史研究》，2006 年第 1 期，第 170～173 頁。
〔註 18〕 邵寶，《容春堂集》後集卷 4「墓誌銘十四首」，明正德刻本。

　　遵循王振忠教授的思路，筆者檢索了《中國基本古籍庫》，又發現了另外三則「徽商」成詞的早期材料，這些材料的成文時間也都集中在正德末、嘉靖初。茲補錄於下，以續其美。

　　　　2）徽商蔣龍者，夜醉入娼家忄肆詈毆，明復搆訟。娼家怨之，
　　謀攘他死人，誣商毆死，賂傍證人，捃摭成獄。將刑，值君覆審，
　　心疑其枉，潛使人尾緝，稍聞傍證人怨語，因以折之，遂吐實立辨，
　　出商罪。其明決類此。辛未，課最，進階文林郎。〔註19〕

文中所述故事發生在墓主王奎（1460～1515）任南京湖廣道監察御史期間。墓誌銘的作者是常州武進縣人毛憲，他是正德六年（1511）辛未科進士，曾任刑科、兵科給事中。墓誌銘的成文時間是在王奎死後四年，於正德十四年（1519）撰寫的。文中「徽商蔣龍者」，亦類似於第一條史料的「徽商張姓者」，是政府治理的具體對象。

　　　　3）《儒林郎合肥知縣曾君墓表》：「有徽賈墨銀以贄，（曾慶）輒
　　峻斥，由是政聲日章，卒亦無能禍君者。」〔註20〕

墓主曾慶卒年歲六十，從弘治元年（1498）任福建布政司都事時年已三十九推測，曾慶卒於正德十三年（1518）前後，而墓誌銘作者羅欽順卒於嘉靖二十六年（1547）。這則材料當成於正德末、嘉靖初。此條「徽賈」一詞，是匿名指稱，用於不名譽的行賄事件中。

　　　　4）《貽思碑記》：「惟楚有彥，龍江周子，惇德懋學，用揚於廷，
　　肇服在邦事，爰奉命監榷，示茲南關，期而代，乃旋。時徽商程本
　　祥、戴里率籲眾胥，矢言曰：『爽惟哲榷，誕惠於印，庶商顧茲雲邁，
　　其曷敢諉？』……龍江周子，董茲榷政……」〔註21〕

這則材料載於《（嘉靖）仁和縣志》，該縣志成於嘉靖二十八年（1549）。「周子」所監榷的「南關」，即《（雍正）浙江通志》卷八十六記載的「成化七年三月杭州增置抽分廠，工部屬官往浙江於杭城之南專理抽分」的榷關，其廠署即在杭州的候潮門、城隍之間，其地屬仁和縣。查《兩浙南關榷事書》·《宦書》，從成化七年至天啓三年間，姓周的主事或員外郎中籍貫爲「楚」的只有

〔註19〕　毛憲，《古庵毛先生文集》卷7《江西按察司僉事王君墓誌銘》，明嘉靖四十一
　　　　　年（1562）毛訢刻本。
〔註20〕　羅欽順，《整庵存稿》卷12，見景印文淵閣四庫全書第1261冊，臺北：臺灣
　　　　　商務印書館，第155頁。
〔註21〕　沈朝宣，《（嘉靖）仁和縣志》卷14，清光緒刻《武林掌故叢編》本。

嘉靖二十二年任員外郎的湖廣儀衛司人周南，又因權關的員外郎通常是一年一任，可以合理推斷，這篇文字作於嘉靖二十二年之後不久。

綜上可知，就目前文獻所及，「徽商」一詞最早在正德年間出現於南直隸、浙江一帶。第 1、2、3 則史料分別描寫了正德間徽商因財物露白而被殺、醉宿娼家被誣殺人以及向官員行賄的司法案件，可見部分徽商的形象相當負面。第 4 則史料則是嘉靖中徽商與胥吏聯合為權關官員立頌德碑。在 1、2、4 例中的「徽商」一詞，是用來限定某位有姓名的商人，表明一種管理者視野下商人的籍貫、身份，並不是在描述一種匿名的集體意識。第 3 例中，「徽賈」則是無名的個體代稱，其姓名在敘事中無關緊要。這些最早出現的「徽商」話語，均未表明某種匿名的集體意識的存在；與萬曆間李紹文敘述的「松民之財，多被徽商搬去」話語中的匿名群體有所不同。

「徽商」作為明代正德間的一個新詞語，到底反映了一種什麼樣的歷史變化呢？一般的看法是，這揭示了徽州的地域性商人群體的出現。不過，怎麼樣才稱得上商人群體的出現？恐怕很難如此認定。以上「徽商」話語的使用，並未表明一種匿名的集體意識在徽州商人群體中出現，更多地是非徽州籍的官員、士人對於這些商人的密切關注。問題的關鍵，並不在於是否有數量可觀的徽州商人出現，而在於徽商客居地的人們是如何感知到這種出現、並對這種感知給予高度關注的。

我的解釋是，商人的成功，引發了農業人口向商業人口大規模轉移的潮流；在這個潮流中，徽州商人是具有代表性、典型性的商人群體，他們不僅給江南地區的普通民眾帶來心理上的失調，更在管理者眼中成為價值衝突、社會失序事件的重要角色。在社會心理上，商人不斷突破國家政策的限制，於正德年間已成為非常有利可圖、且引發羨慕、鄙視、甚至反感等強烈「認知失調」的重要職業；這種「認知失調」，主要是由當時商人極大的經濟力量與較低的社會地位之間形成的緊張關係促成的。一方面，一些商人生活奢侈，策肥乘堅，衣繡文綺，有的富比王侯，又以財貨勾結權貴，勢力滔天，引發人們的羨慕心態。另一方面，則由於明初對商人、商業的長期歧視政策所形成的鄙視心態，仍然持續存在。此外，我們也不能忽視徽州人極強的地理特徵，在外地經商時對當地民眾與政府帶來的大衝擊。例如，「抱團打官司」、「家族互助」都給徽商帶來顯著的象徵邊界。社會財富的大轉移所帶來的社會失序問題也因此被凸顯出來，前面三例中「興國民吳榮謀殺張姓徽商」案、

「徽商蔣龍醉入娼家卻被誣殺人」、「徽賈墨銀以贄」的行賄事件，都是社會衝突的顯現。一些政府官員敏感地察覺到，籍貫徽州的商人正是這些「麻煩」的製造者。

此時的「徽商」群體，在總體上雖然經濟富裕，但是社會地位低下，又缺乏在文化、社會、政治的創造性活動中的深度參與，正處於「歧生而出」的早期狀態之中。「徽商」一詞的出現，使人們得以藉此將注意力放在徽州商人於嘉靖、萬曆以後塑造文化、藝術、社會新形態上的巨大能量。

三、幫、商幫與徽幫的話語

學界亦常有人稱呼明代徽商群體爲「徽幫」，也就是徽州商幫。下面從「幫」、「商幫」、「徽幫」三詞，細論此說之不準確。

1、幫

首先考察「幫」字的字源。《廣韻》：幫，衣治絲履。「幫」原爲衣的履邊，其後引申爲幫襯、輔助。在明代的勞役制度中，解戶有正戶，有幫戶，亦有幫解、幫差、幫役之說。輔助官府、衛所進行漕糧運輸的組織也常稱作「幫」。

> 成化十二年（1476），敕總兵官各衛所果有遭風，所在官司驗實，
> 打撈濕米，就令該管指揮等官，分派各船食用，抵換原帶食米上倉，
> 不許故意單幫在後。〔註22〕

所謂「單幫在後」，即衛所爲了有序運輸漕糧而建立的組織，可以避免漕船爭搶過閘。即「漕河身狹，閘座聯珠，漕船勢必立幫以防爭越。挨守日久，則百弊生而軍食費。」〔註23〕這些漕「幫」最初是直接由各地衛所編派而成的：

> 今漕□議欲于各總衛所分派坐撥，另編一幫，刻期□卸，仍令
> 遄回，即作下年抵壩。首幫既不悞津□，亦不悞全漕。〔註24〕

漕船幫運時，以半軍事化的方式組織，通常設有運官、伍長、幫長。

> 蓋運官統領一幫，多者百餘舡，少亦數十舡。或係正旗，或係
> 短雇，一一皆知。官既與軍相習，而軍亦與官相安。其水次之與俱，
> 而朝夕之與遊，聯五舡爲一伍，設一伍長統之，各製隨手器械、稽

〔註22〕《大明會典》卷 27 戶部 14，明萬曆內府刻本。
〔註23〕王宗沐，《王敬所集·海運詳考》，載陳子龍《明經世文編》卷 345，明崇禎平露堂刻本。
〔註24〕畢自嚴，《度支奏議》雲南司卷 1《題覆總漕條議另派津糧疏》，明崇禎刻本。

查盜賣、防禦外侮，如保甲之法。然各造冊送之把總、糧道，前後
幫次，各須開明，一路如此，庶處處皆成行伍，而按冊稽察，即可
按幫督促，似渙而實整，似分而實聯，亦便計也。〔註25〕

漕船編幫的方式是依船編幫，或十隻一幫，或五十隻一幫不定。

（嘉靖）七年（1528），奏准新江口造完戰巡等船共四百隻，每
十隻作一幫，日輪軍一人看守。〔註26〕

乃若運船出洋稽查之法，屢經題議，亦頗詳密。每船以五十隻
爲一幫，每幫設運官二員，每十船內復立幫長一名，互爲防範，但
有侵盜而容隱不舉者，運官究革，幫長連坐。〔註27〕

對於非漕運的船隻，政府則明令禁止其「聚幫取利」。

各處馬頭有人營充埠頭，招集船隻，雙幫灣泊，阻礙河道，遇
有客商雇船，主張雇價，多取入己，或因官府討船，又不挨次，得
財即放，況官府討船或非盡因公務。仰各屬今後選有行止者充埠頭，
聽令客商平價雇船，不許聚幫取利。仍將各船輪差給與鈐簿填數，
官若用船，如行百里，與米五升，以充口食，不許科貼。〔註28〕

可見，漕運業的「幫」有幫期、幫號、幫長，有衛所官員監管，是正式的運
輸組織形式。

2、商幫

以上討論了漕運中的「幫」，下面再談談「商幫」。范金民教授認爲「商
幫」的出現與萬曆後期綱鹽法有關，在清初鹽業中已有「商幫」的稱號〔註29〕。
事實上，鹽業「商幫」一詞的出現時間還可上溯至明末，而鹽業「商幫」實
體的出現時間可上溯至嘉靖四十三年，鹽業中「幫」的組織形式甚至可追溯
至明初。

往海故無商幫，自李邦寧作俑，幫於壺江，而廣石、連江、北
茭、黃崎、奇達諸幫因以起。遠者五十年，近者二三十年，皆勢家

〔註25〕畢自嚴，《度支奏議》雲南司卷16《覆漕院余珹條陳利弊疏》。

〔註26〕申時行，《大明會典》卷200工部20「戰船」，明萬曆內府刻本。

〔註27〕畢自嚴，《餉撫疏草》卷1《轉餉多愆聞言增愓疏》，明天啓刻本。

〔註28〕張國維，《吳中水利全書》卷15公移《朱袞水利興革事宜條約》，清文淵閣四庫全書本。

〔註29〕范金民，《商幫探源述流》，《浙江學刊》，2006年第2期，第83～93頁。

豪惡人爲政。借法勒掠，收鹽白，索灣價，苛禁買生，恣所魚肉，歲加月甚，民不聊生。乃至折船、賣妻鬻子、流徙餓死而無告者，在在有之。〔註30〕

作者董應舉，字崇相，號見龍，閩縣人，萬曆二十六年（1598）進士，歷吏部主事、工部右侍郎、戶部侍郎等職，天啓間落職歸家，崇禎初復官，卒於崇禎十六年（1643），《明史》稱讚「其居官慷慨任事，在家好興利捍患。比沒，海濱人祠祀之。」〔註31〕董應舉「散幫復課」一事，亦見於其弟子周之夔《棄草二集》（明崇禎木犀館刻本）卷二《董見龍老師八十壽序》：离

（董應舉）家居海上，日進此僬憔悴者，問之，苦心焦思，必出諸湯火而後快。其大者壺江、廣石、館頭、定海、北茭、奇達六灣，先被南路奸商巧派爲幫，接盤硬販，抑勒民貴買其鹽，至于斷爛魚網，賣鬻妻子，加以兵哨看航諸害，民不聊生。先生建議散幫復課。課一定，則海上自產之鹽爲漁民自醃之用，鹽悉官鹽，而認課比於商幫歲反增三分之二，益國利民，其功無筭，所全活又以億萬計。

周之夔所說的六幫中壺江、廣石、北茭、奇達四幫與董應舉所言相符，惟館頭、定海二幫不同於連江、黃崎，尚難斷定是否出現了訛誤〔註32〕。文中提到的壺江、廣石等「商幫」，既是海幫，又是鹽幫。

文中提及李邦寧「幫於壺江」的時間，始於嘉靖四十三年（1564）。

或問於予曰：子欲議革壺江等幫，有諸？曰：然。然則廢商乎？曰：否。吾非敢廢商也，復商故也。何謂商故？國初設西路幫，不設沿海，此故也。故之所有，誰能廢之？夫壺江幫何始哉？始於嘉靖四十三年（1564）。李邦寧作俑，其後六幫因以起，非商故也。非故而毒民，且不益國，不革何待？〔註33〕

〔註30〕董應舉，《崇相集》卷13志記《散幫認課德政碑》，明崇禎刻本。

〔註31〕董應舉的生平事蹟見《明史》（清乾隆武英殿刻本）卷242列傳第129，其號見《武夷山志》（清乾隆刻本）卷16「董應舉，字崇相，號見龍，閩縣人，萬曆戊戌（二十六年，1598）進士」，其卒年月日見談遷的《國榷》（清抄本）卷99「（崇禎十六年十月），癸酉前□部□侍郎董應舉卒。」

〔註32〕壺江、廣石、北茭、奇達、定海、連江實爲（福建）南路六港。南路每年編有八幫。

〔註33〕董應舉，《崇相集》卷4議2《議革壺江等幫中解》。

如果董應舉的話屬實，那麼，「商幫」組織的形成就並非源自萬曆間的綱鹽法，實際上在嘉靖間早已存在了。至於文中提到「國初設西路幫」如果無誤，鹽業中「幫」的出現時間可能還要提前。

　　關於「幫」這種組織形式，董應舉提出了「山邑用幫，海邑認課，去海遠者用幫，去海近者認課」，以及「幫法以理商也，非以理民」的治理原則，從而明確了「商」與「幫」之間的密切關係，亦將「商」與「民」區分開來。

　　　　愚以山邑用幫，海邑認課，去海遠者用幫，去海近者認課，此
　　　　亦貢助兼用之意。……或曰：如此則私鹽悉化為官鹽矣，獨不妨東
　　　　西路乎？曰：不妨。夫所謂私鹽化為官鹽者，正為舊日海幫言也。
　　　　夫海幫領於鹽場者，百二十分之一耳，餘皆盤之硬販，而五六倍其
　　　　價以散，各網船民至賣妻子無敢聲者，以其官幫也。……或又以幫
　　　　法下場支鹽，海民獨不下場為疑。夫幫法以理商也，非以理民也。
　　　　東南諸郡之海外無幫無課，此海獨不幸，為流棍作倀，今已認課三
　　　　倍，於法為已詳矣。若必拘，拘幫法而令之場支，則彼無幫無課者，
　　　　當何法以處乎？〔註34〕

此外，明代文獻中另有一處提及「商幫」，同樣出現於福建鹽業中。

　　　　壬子（1612），遷福建都轉運使。……為榜於眾曰：「……私戶
　　　　積而有餘，商幫日且不足，國課日虧，奸民益橫，請與子大夫籌之。」
　　　〔註35〕

很顯然，明代後期福建鹽業中已有「商幫」稱號。鹽業「商幫」有幫號，有組織，被政府嚴格管理。例如，

　　　　一西路。每年五幫，每幫十商。……一東路。每年三十四幫。……
　　　　一南路。每年八幫。〔註36〕

　　　　凡西路商人領引一封四百道，印給號帖一張，編填某字幫號、
　　　　焰序報僱海船二隻，填寫商船名籍，同給信牌一張，具文送赴院道
　　　　掛號，往三場派支，各團灶戶，上里場支二百七十引，海口場支九
　　　　十引，牛田場支四十引，共四百引。備填帖內，發商支鹽。三場將

〔註34〕董應舉，《崇相集》卷4議2《議革壺江等幫申解》。
〔註35〕張大復，《崑山人物傳》卷九「支如璋」，明刻清雍正二年（1724）重修本。
〔註36〕周昌晉，《鹺政全書》卷上「鹽餉」，明天啓活字印本。

> 帖填注商某船某於某年月日開駕離場，該場印蓋。船鹽運至閩安鎮
> 批驗鹽引所驗明，該所具申報日期，繳道司查考。〔註37〕

> （天啓六年三月二十二日）凡每幫十商，内定一商爲綱，實焰
> 數全刷本幫商人、水客各合同憲單。舊商十張，新商或二張，或三
> 張，填實商名、幫號、水客單。每幫一百三十張，各縣數不等。填
> 實縣分、幫號、引數、蓬數，具由批差首商齎赴。〔註38〕

這是明代鹽業中的商人幫運之法。到清代，鹽業中的幫出現了官幫、商幫、
縣澳幫三種形式。同治四年（1865），閩浙總督左宗棠、福建巡撫徐宗幹《瀝
陳閩省鹺務積弊請改行票運釐課並抽疏》載，

> 竊查福建鹽課自國初定制，歲僅征銀八萬五千餘兩。雍正元年，
> 各場委官監管，地方官隨處設卡，委員收稅，先完課而後給單，聽
> 其配運售賣。至乾隆七年，奏定盈餘銀十四萬一千餘兩，較之原額
> 增至兩倍。後因歸商辦理，劃地分售，即以當年所收稅銀作爲引額。
> 此法一變，商之浮費遂增，鹽之營銷遂隘。後人補偏救弊，朝令暮
> 更，於是分而爲官幫，爲商幫，爲縣澳。官銷引滯，則責令各商代
> 銷，舊商欠帑，則勒令新商攤補，迨道光年間一變爲僉商，再變爲
> 試辦，三變爲官運，而鹽法之敗壞極矣。〔註39〕

從前面的材料，我們已經知道，明代的「幫」是一種比較正式的運輸組織，
而「商幫」在明代通常特指運輸食鹽的商業組織。

3、徽州商幫（簡稱徽幫）

最後談談徽州商幫（簡稱徽幫）。筆者管見所及，除漕幫外尚未在明代文
獻中發現將「商幫」用於泛指地域性的商人群體的情況。范金民教授的研究
也支持這一點：

> 「商幫」（指地域性商幫——筆者注）的提法，大體上晚至清末
> 光緒年間才能在相關文獻中睹見，在實際商業活動中，有關地域和
> 行業的「幫」的説法，至遲在乾隆年間就已經較爲散見了，嘉、道
> 時期，各地有關地域和行業「幫」的説法更較爲常見了。

〔註37〕周昌晉，《鹺政全書》卷上「鹽票」。
〔註38〕周昌晉，《鹺政全書》卷上「鹽票」。
〔註39〕葛士濬，《清經世文續編》卷45戶政22鹽課4《瀝陳閩省鹺務積弊請改行票
運釐課並抽疏》，清光緒十四年石印本。

同樣地，明代也無「徽州商幫」、「徽幫」或「新安幫」的提法。直到清末民初，文獻中才能睹見此類稱號。

> （徽州）地瀕新安江之上游，又當黃山之陰，田穀稀少，不敷事畜。於是相率服賈四方，凡典鋪、錢莊、茶、漆、菜館等業，皆名之曰徽幫，敦尚信義，有聲商市。〔註40〕

又如，

> 大通鎮之半壁街，人煙稠密，商賈攢集之所，新安幫因災截留，糧船泊焉，商民不堪其擾。虞昌度地量水，定泊所，請於巡撫著爲令，漕船不得近半壁街。商民德之。〔註41〕

不過，此處「新安幫」是指漕幫，並非地域性商幫。

總體而言，「徽幫」是一個近代出現的概念，它能否用於指稱明代以來的徽商群體，尚待嚴肅的學術討論。但從目前掌握的事實來看，對明代徽商的組織化程度似乎不宜作過高的估計。

第二節 「歙商」、「休商」的成詞

筆者發現，徽州主要經濟區歙縣、休寧、婺源三縣商人稱號始見於明代。其餘績溪、黟縣、祁門三縣商人的稱號則要晚至清代才出現。

出現條目最多的是歙縣商人的稱號（如「歙賈」、「歙商」）。隆慶、萬曆間歙縣文人以汪道昆、許國等人爲代表，積極爲本地商人揚名，歙商也積極參與文人間的吟詩唱和與文化雅事，故文獻中多留下「歙商」稱號。休寧縣文人雖然也曾參與這場「揚名」的行動，但是並未占主導地位，同時休寧商人參與揚名的程度不及歙商，「休商」（含「休賈」）之類的稱號出現條目也較少（僅見下文第3條）。婺源縣雖是朱熹鄉梓之地，文風鼎盛，但是在明代後期其商業化程度不及休、歙二縣，「婺商」（含「婺賈」）的稱號最早見於崇禎間，且數量少。例如，

> 崇禎九年（1636）六月初四日據徽州府婺源縣知縣李寅賓申爲外販已斷內竭堪虞事。……不意入夏以來，饒河一帶土蠻聚眾恃凶，橫行搶殺，婺商張岩龍、夏華、汪冬等五十餘船盡遭荼毒。……婺

〔註40〕 劉錦藻，《清朝續文獻通考》卷313興地考9，民國影印十通本。

〔註41〕 李榕，《（民國）杭州府志》卷136引《自撰年譜參陳用敷撰後序》，民國十一年（1922）鉛印本。

　　商張岩龍、夏華、汪冬等搶地呼天，無可告訴，狼狽而歸，泣籲於

　　卑職之庭者五十餘人，其餘死亡逃散更不知幾。〔註42〕

此外，明代文獻中未見「績商」（「績賈」）、「祁商」（「祁賈」）和「黟商」（「黟賈」）等稱號出現，這可能跟徽州其餘三縣祁門、績溪、黟縣外出經商的風氣形成較晚或者因其商人與文人的交往少未被大量記錄或保存下來的因素有關。

　　下面主要就明代「歙商」的稱號展開討論。通常來說，「歙商」是指歙縣商人而不是徽州商人，但是不能排除某些文人出於復古文癖而將「歙商」等同於歙州商人的可能性（按，宋元以前徽州有「歙州」、「新安」等古名）。茲將「歙商」（或「歙賈」）成詞的材料羅列於下。

　　1）馬中錫《贈歙商吳以時南還》詩云：「到處風花豁壯眸，世

　　家喬木在南州。弟兄力作千金產，湖海深藏一葉舟。旅館生涯淹累

　　歲，故園歸興動高秋。願言此去毋濡滯，慈母重門倚白頭。」〔註43〕

馬中錫（？～1512），字天祿，號東田，河間府故城縣人。詩中所言的歙商吳以時與徽州名人程敏政等文士交好（其事詳見下文《詩賈》一節）。這首詩是目前發現的「歙商」（或歙賈）成詞的最早史料，其餘「歙商」（或歙賈）稱號的史料均晚於此條，且大多出現於嘉靖末至萬曆間。

　　2）嘉定南南翔，大聚也，多歙賈，君遂居焉。〔註44〕

　　3）今歲自饒者既斷絕，祁、黟、婺皆反求米於休。是休不獨自

　　食而且上供三縣，其須浙米倍於他年，歙父母士紳不念也。浙米一

　　至浦口，不問為休商、為歙商，即官強要截入歙。〔註45〕

此條同時含有「歙商」、「休商」稱號。事為崇禎丙子（九年，1636）大旱期間，糧價大漲，歙人官紳沿河要截運往休寧的糧船，引發休寧士紳的強烈不滿。

　　4）（萬曆三十七年（1609）十二月二十五日）客從鹽官來，言

　　是月四日海濱有大魚隨潮逆上，淺閣不能去，度之長十八丈，高闊

　　二丈，無鱗。……歙商以七百緡取其一，而一歸令君。父老相傳，

　　嘉靖間亦有大魚留海灘，未二年有倭寇，亦可戒預矣。〔註46〕

〔註42〕張國維，《撫吳疏草》·《饒民截商疏》，明崇禎刻本。

〔註43〕馬中錫，《東田漫稿》卷4《贈歙商吳以時南還》，嘉靖十三年（1534）文三畏刻本。

〔註44〕歸有光，《新刻震川先生全集》卷18《例授昭勇將軍成山指揮使李君墓誌銘》，四部叢刊景清康熙十四年（1675）新刻本。

〔註45〕金聲，《金正希先生燕詒閣集》卷3「書」《與戴太尊》，明末刻本。

〔註46〕李日華，《味水軒日記》卷1，民國嘉業堂叢書本。

5）（萬曆三十八年（1610）庚戌八月十二日）雨。歙賈持覽文休承大幅山水，樹石巒麓，重疊蔽虧，瀟灑有味。〔註47〕

6）如癸卯秋初，過爾韜，偶同一友入祐聖宮，語移時出。時歙商王三陽者，從旁覿之，謂其寓主道士曰：「頃服故葛衣而敞巾者，此君即發矣。」〔註48〕

7）公歎曰：吾豈爲人過送錢者？竟不從。惟具閱數申報，某公怒，會盱眙盜劫歙商，檄公捕之。受檄，比得盜僅三月，某公乃構玩賊，上疏論罷公。〔註49〕

8）中貴人景之守浙也，欲賂於賈，而誣之法。賈皆亡至括，則獨疏次公名，謂吏：此節俠，得之勿問其餘，吏願得守信。公曰：「奈何以我殺季？」乃自詣吏。景目而誰之，公曰：「歙賈豎汪玄儀也，旦夕且千金爲壽，不忍須臾貴人耳。」〔註50〕

9）是月，以歲凶將鬻諸歙賈，因稍述其形製而系以銘。米元章所謂吾齋秀氣，從此不復泯矣。戊寅（1602）秋半識於群玉山房。〔註51〕

10）有歙商黃海山者，賈於邑，其家忽以事趣歸，乃悉委其貲於吾父。無何而倭難作，吾父謀徙城中，輒先輸其所委以入，而已產從之。倭退，其人至，亟趣見吾父，不暇吐一語，惟涕泗橫流而已，吾父徐出其貲示之，笑曰：封識無改乎？〔註52〕

11）有歙賈識余從人，餉以斗米，不能辭。是夜，止宿山下巫家之小樓。〔註53〕

〔註47〕李日華，《味水軒日記》卷2，民國嘉業堂叢書本。

〔註48〕趙維寰，《雪廬焚餘稿》卷10《三術評》，明崇禎二年（1629）刻本。

〔註49〕趙志，《趙文懿公文集》卷3《嶺陽劉公墓表》，明崇禎趙世溥刻本。

〔註50〕李攀龍，《滄溟集》卷22《明汪次公暨吳孺人合葬墓誌銘》，明萬曆刻本。

〔註51〕胡應麟，《少室山房集》卷94《古玉方鼎銘》，見景印文淵閣四庫全書第1290冊，臺北：臺灣商務印書館，第686頁。

〔註52〕顧憲成，《涇皋藏稿》卷18《育庵盧公暨配趙太孺人合葬墓表》，見景印文淵閣四庫全書第1292冊，臺北：臺灣商務印書館，第204頁。

〔註53〕熊明遇，《文直行書詩》文選卷15《采薇記》，清順治十七年（1660）熊人霖刻本。

12）瀘溪、宣封以水□爲販糶之市，多歙賈，日夜裝宜春，分
宜蔚然文明矣。〔註54〕

13）嚴鎭街百貨所集，延長十里。吾行天下，未見邑屋有如斯
者也，則歙賈三倍之以耳。〔註55〕

14）凡畿輔近地與山東河南□賊新殘之處，專召墾荒。墾荒之
中又分二事：一招新逃之民，使復農業，寬其舊逋；一招集南人歙
賈、明習農事者，聽其相度，可興之水利，遍墾積荒之田。足國足
餉，惟茲最要。因其地距京師、距諸邊俱不遠，轉輸易達，較倚命
於漕糧者迥殊。但南人歙賈苟非便利安肯遠趨？必申明洪永以來歷
朝永不起科之制，然後人情樂赴，而海內之荒田可盡熟也。〔註56〕

以上材料中除了第1條最遲出現於正德初年、第2條則出現於嘉靖中後期外，
其餘條目均爲萬曆以後所作。我們大致可以判斷，「歙商」稱號與「徽商」稱
號幾乎同時出現於明人文獻中。

第三節 重族與重賈：徽州刻板印象的形成

「徽商」一詞在明代的出現，揭示了徽州人以地域關係、重視商業兩方
面的重要特徵。文壇盟主王世貞在《汪山人傳》中寫道，萬曆七年他去官居
家、稱病謝客時，一個姓汪的徽州男子求見。汪某以前是太學上舍生，他們
之間發生了一場有趣的對話：

（王世貞）曰：「我不知太學生。徽俗故重賈，問亦賈乎？」曰：
「我不習爲賈」。俗故又重族，問：「汪故甲族乎？」曰：「我不習稱
族。」已而出一編，曰：「賈與族在是矣，雖然，吾非以名也，願得
子之一言而折衷。」〔註57〕

重族、重賈是徽州風俗的兩個突出特徵，成爲士人對徽州人的兩個刻板印象。
徽州商人群體，其地緣性的特徵通常是以家族、宗族聯盟的方式呈現出來的，
而聯盟的根基是親緣認同。日本學者臼井佐知子解釋得非常清楚：

〔註54〕熊明遇，《文直行書詩》文選卷15《杕杜記》。
〔註55〕熊明遇，《文直行書詩》文選卷15《莢棠記》。
〔註56〕陳龍正，《墾屯並重疏》，轉引自黃宗羲《明文海》卷65奏疏19，清涵芬樓鈔本。
〔註57〕王世貞，《弇州續稿》卷79文部《汪山人傳》，見景印文淵閣四庫全書第1283
冊，臺灣商務印書館，第168～169頁。

　　徽商網絡是構築在血緣與地域關係基礎之上的。徽州社會有其特殊性，它介於萬山之中，很少受戰亂所衝擊，千百年來保持著宗族聚居的格局。徽州人有聚族經商的傳統，他們的地域關係，實質上只不過是血緣關係的擴大，是一個個宗族血緣群體通過聯姻紐帶的聯結和交叉。比起其它商幫（以地域性爲主）來，徽商的網絡特別強固，其奧秘正在此。……共同的始祖成了徽州商人確認自身的同一性以及共同性的關鍵所在。〔註58〕

一、親緣認同

　　親緣認同是在親緣單位的基礎上形成的，反映了血緣及血緣聯合的關係，也包括對血緣關係的模仿，如義子、義父等。關於宗族的想像，共同的男性祖先成爲構建認同的要件。《（嘉靖）徽州府志》卷二《風俗志》載，

　　　　（徽州）家多故舊，自唐、宋來數百年世系比比皆是。重宗義，講世好，上下六親之施，村落家構祠宇，歲時俎豆其間。小民亦安土懷生，即貧者不賣倀子、流庸。婚配論門高，治褂裳、裝具，量其家以爲厚薄。重別臧獲之等，即其人盛貲厚富行作吏者，終不得列於輩流。

　　萬曆間，耿定向在《儒賈傳》中描寫了歙縣商人對於建設大家族有幸的辯護：

　　　　歙縣商人程表，字子儀，「與余母黨秦翁善。翁爲劉莊襄司馬舅，饒於產，困徭賦而踣。司馬每悼歎曰：『子孫生秦亦不幸哉！』子儀聞之，詫曰：『司馬失言矣。秦族大，子孫蕃。爲之分田，爲之建塾，拯其困乏，而道之教訓，賢才出則門戶振。安見巨族而反爲不幸也者？』余聞而善之。」〔註59〕

歙縣商人方遷曦（1484～1545），

　　　　字天曜，南濱其別號也（居歙縣滄源）。……勵志經營，商於吳梁間。所至交納豪傑，爲江湖望，家業益以丕振。及四十，知長子宸有干蠱能，遂付之而歸，專以綱紀宗族爲己任。訓飭子弟嚴而有

〔註58〕臼井佐知子，《徽商及其網絡》，《安徽史學》，1991年第1期，第18～19頁。
〔註59〕耿定向，《耿天台先生文集》卷16傳《儒賈傳》，明萬曆二十六年（1598）劉元卿刻本。

禮，弱不能立者，扶植之；貧乏無以自給者，濟之。……堂念方氏
入國朝以來，宦學繼美無間，近世茲寢有愧，乃謀諸族，肇建書屋
於金山隈，俾後嗣相聚相觀以振業。〔註60〕

關於徽人重視家族的原因，中島樂章圍繞《茗洲吳氏家記》研究指出：一方
面集約的山地型地域開發達到極限，圍繞著有限資源發生的激烈競爭是徽州
宗族糾紛與同族統合的背景；另一方面，官府在維持鄉村秩序方面不得力也
是不容忽視的。《社會記》記載的階段是明朝前期以里甲組織爲中心的鄉村處
理糾紛及維持秩序的架構趨於多樣化、流動化的轉型期。地方官對鄉村進行
更直接的統治，社、會等民間組織持續發展，生員對士人、鄉紳具有重要影
響力，里甲制度在加強同宗族組織之間聯繫上仍發揮作用，與此互補的鄉約、
保甲制被逐漸引進。在多樣性要素的對抗與統合中，才最終形成明末鄉村社
會的秩序〔註61〕。朱開宇則認爲徽州的生態的貧瘠與貧富的懸殊等造成的社
會不安，是該地區宗族制度強固的癥結原因，而理學的滲透進一步起著輔助
作用；由南宋之際的「高社會流動」到明中葉的「高流動不安社會」，顯示出
宗族制度的發展與人們心中的不安全感有深刻關聯〔註62〕。

　　毫無疑問，家族親緣關係在局外人看來，是隱密的。一個局外人，並不
能直接瞭解這種關係。疏遠的局外人最先能夠感知到的只是某種公開的地方
信息，進而可能將這種緊密的親緣信息誤解成爲緊密的地方信息。「以眾幫眾」
常被視爲明代徽州商人已具有成幫的特徵，實際上是建立在緊密的親族關係
之上的。例如，王士性《廣志繹》卷二記載，

　　　　山居人尚氣，新都健訟，習使之。然其地本勤、人本儉，至門
訟則傾貲不惜，即官司笞鞭一二杖參差，便以爲勝負，往往浼人居
間。若巨家大獄至，推其族之一人，出爲眾死。或抹頸叫闕，或鎖
喉赴臺，死則眾爲之祀春秋而養子孫，其人受椎不死，則傍有死之
者矣。他方即好訟，謀不至是。鋪金買埒，傾產入闕，皆休歙人所
能。至於商賈在外，遇鄉里之訟，不啻身嘗之，釀金出死力，則又

〔註60〕　《方氏會宗統譜》卷19《明故處士南濱方公行狀》，引自張海鵬、王廷元，《明
　　　　清徽商資料選編》，合肥：安徽人民出版社，1985年，第439頁。
〔註61〕　中島樂章，《清代徽州的山林經營、紛爭及宗族形成──祁門三四都凌氏文書
　　　　研究》，《江海學刊》，2003年第5期，第145～152頁。
〔註62〕　朱開宇，《科舉社會、地域秩序與宗族發展──宋明間的徽州，1100～1644》，
　　　　碩士論文，臺北：國立臺灣大學歷史學研究所，2003年，第207頁。

　　以眾幫眾，無非亦爲己身地也。近江右人出外亦多傚之。〔註63〕

這種「以眾幫眾」的關係並不僅僅是基於擴展的親族、朋友紐帶，甚至還形成了強有力的經濟紐帶，亦可稱之爲「族賈」的商業方式。明末休寧人金聲說：

　　　夫兩邑人（筆者按，歙縣、休寧二縣）以業賈故，挈其親戚、
　　知交而與共事，以故一家得業，不獨一家食焉而已，其大者能活千
　　家百家，下亦至數十家、數家，且其人亦皆終歲客居於外，而家居
　　者亦無幾焉。〔註64〕

即便到近現代，這種團結家族、親友經商的模式仍然在中國商業界佔據重要的地位。無論是從街邊巷口的小夫妻店到大型的家族企業，還是到家族聯盟所組成的隱秘財閥，親族血緣紐帶在解決企業控制與管理中的信任問題、社會資本的繼承等問題上依舊重要。

二、地緣認同

　　地緣認同是在地域族群的基礎上形成的，不僅包括地理空間還包括地域文化空間。地域行政區劃的變更對地緣認同有著重要的影響。唐開元、永泰年間徽州行政區劃最終確定，而下屬之歙、黟、休寧、祁門、婺源、績溪六縣的行政區劃，是在宋元明清時期陸續成立的。

　　就徽商的地緣認同而言。唐力行認爲嘉靖間北京歙縣會館的重建標誌著徽幫的最終成立〔註65〕。但是，寺田隆信則通過研究《重修歙縣會館錄》已經確定，這個歙縣會館屬於徽州舉子準備應試的「試館」，並非商人會館，現存最早的乾隆六年制定的《會館公議條規》首條，就禁止貿易客商居住會館以及停頓貨物〔註66〕。明朝的北京歙縣會館是否會比乾隆年間的條規寬鬆，尚難斷定。但是，就明代重修的歙縣會館是試館且不是徽商會館這點來說，唐教授的說法有待進一步商量。

　　明代徽州六縣「山壤限隔，俗或不同」，甚至相互之間言語不通，地域、文化整合尚未完成，是否眞正有一個「徽州商幫」還很難說。據《（嘉靖）徽

〔註63〕王士性，《廣志繹》卷2，清康熙十五年（1676）刻本。
〔註64〕金聲，《金忠節公文集》卷4《與歙令君書》，光緒十七年（1891）刊本。
〔註65〕唐力行，《論徽商的形成及其價值觀的變革》，《江淮論壇》，1991年第2期，第65頁。
〔註66〕寺田隆信，《關於北京歙縣會館》，《中國社會經濟史研究》，1991年第1期，第28～38頁。

州府志》載，「六邑之語不能相通，非若吳人其方音大氐相類也」，在言語不通的情況下，我們就不能理所當然地就認為徽州商人就是一個集團。其中休、歙二縣位於相對肥沃的屯溪盆地，商業、手工業發達，其餘四縣均是貧瘠的山地，以務農為主。歙之西接休之東「其俗富厚，備於禮」，「人貌良而衣逢整齊、緣飾文雅，為獨勝焉」；祁門、婺源「俗好儒而矜議論，柔弱纖嗇歸本，比者稍稍增飾矣，然操什一之術不如東南，以習儉約致其蓄積」；黟縣「纖儉大類祁、婺」，「質木少文」；績溪「其俗埒於黟，而縉紳之士過之」〔註67〕。因此，我們是否可以把徽州作為行政區域的意義與作為文化區域的意義等同起來，仍值得商榷。

婺源、績溪、黟縣、祁門各縣商人與休寧、歙縣商人是否採取過跨縣的集體行動，目前尚不清楚，很難斷言明代徽商作為「一個」社會實體已經出現，也難以斷言徽商的地域認同已經達到徽州府這一層次。學界常常徵引的徽商採取跨縣的聯合行動的證據，是立於盛澤鎮的《徽寧會館碑記》：

> 其年久無所歸者，徽郡六邑，寧國旌邑，各置地為義冢，分為兩所。每歲季冬埋葬，具有程序。於是徽寧之旅居於鎮者，無不敦睦桑梓，聲應氣求，肫肫然忠厚惻怛之意，出於肺腑，誠善之善者也。……記有之曰：合志同方，營道同術。〔註68〕

這塊碑立於道光十二年（1832），其時地域性商幫已經形成，不能用於證明明代徽商的合作已經到達到府這一層次。

以上敘述想要說明的是，儘管明代徽州商人可能已經具有對徽州的地域性認同，但是卻沒有在府的層次上進行經常性的聯合行動（除休歙二縣商人外）。相反，徽州六縣的商民間還有極大的矛盾。例如，在隆慶、萬曆初，歙縣與其餘五縣紳商曾因分攤絲絹銀而起大規模的紛爭〔註69〕。紛爭的直接原因是，籍貫歙縣的戶部尚書殷正茂支持將原派歙縣的絲絹銀改由六縣均攤。戶部的決定引發婺源、休寧縣民上千、上萬人「激變」。從當時的情形來看，

〔註67〕 北京圖書館古籍出版編輯組編，《(嘉靖)徽州府志(弘治)休寧志》，北京圖書館古籍珍本叢刊29 史部‧地理類，北京：書目文獻出版，第65～67頁。

〔註68〕 蘇州歷史博物館等合編，《明清蘇州工商業碑刻集》‧《徽寧會館碑記》，蘇州：江蘇人民出版社，1981年，第357頁。

〔註69〕 日本學者夫馬進根據婺源人程任卿在獄中編成的《絲絹全書》對絲絹分擔的紛爭始末作過詳細介紹。見夫馬進，《試論明末徽州府的絲絹分擔紛爭》，《中國史研究》，2000年第2期，第144～156頁。

婺源縣民與休寧縣民採取了共同行動。婺源縣民人「乘勢奔走休寧縣，招集各縣，將欲甘心於歙縣見任尙書殷正茂家」〔註70〕。據說當時到了歙人遇五縣人民就行歐辱，而五縣人民見到歙商就肆意施暴，奪其貨物的地步，以至官府不得不申令禁約。

> 爲禁仇害、以安地方事。照得本府所屬六縣，近以告爭絲絹，互相仇怨，視如秦、越。在歙縣所轄，遇五縣人民，輒行歐辱，阻絕生理；在五縣地方，遇歙商販，肆行趕打，搶奪貨物。豈惟彼此報復，有乖紀法，亦且啓釁開端，實招後患。且所爭多係無干細民，又何足洩其不平之忿？爲此示，仰六邑軍民人等，知悉告爭事體，自宜聽候上司及本府秉公處分，安得恣行私忿以干刑憲！〔註71〕

在這種情況下，徽商與其說是一個整合在一起的整體，不如說是各縣商人在想像上的集合。筆者並無意否認明代徽州人已經具有某種低程度的徽州地緣認同。在隆慶、萬曆初的絲絹爭端中，《一歙宦遺五邑士夫書》寫道：「奈何以一家而胡越視之哉？六邑皆徽，願以徽論，毋以各縣論」〔註72〕，企圖利用徽州的地緣認同要求平均分攤絲絹稅銀。其餘五縣尤其是婺源人對此反對最爲激烈，在同卷的《一鄉宦奉都院宋爺書》中他們給出的一個理由是：

> 不思歙、休人丁遍滿海邊，多不登藉，婺、祁、黟、績並在土著，脫漏者少。況彼之丁又倚辦于商，此之丁又倚辦於農。上農之入不足以當下商之半，是十丁不當其一。以五丁而准其三，在四縣猶以爲偏累也〔註73〕。

顯然，明代徽州各縣出賈的程度不同，經濟差異很大。若要將「徽商」這個概念直接視爲六縣商人自己的認同，恐怕還稍顯冒險。「徽商」這個詞語，更多地是外部人對歙縣、休寧二縣商人的稱呼。

第四節　象徵性邊界的形成

認同並不只是個人對是否屬於某種社群的認識，還受到個體所屬社群的象徵性邊界的影響。在前面的討論中，我們知道「徽商」一詞在正德間的出

〔註70〕程任卿，《絲絹全書》土集卷6《南京湖廣等道御史唐一本》，明萬曆刻本。
〔註71〕程任卿，《絲絹全書》飽集卷5《本府禁約》。
〔註72〕程任卿，《絲絹全書》飽集卷木集卷8《歙宦遺五邑士夫書》。
〔註73〕程任卿，《絲絹全書》飽集卷木集卷8《鄉宦奉都院宋爺書》。

現。這說明「徽商」已經作爲一種名詞被想像和構建出來。明代的徽州商人表現出許多共有的特徵或正在趨同的行爲模式，這些信息又在明嘉靖、萬曆間大量地被文人傳播。徽州商人身上的某些地緣文化特徵也被廣爲人知。因此，我們經常在文字材料中看到一些「無名」的徽州商人，它們被強調的特徵是地域性的。王世懋就曾描述過所謂的「徽賈氣」：

> 俞生翩翩，可兒謝君，故不作徽賈氣，僕未一交，金湯而渠，遽
>
> 墮我雲霧耶。何時偕此兩生握麈尾，一就足下，暢彼我之歡。〔註74〕

明代「徽賈氣」的究竟如何？自然是人各有辭，莫衷一是。王振忠研究發現，以慳吝、好色和好訟爲特徵的徽商形象的形成，既有鄉土背景的烙印，又有整個社會心理波動的痕跡〔註75〕。唐力行討論了徽州商人的紳士風度問題〔註76〕。劉艷琴考察了明代話本小說中徽商的形象〔註77〕。李琳琦、孟醒二人則比較了明清小說與歷史文獻中徽商形象的差異〔註78〕。這些研究有助於研究者深入瞭解明代徽商的多種眞實形象與特徵。

一、以徽人「好訟」爲例

一個極爲明顯的例子，就是在文人圈中徽人「好訟」的特徵被四處遠揚。徽人「好訟」的說法從宋代就已經出現了。宋代徽州（北宋時稱作歙州）就是「民事繁劇」之處，成爲官府所愼重選官之處，其知州等職不能任以「恩例」之官。

> 例 1：(黃仲通 986～1059)，韶州曲江人。……未幾，遷祕書丞，
>
> 知南儀州，以病乞換江南監，當徙監宣州商稅。按察使以歙州賦賦、
>
> 獄訟繁夥，請擇材士共贊幕畫。就除太常博士，簽書歙州判官公事。
>
> 尋賜緋，通判建州，知惠州，累遷至屯田郎中。〔註79〕

〔註74〕 王世懋，《王奉常集》卷 46 文部‧書牘《答馮元敏》，明萬曆刻本。

〔註75〕 王振忠，《明清時期徽商社會形象的文化透視》，《復旦學報（社會科學版）》，1993 年第 6 期，第 80～84、96 頁。

〔註76〕 唐力行，《徽州商人的紳士風度》，《史學月刊》，2003 年第 11 期，第 38～43 頁。

〔註77〕 劉艷琴，《明代話本小説中的徽商形象》，《明清小説研究》，2004 年第 4 期，第 142～155 頁。

〔註78〕 李琳琦、孟醒，《明清小説與歷史文獻中的徽商形象之比較》，《安徽師範大學學報（人文社會科學版）》，2008 年第 2 期，第 161～167 頁。

〔註79〕 余靖，《武溪集》卷 19 墓誌上《宋故屯田郎中黃府君碑》，見景印文淵閣四庫全書第 1089 冊，臺北：臺灣商務印書館，第 184 頁。

　　例2：宋仁宗嘉祐五年（1060）九月，「辛丑，詔齊、登、密、
華、邠、耀、廓、絳、潤、婺、海、宿、饒、歙、吉、建、汀、潮
凡十八州並煩劇之地，自今令中書選人爲知州，其知潮州委本路轉
運提點刑獄司同保薦之。」〔註80〕

此事亦載於南宋羅願撰寫的《（淳熙）新安志》卷九：

　　國朝仁宗嘗謂輔臣曰：齊、密、登、華、邠、耀、麟（筆者按，
麟應爲廓）、絳、潤、婺、海、宿、饒、歙、吉、建、江（疑爲汀）、
潮凡十八州民事繁劇，守臣尤當審擇，自今宜令中書舍人，而潮州
則命監司保薦，其有異績者當陞擇之。〔註81〕

到宋神宗即位初（神宗於治平四年一月即位），亦頒發有類似的詔令，要求徽
州知州「勿以恩例奏授」。《宋史》卷十四本紀第十四神宗一：

　　（治平四年閏三月）辛卯（1067年4月29日）詔齊、密、登、
華、邠、耀、廓、絳、潤、婺、海、宿、饒、歙、吉、建、汀、潮
等十八州知州，慶、渭、秦、延四州通判，其選並從中書，毋以恩
例奏授。〔註82〕

　　例3：熙寧三年十一月九日（1070），又以徽州等州的錄事參軍
爲「繁難去處」。「熙寧三年（1070）十一月十九日，詔陝府、江寧
府、鄆、青、齊、杭、越、蘇、婺、宿、壽、宣、歙、虔、洪、吉、
潭、廣、福、建等州錄事參軍係繁難去處，今後並差職官知縣及奏
舉縣令人充，其料錢數多、資序不該請者，並支錢十五千。」〔註83〕

可見，北宋時徽州民事繁劇，民風彪悍，需要幹練有才能的官員才能控制。
其知州要有幹才，選官出自中樞，不能以恩例奏授，所設錄事參軍一職也爲
繁難去處。但是，這些信息並沒有擴散到普通人。

　　到明代，這種風氣仍然沒有多大改變，更多的士人瞭解到這種徽州風氣。
王士性認爲，

　　山居人尚氣，新都健訟，習使之。〔註84〕

〔註80〕李燾，《續資治通鑒長編》卷192，見景印文淵閣四庫全書第317冊，臺北：
　　　　臺灣商務印書館，第212～213頁。
〔註81〕羅願，《（淳熙）新安志》卷9，清嘉慶十七年（1812）刻本。
〔註82〕《宋史》卷14本紀第14神宗1，百衲本元至正刊本闕卷以明成化刊本配補。
〔註83〕《（淳熙）新安志》卷1，清嘉慶十七年（1812）刻本。
〔註84〕王士性，《廣志繹》卷2，清康熙十五年（1676）刻本。

徽州人程敏政則辯解說，

> 民性樸而好義。其弊也，性樸則近愚，好義則近爭，故訟起於
> 杪忽，而至不可遏，究其極，又非有奸宄武斷。若昔人之云者，其
> 爭不過產與墓繼之類耳〔註85〕。

徽州人抱團打官司的風氣也隨著商業移民而帶到外地，引起了當地人很大不
滿。例如，萬曆間，

> 杭州南北二山，風氣盤結，實城廓之護龍，百萬居民墳墓之所
> 在也。往時徽商無在此圖葬者．邇來冒籍占產，巧生盜心。或毀人
> 之護沙，或斷人之來脈，致於涉訟．群起助金，恃富凌人，必勝斯
> 已。……此患在成化時未熾，故志不載，今不爲之所，則杭無卜吉
> 之地矣。〔註86〕

萬曆間人孫鑛則說，

> 徽故山郡，持籌者徧四方，萬金之家比比是。其民負氣好爭，
> 以善訟爲豪，久者至歷數十歲，而相告言、獄辭滿篋，猶不止。平
> 居不肯輕出一錢，富而益甚，至賄獄，則破家不惜。且輕視官府，
> 以爲吾貨足取之也。訟不在大，即口語有爭輒起訟，訟輒以殺人爲
> 辭。勝者戚里皆賀，負者杜門憤恨，無地自容矣，然或賀者在門，
> 訟者在途，以此牽連不已。〔註87〕

宣城人梅鼎祚曾比較宛陵、徽州二郡習俗，稱：

> 二郡居則比鄰，行則方轂，堋牧所及，昏因相通，親可知矣。
> 而新都多陽翟大賈，淮海鹽筴之利爲縣官外府，陶白猗卓之富幾
> 敵國，則眎宛陵倍。其人巧而文，黔糜（文墨）、桼器（漆器）、
> 陶冶、纂組之工，利益天下，則眎宛陵倍。俗剛負氣，睚眥之違
> 輒起大獄，而又善通財賄，走權勢，即士亦多怙寵而借資，則眎
> 宛陵倍。其唯田賦、兵戎與卿大夫顯融之業、節義勤儉之風，略
> 相等而已。〔註88〕

〔註85〕 程敏政，《篁墩集》卷35《奉送張公之任徽州府序》，明正德二年（1507）刻本。

〔註86〕 劉伯縉等修，陳善纂，《（萬曆）杭州府志》卷19《風俗》，萬曆七年（1579）
刻本。

〔註87〕 孫鑛，《居業次編》卷5《南京禮部尚書進階資善大夫贈太子少保泗橋陶公承
學墓誌銘》，明萬曆四十年（1612）呂胤筠刻本。

〔註88〕 梅鼎祚，《鹿裘石室集》卷8《徽州梁侯考績上最序》，明天啓三年（1623）玄
白堂刻本。

至此，關於徽人好訟的印象已經被外界大致形成。就連從未到過徽州的嘉善人魏學洢（1596～1625），也在一封信中曾向在徽州附近州縣任職的友人唐宜之詢問道：

> 微聞徽商健訟，動以人命相詆，剖決稍遲，或遭騷擾，此語未審真否？〔註89〕

對於習慣以「息訟」為衡量治理水平的儒家官員，宋明以來徽州人愛打官司的風氣一直是他們針砭之處。

二、徽商──明末小說中無名者

在地方性想像被完成之後，地域性特徵就成為這些商人特徵的重要指示物。印刷術、書籍為重現和放大這種想像提供了新的技術工具。逐漸增加的識字率，使得他們能夠輕易地進入符號的世界。即使是一個在當時社會地位低下的屠夫，也開始羨慕並邀請文化人給他的父母撰寫墓誌銘或者傳記，以便傳揚家族的聲望。文字與閱讀，已成為社會時尚。商人階層作為識字的、受教育的階層，有的人甚至被期望撰寫詩歌。

在明末小說中，徽州商人或徽商成為富裕的、典型的匿名存在者，其社會形象也就在這種文本中不知不覺被塑造與強化。下面我們看看明末小說中徽商的形象。

1）《智囊補》、《警世通言》、《古今小說》

三書中徽商多是被譏諷的對象。例如，有因媚神建殿，爭奪太尉廟香火，結果卻遭失敗的，「萬曆辛丑（29 年，1601）壬寅間，閶門思靈寺有老僧夢一神人，自稱周宣靈王，今寓齊門徽商某處，乞募建一殿相安」〔註90〕；有因好色、誘買已婚婦人而深陷入人命官司的，「徽富商某悅一小家婦，欲娶之，厚餌其夫」〔註91〕；有受譎僧所騙的，「有僧異貌，能絕粒瓢衲之外，絲粟俱無，坐徽商木筏上旬日，不食不餒」〔註92〕；有迷信「扶鸞」，爾後為道觀慷慨施千金，造假山，反而破壞風水，好心辦壞事的，「後有人於徽

〔註89〕魏學洢，《茅簷集》卷 8 書牘，見景印文淵閣四庫全書第 1297 冊，臺北：臺灣商務印書館，第 612 頁。

〔註90〕馮夢龍，《智囊補》明智部剖疑卷 7「黃震」，明積秀堂刻本。

〔註91〕馮夢龍，《智囊補》察智部詰奸卷 10「徽商獄」。

〔註92〕馮夢龍，《智囊補》雜智部狡黠卷 27「譎僧」。

商家扶鸞，皮雀降筆，自稱原是天上苟元帥。……徽商聞眞武殿之靈異，捨施千金，於殿前堆一石假山，以爲壯觀之助。這假山雖則美觀，反破了風水，從此本房道侶更無得道者」〔註93〕；有求子嗣建娘娘廟的，「阿媽徐氏亦無子息，聞得徽州有鹽商求嗣，新建陳州娘娘廟於蘇州閶門之外，香火甚盛，祈禱不絕」〔註94〕；有在杜十娘怒沈百寶箱故事中擔當配角的新安鹽商〔註95〕；有名陳商的徽商勾引有夫之婦的〔註96〕；有姓孫的徽商費過千金，流連妓家的〔註97〕。

通過這些對財富的使用中，小說構建出了徽商的刻板形象是：多財、好色、信鬼神、易受僧侶欺騙、迷信風水等等，隱約呈現出對「徽商」的排斥感。

2）《拍案驚奇》、《二刻拍案驚奇》

與前三書相比，此二書中徽商形象比較正面。對徽商的同情理解與贊譽的聲音也出現。有徽商贈銀救人，而逃脫牆塌之災的故事；有徽商央媒婆納妾，感神念而收爲乾女兒事，其後此女嫁給高官的故事；有「（徽商）平日最信的是關聖靈籤」〔註98〕；有徽州程宰弟兄兩人因是做折了本錢，怕歸來受人笑話，羞慚慘沮，無面目見江東父老，不思量還鄉，遇遼東海神的故事〔註99〕；有徽商程德瑜，稟性簡默端重，不妄言笑，忠厚老成的故事〔註100〕；有徽商從揚州過江，帶些本錢，要進京城小鋪中去，後捐資修觀音閣〔註101〕。

3）《型世言》

有歙縣徽商名汪洋，「家事最厚，常經商貴池地方，積年在朱家歇，卻不曾與寡婦相見。這番相見，見他生得濟楚可愛，便也動心」〔註102〕；有媒婆

〔註93〕馮夢龍，《警世通言》卷15，明天啓四年（1624）刻本。
〔註94〕馮夢龍，《警世通言》卷22，明天啓四年（1624）刻本。
〔註95〕馮夢龍，《警世通言》卷32，明天啓四年（1624）刻本。
〔註96〕馮夢龍，《古今小說》卷1，明天許齋刻本。
〔註97〕馮夢龍，《古今小說》卷12，明天許齋刻本。
〔註98〕淩蒙初，《二刻拍案驚奇》卷15，明崇禎尚友堂刻本。
〔註99〕淩蒙初，《二刻拍案驚奇》卷37，明崇禎尚友堂刻本。
〔註100〕淩蒙初，《拍案驚奇》卷4，明崇禎尚友堂刻本。
〔註101〕淩蒙初，《拍案驚奇》卷24。
〔註102〕陸人龍，《崢霄館評定通俗演義型世言》第6回，明末刻本。

口中的徽州木商拿了幾千銀子，「判山發木不回去的，要娶兩頭大，這都是好人家」〔註 103〕。

　　4）《石點頭》

　　有徽商水客，在荊州遇貪官吾剝皮，斷送了他萬金貨物，後學劍報仇一事〔註 104〕；有徽州鹽商汪朝奉在襄陽收討賬目時，收落難人周迪爲管賬一事〔註 105〕。

　　從上述在明末傳播較廣的通俗小說中，徽商的形象有正面亦有負面，但是基本上以帶有徽州地方特徵的形象爲主。建造廟宇、收納小妾、陷入官司的主體，是一個個抽象的「徽商」。這些無名商人的名字，對於讀者來說，沒有任何意義。刻板印象在肆意的流佈。徽商變成一個象徵符號，而具體的徽州商人承受著這種象徵符號的壓力。尤其是在海禁之後，被貶斥爲海盜的徽州商人，無疑給徽商形象帶來極爲負面的效果。「唯利是圖」、「愛打官司」甚至是不假思索就套用到徽商身上的壞印象。

第五節　徽商的奢侈品消費：一種源於社會認同的行爲

　　奢侈品的炫耀性消費在構建社會等級系列中發揮了重要的作用。一些奢侈品被制度化，正式成爲某些社會等級的專有象徵、也因此成爲種種象徵資源的組成部分。比如，明朝政府在對官員的服飾安排中，金玉、翡翠、珠寶就是品級的重要標誌。一些奢侈品雖然沒有被制度化，但是卻能顯示擁有者所屬社會群體的特殊特徵。比如，書、字畫及諸玩好是士大夫階層的重要標誌。奢侈品消費，反映了個體維持或獲得某種社會地位的努力。中島樂章通過對祁門凌氏文書的分析，討論了清代徽州山區小同族的山林經營、糾紛處理、宗族形成等問題，揭示了缺乏最正統文化資本的小宗族以衣冠名族的生活行爲爲楷模，以他（她）們的生活樣式爲目標，謀求攀援上層社會階梯，以獲得各種象徵資本的選擇性行爲〔註 106〕。

〔註 103〕陸人龍，《崢霄館評定通俗演義型世言》第 16 回。
〔註 104〕天然癡叟，《石點頭》卷 8，明金閣葉敬池刊本。
〔註 105〕天然癡叟，《石點頭》卷 11。
〔註 106〕中島樂章，《清代徽州的山林經營、紛爭及宗族形成──祁門三四都凌氏文書研究》，《江海學刊》，2003 年第 5 期，第 145～152 頁。

　　考慮一個具有高社會地位的社會類別（比如說儒者）。該社會類別中的舊有家庭已經通過相互間博弈、模仿、學習，形成一整套關於這個類別的準則。隨著層級流動，新晉富裕階層開始嘗試將其經濟地位轉化爲社會地位，試圖進入儒者類別。這些人中大部分倂不具有該社會類別特徵，也不懂運作在其中的準則。舊有家庭將不斷發出讚揚或侮辱的信號，強迫新晉者調整自己的行爲、接受已有的準則，或者乾脆將新晉者驅逐出去。新晉者要首先置於舊有的身份家庭的支配下，並向其學習文化規則，並以此來界定進入者的身份地位。

　　以明代徽商的例子來看。徽州商人力圖培養出與士紳相同的嗜好。如東林黨首領趙南星云，「而新安之俗，生子不儒即賈，計日掇富貴。江孺人之子皆賈於楚、蜀、閩、越間，相示以贏。伯符讀書不屑事章句，而好泛觀博覽古人之典籍，喜爲詩，求漢魏以來書人之眞跡，目玩而手習之，肆其餘力於繪事，又好古物辨其世代，眞贋百不失一。」〔註107〕作詩是需要天分與長期積累的，對於「不儒即賈」，「計日掇富貴」的徽商而言，並不是所有人都能辦到。而通過好字畫、古玩就能接近上層文人圈子，無疑代價低得多。

　　剛開始，徽商「蓄圖書及諸玩好」，卻總是被評價爲缺乏見識、收藏劣品。王世貞在品評人物時說道：「黃勉之如新安大商，錢帛米穀金銀俱足，獨法書、名畫不眞。」〔註108〕文人通過彰顯其文化品位，掌握了主導權。此時的徽商品味與鑒賞力均不能與士紳相比，但是這不能阻止徽商收購圖書、玩好。「敍卿有山谷書《法華經》七卷，紙用澄心堂，光滑如鏡，價至七百金。敍卿沒後，曾有人持以質於余，余睹其字多沓拖疏慢，似非雙井筆也，後竟爲徽賈以重價購去。」〔註109〕「有明三吳楷法二十四冊」第九冊：聞公每歲輒手書其詩文，前後凡六十餘冊，皆爲徽賈從其家購之。」〔註110〕

　　徽商收集古玩字畫的例子逐漸增多。茲舉數例。「（萬曆三十八年庚戌八月）十二日雨，歙賈持覽文休承大幅山水，樹石巒麓，重疊蔽虧，瀟灑有味。

〔註107〕趙南星，《趙忠毅公詩文集》卷12《明羅母何孺人墓碑》，明崇禎十一年（1638）范景文等刻本。

〔註108〕王世貞，《弇州四部稿》卷148說部，明萬曆刻本。

〔註109〕顧起元，《客座贅語》卷8「賞鑒」，明萬曆四十六年（1618）自刻本。

〔註110〕王世貞，《弇州續稿》卷164文部‧墨跡跋，見景印文淵閣四庫全書第1284冊，臺灣商務印書館，第373頁。

琴一張，曰海濤冰柱，古物也。」〔註111〕萬曆四十年（1612）四月十七日，「細雨，徽賈處一白磁竹節簪，纖細巧妙之極。」〔註112〕「新都人有名醉石齋者，聞其藏石甚富且奇，其地溪澗中另有純紅、純綠者亦可愛玩。」〔註113〕胡應麟《少室山房集》卷九十四碑銘一首《古玉方鼎銘》：「是月以歲凶，將鬻諸歡賈。因稍述其形制，而繫以銘。米元章所謂吾齋秀氣，從此不復泯矣。戊寅秋半識於群玉山房。」〔註114〕

徽州商人在性、宴會等奢侈消費上投入巨大。謝肇淛在《五雜組》卷四評價道，「新安奢而山右儉也。然新安人衣食亦甚菲嗇，薄糜鹽齏，欣然一飽矣，惟婚娶妾宿妓爭訟則揮金如土。……至其菲衣惡食、纖嗇委瑣，四方之人皆傳以為口實不虛也。天下推纖嗇者必推新安，與江右然。」〔註115〕汪道昆言，「新安多大賈，其居鹽筴者最豪。入則擊鍾，出則連騎，暇則召客高會，侍越女擁吳姬，四坐盡歡，夜以繼日，世所謂芬華盛麗，非不足也。」〔註116〕

到了明代後期，徽商還能在窯器、茶等消費中創造流行，領導時尚。窯器是徽商很早就開始經營的商品，也很早被徽人創造流行。王世貞《觚不觚錄》：「窯器當重哥汝，而十五年來忽重宣德，以至永樂、成化，價亦驟增十倍。大抵吳人濫觴，而徽人導之，俱可怪也。」〔註117〕如果說，創造流行是文化影響力的重要體現，那麼萬曆初徽人導致窯器流行一事，體現了徽州人在當時的文化地位，這也離不開徽商的參與。崇禎初，徽州的松蘿茶亦被引為流行，極受文人親賴。「論茶色味與香神，近數松蘿製法新。三月初頭望徽賈，小罌能貯幾多春？」〔註118〕《採茶歌》之四云：「十□山盤谷口村，新安賈客下茶園，春尖剪作松蘿樣，上擔裝來號北源。」〔註119〕這些表明徽商已經完全進入了士大夫、貴冑的上層，並能影響其品味。

〔註111〕李日華，《味水軒日記》卷2，民國嘉業堂叢書本。

〔註112〕李日華，《味水軒日記》卷4。

〔註113〕文震亨，《長物志》卷3土瑪瑙，清道光光緒間粵雅堂叢書本。

〔註114〕胡應麟，《少室山房集》卷94碑銘一首《古玉方鼎銘》，見景印文淵閣四庫全書第1290冊，臺北：臺灣商務印書館，第686頁。

〔註115〕謝肇淛，《五雜組》卷4，明萬曆四十四年（1616）潘膺祉如韋館刻本。

〔註116〕汪道昆，《太函集》卷2《汪長君論最序》，明萬曆刻本。

〔註117〕王世貞，《陳眉公訂正觚不觚錄》，民國景明寶顏堂秘籍本。

〔註118〕易震吉，《秋佳軒詩餘》卷12秦淮竹枝20，明崇禎刻本。

〔註119〕彭孫貽，《茗齋集》卷17‧採茶歌十二首，四部叢刊續編景寫本。

第四章　興文善俗：明代「儒賈」意象的出現

　　儒賈的實踐在春秋、戰國之際已經出現，例如，孔子的弟子端木賜（即子貢）「不受命，而貨殖焉，億則屢中」；但是他始終未得「儒賈」之名。「儒賈」作為一個新名詞的出現，卻要晚至明代萬曆以後。萬曆間，官至首輔的葉向高（1559～1627）曾清楚地意識到「儒賈」是一個新詞語。在一篇墓誌銘中，他寫道：

> 昔聞廉賈，未聞儒賈。儒而賈，惟爾踽踽，非轅下駒，非車上儔。簪笏詩書，于世罕伍。[註1]

不過，「儒賈」作為一個新名詞出現雖然很晚，但是並不意味著「儒賈」名詞所指向的對象以前就沒有大量存在過。

第一節　士商合流與「類儒者」的商人

　　余英時先生在建構「宋元明以來士商合流」觀點時，有一則關鍵引文：

> 宋太宗乃盡收天下之利權歸于官，於是士大夫始必兼農桑之業，方得贍家，一切與古異矣。仕者既與小民爭利，未仕者又必先有農桑之業，方得給朝夕，以專事進取。於是貨殖之事益急，商賈之勢益重。非父兄先營事業于前，子弟即無由讀書，以致身通顯。是故古者四民分，後世四民不分。古者士之子恒為士，後世商之子

[註 1] 葉向高，《蒼霞續草》卷10《封文林郎蘭溪縣知縣程公墓誌銘》，明萬曆刻本。

方能爲士。此宋元明以來變遷之大校也。天下之士多出于商，則織
嗇之風日益甚。然而睦婣任卹之風往往難見於士大夫而轉見於商
賈，何也？則以天下之勢偏重在商，凡豪傑有智略之人多出焉，其
業則商賈也，其人則豪傑也。爲豪傑則洞悉天下之物情，故能爲人
所不爲，不忍人所忍。是故爲士者轉益織嗇，爲商者轉敦古誼，此
又世道風俗之大較也。〔註2〕

引文作者是清代寒士沈垚，他將四民相混的政治根源追溯到宋太宗收利權於
官的政策，並揭示了它引起了「四民不分」的轉變，並使得士與商在世道風
俗上逆轉性的變化。余先生藉以更深入論證說，

宋明的新儒家因爲受到禪宗的衝擊，不免偏向於個人的心性修
養。陳確的時代禪宗的威脅已不十分嚴重，因此他的重點便轉移到
個人的經濟保障方面來了。總之，陳確相對地肯定了人的個體之
「私」，肯定了「欲」，也肯定了學者的「治生」，這多少反映了明清
之際儒家思想的一個新的變化。從陳確、全祖望，到戴震、錢大昕
以至沈垚，儒家思想關於個人的社會存在的問題，似乎正在醞釀著
一種具有近代性格的答案。一個儒家的人權觀點已徘徊在突破傳統
的邊緣上，大有呼之欲出之勢了。……由於明清儒者對「治生」、「人
欲」、「私」都逐漸發生了不同的理解，他們對商人的態度因此也有
了改變。而且十六世紀以後的商業發展也逼使儒家不能不重新估價
商人的社會地位。〔註3〕

這種「士商相混」以及士人對商人的態度變化，在明代人的文集中非常突出。
例如，歸有光（1506～1571）解釋說：

古者四民異業，至於後世而士與農商常相混。今新安多大族，
而其地在山谷之間，無平原曠野可爲耕田，故雖士大夫之家皆以畜
賈遊於四方。倚頓之鹽、烏倮之畜、竹木之饒、珠璣犀象瑇瑁果布
之珍，下至賣漿販脂之業，天下都會所在，連屋列肆，乘堅策肥，
被綺縠，擁趙女，鳴琴跕屣，多新安之人也。……子孫繁衍散居海

〔註2〕 沈垚，《落帆樓文集》卷24別集《費席山先生七十雙壽序》，民國七年（1918）
吳興叢書本。

〔註3〕 余英時，《中國近世宗教倫理與商人精神》，聯經出版事業公司，民國七十六
年（1987），第103～104頁。

寧、黟、歙間，無慮數千家，並以詩書爲業。君豈非所謂士而商者
歟？然君爲人恂恂，慕義無窮，所至樂與士大夫交，豈非所謂商而
士者歟？〔註4〕

周生春、楊纓的研究受到余先生「士商互動」觀點的啓發，他們進而認爲：

明代嘉靖、萬曆之際，商業發展迅速，書籍日益普及，人口不
斷增長，進入舉業的讀書人增加很多，但科舉名額卻未相應增加。
於是應試者日增，舉業出路有限，爲謀生計，大批讀書人只能棄儒
就商，進入正在迅速發展的商業領域。但是早年的教育使其思想和
行爲方式都深受儒學的影響，這就使其理所當然地成爲「儒賈」或
「儒商」。而儒學的轉向，特別是王學的興起和士商互動，則使士商
彼此認可，並使「棄儒就商」和「儒賈」成爲流行話語。〔註5〕

在「儒賈」成爲流行話語之前，士大夫通常習慣使用「類儒者」、「若儒生」
來描述具有儒家修養與品德的商人。這些商人，即使按照萬曆以後人們評價
「儒賈」的標準，也毫不落後。例如：

嘉靖己酉（1525）孟冬一旬，晴川公六十辰屆。……五子咸延
明師以訓，故今進而爲儒，若聞義者，以文名等輩；退而爲商，若
聞詩、聞禮、聞韶、聞善，奮跡江湖，亦循循雅飾若儒生。〔註6〕

葛賢慧在《中國近世商人倫理及其現代價值》中也引用了被稱爲「風度若儒
士」的晉商席銘、「無敢以賈目翁」的晉商楊繼美等等〔註7〕。余英時先生在
論述明代士商互動時，也列舉了崑山方麟、晉商王現（文顯）這些被視爲「類
儒者」的例子〔註8〕。類似的例子不勝枚舉，茲不贅引。

以「棄儒就賈」、「士商合流」的理論框架來理解「儒賈」現象的形成，
在大歷史的視閾下大概是可以成立的。但是，仍然會面臨著好幾處重大的挑
戰：1）如果「儒賈」是士商互動的普遍結果，那麼該如何解釋「儒賈」名詞

〔註4〕歸有光，《新刻震川先生全集》卷13壽序《白菴程翁八十壽序》，四部叢刊景
　　　清康熙十四年（1675）新刻本。
〔註5〕周生春，《楊纓·歷史上的儒商與儒商精神》，《中國經濟史研究》，2010年第
　　　4期，第152～158頁。
〔註6〕歙縣，《許氏世譜》卷6《賀晴川許公六十壽序》，轉引自張海鵬、王廷元主編，
　　　《明清徽商資料選編》，合肥：安徽人民出版社，1995年，第470頁。
〔註7〕穆雯瑛，《晉商史料研究》，太原：山西人民出版社，2001年，第308~309頁。
〔註8〕余英時，《士與中國文化》，上海：上海人民出版社，2003年，第455～456、
　　　458頁。

的使用大多集中在明清的徽州商人身上？2）如何同情理解凝聚「儒賈」名詞的作者之特別體驗與特殊期待？3）士商合流既然是一種明清的必然趨勢，那麼「儒賈」這個名詞在語言共同體中爲何會面臨巨大的挑戰？顯然，還有許多尚未解釋清楚的地方。

第二節　汪道昆的「儒賈」觀：新期望與新意象

「儒賈」二字的語言構造帶有明顯的復古色彩（相較「儒商」而言），與隆慶、萬曆間的古文運動有所密切關聯〔註9〕。

一、汪道昆「與其爲賈儒，寧爲儒賈」的言說

目前發現的史料中，最早使用「儒賈」一詞的是汪道昆〔註10〕，共有兩則材料，都集中在萬曆三年左右。

> 司馬氏（即汪道昆）曰：儒者以詩書爲本業，視貨殖輒卑之；藉令服賈而仁義存焉，賈何負也。海陽故多善賈，而林塘范氏特聞。長君席故資、賈鹽策，非其好也。深惟而慚自傷，使鏟𨥭市井競刀錐，且不得與諸儒齒，即致鉅萬何益哉？於是遊諸賢豪，折節自下。諸賢豪率高長君義，則字長君而交譽之：汝琭，其託之賈人乎？此不逢掖而儒者也。……（范長公）中年舉二丈夫子，擇可而命之：「泓椎少文，爾脩吾業；淶有志學古，爾爲儒。里俗率操佔畢以賈芬華，

〔註 9〕 就目前掌握的文獻來看，汪道昆是「儒賈」一詞的首要創作者。他的文字模仿漢唐文風，以文學復古爲志向。因此，他在描寫商賈時，更傾向於使用「賈」字，而不是「商」字。例如，在他的文集《太函集》中多用「賈人」而極少用「商人」。這是很明顯的特徵。這種命名習慣實際上影響了當時一大批跟隨他的文人。

〔註10〕 汪道昆（1525～1593），字伯玉，徽州歙縣人。嘉靖二十六年（1547）進士，歷任義烏縣令、武選司署郎中事員外郎，襄陽知府，福建按察使，福建、鄖陽巡撫等職，仕終兵部左侍郎。與李攀龍（于鱗）、王世貞（元美）等名士切磋古文詞，修復西京大曆以上之詩文，以號令一世，亦被當時士林推重。（明）過庭訓《本朝分省人物考》（明天啓刻本）卷三十七載：「其文日閎博，力追古作者，海内知與不知，咸稱慕之。」《明史》載，「汪道昆，字伯玉，世貞同年進士。大學士張居正亦其同年生也。父七十壽，道昆文當其意，居正亟稱之。世貞筆之《藝苑巵言》曰：『文繁而有法者于鱗，簡而有法者伯玉。』道昆由是名大起，晚年官兵部左侍郎。世貞亦嘗貳兵部，天下稱『兩司馬』。世貞頗不樂，嘗自悔獎道昆爲違心之論云。」

安事儒矣。爾曹第爲儒賈，毋爲賈儒。」二子唯唯。嘉靖癸丑（三
十二年，1553）長君以天年終。其後泓以賈起家，淶對公交車授南
城令。令始釋褐，亞謁不佞傳長公，會不佞弛心思，弗果。及其受
南城也，將宿君命，必得請乃行。〔註11〕

　　從這則史料看，休寧商人范長君死於嘉靖三十二年，這篇墓傳是其次子范淶
向時任兵部左侍郎的徽州名士汪道昆請託了兩次才答應撰寫的。第一次是范
淶「始釋褐」（即剛中進士）時，但汪道昆因爲「馳心思」沒有寫。第二次是
范淶得到南城縣令的吏部任命，正等候正式皇命之時，堅持請汪道昆爲其父
撰寫墓誌銘。據《本朝分省人物考》卷三十七「南直隸徽州府二」「補遺」載，
「范淶，號晞暘，休寧人。萬曆甲戌（萬曆二年，1574）進士，授南城知縣；
庚辰（萬曆八年，1580）行取陞南刑部主事。」〔註12〕按照范淶 1574 年春闈
中進士，而道昆於 1575 年因與首輔張居正意見不合，受彈劾罷官回鄉。這篇
傳記當寫於這個時期。汪道昆在前不久還「弛心思」不願替人寫墓表，後來
又爽快答應，是有蹊蹺的。

　　材料中徽商范長公的遺囑，實際上是汪道昆模擬其語氣而說出的，在批
判士人「輕商重儒」與里俗「重商輕儒」兩種風氣之後，直接提出了一個尖
銳的話題：到底做像商人一樣的儒者（賈儒），還是像儒者一樣的商人（儒賈）。
事實上，類似的話語幾乎同時見於汪道昆另一篇精心撰寫的墓表中：

　　　　家司馬善程長公。長公，余父執也。嘉靖癸亥（1563 年），長
公居母喪，以毀終。余自閩海歸，業已爲之表，以待封樹。其後十
年，而始就吉，余出故草，損益之。長公家世休寧，則歙黃墩裔也，
徙居率東信安里，今爲由溪。弘治己未，長公生。名鎮，字時啓。
長公始結髮，從鄉先達受詩。……病，革屏內人母前，則以遺言命
三子：「吾故業中廢，錄錄無所成名，生平慕王烈、陶潛爲人，今已
矣。爾問仁、問學業已受經，即問策幼沖，他日必使之就學。凡吾
所汲汲者，第欲爾曹明經修行，庶幾古人，吾倍爾曹，爾曹當事自
此始。毋從俗、毋用浮屠、毋廢父命，吾瞑矣。」墓在瀋坑之陽，
負己抱亥，余別有志。余惟鄉俗不儒則賈，卑議率左賈而右儒。與
其爲賈儒，寧爲儒賈。賈儒則狙德也，以儒飾賈，不亦蟬蛻乎哉？

〔註11〕汪道昆，《太集》卷 29《范長君傳》，萬曆十九年汪道昆自序，明萬曆刻本。
〔註12〕過庭訓，《本朝分省人物考》卷三十七南直隸徽州府二「補遺」，明天啓刻本。

　　長公是已。弱而當室，唾手而致素封，則良賈也。乃若焚券以高父
義，償故負以完父名，時而抗節則伐謀于其鄰；時而折節則受命于
其弟；授之兵，則如宿將；召之役，則輦千金；此非節俠之所優爲？
蓋庶幾乎！儗懧士也。季年釋賈歸隱，拓近地，爲菟裘，上奉母驩，
下授諸子業，暇日乃召賓客稱詩書。其人則陳達甫、江民瑩、王仲
房，其書則楚辭、史記、戰國策、孫武子，迄今遺風具在，不亦翩
翩乎儒哉？〔註13〕

汪道昆於嘉靖四十五年（1565 年）從福建巡撫罷歸時，就已爲歙縣商人程鎖
（1500～1563）撰寫了墓表；十年後程鎖被擇吉安葬時（按，徽州有爲了擇
吉而延宕數十年才安葬先人的風俗），汪道昆又重新改定舊稿。這樣可以推算
出，這篇墓表的最終寫成時間大約在 1575 年左右，這一年汪道昆剛罷官回家
不久。

　　兩則材料的定稿時間接近。前一則材料是汪道昆在范淶請託兩次後，於
萬曆二年至三年間在北京時撰寫的，道昆本人對傳主范長公並無直接瞭解，
所述事蹟也乏善可陳；後一則材料寫於萬曆三年左右，墓主程鎖作爲汪道昆
的父輩友人，與其家關係緊密，所述事蹟較詳實細緻。

　　第二則材料之所以重要，是因爲它生動地展現了一類儒家式的商業人
格。程鎖年幼時受詩教，爲人很孝順。其父客死淮海後扶柩歸葬，家道稍損，
受母命棄儒就賈，與宗族十人在吳興新市艱苦創業而致富。中年時，程鎖客
居溧水（現南京南）經商，低息放貸給貧民，又於豐年低價囤積糧食，饑年
平價賣出，在貧民中很有聲譽。他分派人手，在江蘇、浙江一帶放貸。除了
商業活動外，他「雖稱賈人子，乃喜折節交當世賢豪巨儒，在秣陵日從涇縣
呂楠、增城湛若水兩先生遊，講性命之學。」〔註14〕在倭寇入侵徽州時，召
集里中豪傑少年練軍禦倭，又多次捐款築城。晚年「釋賈歸隱」，暇時「召賓
客稱詩書，其人則陳達甫、江民瑩、王仲房，其書則《楚辭》、《史記》、《戰
國策》、《孫武子》」。其母死時，他以年邁之身嚴守喪禮而病亡。終其一生，
程鎖自稱最欽慕兩個英雄，一個是深具仁義與幹才的東漢名士王烈，一個是
魏晉田園詩人陶淵明。他的三個兒子的名字，也分別取以「問仁」、「問學」、
「問策」，明顯是儒家式的（「問策」也很有陽明學重謀略、重知行的特色）。

────────────

〔註13〕汪道昆，《太函集》卷六十一《明處士休寧程長公墓表》。
〔註14〕屠隆，《白榆集》卷十九《程處士傳》，明萬曆龔堯惠刻本。

在他囑咐兒子的遺言中，告誡兒子「毋從俗、毋用浮屠、毋廢父命」。從以上並非模板化的細節看，儒家思想已經浸潤到程鎖的日常生活中。

值得注意的是，汪道昆利用「儒賈」這樣一個意象來表達他對現實的深刻洞識與期望，但是他並沒有做到：主動地以這個意象爲核心，構建一個思路清晰的整體系統，然後將此充分的存有意識傳遞給其它人。類似「寧爲儒賈，毋爲賈儒」的靈感式話語，雖然在經驗層面可以讓人直接體會到其意象的顯現，但是在理念層面上仍需要長久的努力才能眞正理解。很可能的是，一旦過於注重附著在「儒賈」意象上的華麗外衣（文化地位、政治權勢、社會影響等等），人們會偏移對「儒賈」的最本眞、最普遍思想內核的理解。

二、汪道昆的選擇

汪道昆的文字曲折隱晦，他集中借兩篇商人墓表批評的「賈儒」到底是哪些人，目前尚不清楚（可能跟他與張居正的衝突有關）。但是至少可以看出，萬曆三年時汪道昆已對當時的部分官員非常失望，辭官回家後，他將希望轉移到同鄉的商人家族身上。這種轉變，或許是理解他於萬曆初凝聚「儒賈」一詞的重要切入點。那麼汪道昆是在一個什麼樣的地域風俗中展開行動的呢？

「時賈」一詞，取自萬曆間休寧人屠隆寫給汪道昆的一封信中的話「海陽多時賈，少雅士」〔註15〕，用於形容一般的商人。時賈通常是文人用於襯托「雅賈」、「儒賈」的反面，是「移風易俗」的目標群體。在這些背景下，汪道昆對自己在家鄉的定位非常清楚，即立於「負俗」與「從俗」之間，不願「絕俗」。其《問俗》篇云：

> 從子濛問俗。泰茅氏（筆者注：汪道昆）曰：「太上化俗，其次易俗，其次從俗，其次負俗，其次絕俗，其下狥俗。……俗方競聲利而鬥其捷，吾將柴立其中。俗方矜毀譽以求全，吾將方內而圓外。故負俗非激也，不可其所不可，不然其所不然，激者不得不激。從俗非隨也，可無害其爲可，然無害其爲然，隨者不得不隨。吾其處於二者之間，右從俗而左負俗。」〔註16〕

〔註15〕屠隆，《棲館集》卷17《答汪伯玉司馬》，明萬曆十八年（1590）刻本。
〔註16〕汪道昆，《太函集》卷85《問俗》。

汪道昆自嘉靖四十五年（1566）至隆慶四年（1570）及萬曆三年（1575）以後直至萬曆二十一年（1593）去世，兩次居鄉約計二十二年。特別是經過隆慶、萬曆間波譎雲詭的官場，於萬曆三年罷官之後，汪道昆基本上在家做一名鄉紳、名士，推動古文運動。儘管他仍有復起的渴望，甚至寫了「聖主若論封禪事，老臣才力勝相如」的求進詩句，但始終未能如願。汪道昆在家居期間，積極展開文教活動：先後在歙縣倡導和組織豐干、白榆、穎上、肇林等詩社，吸引當地年輕人（其中一部分是商人）參與詩歌創作、陶冶性情（詳見詩賈一節的討論）；同時傾力爲大批徽州商人及商人家庭出生的士人撰寫碑傳、並引介給交好的文人圈子中。

三、嘉萬之際徽州風氣的轉變

　　汪道昆長期在家鄉的文化活動，對徽州一地產生巨大的社會影響。與汪道昆唱和的文壇領袖王世貞，則把道昆於嘉靖、隆慶之際開展的古文運動，視爲徽州風俗變化的主要原因：

　　　　歲一甲子而爲嘉隆之際，汪司馬伯玉氏始一大倡之，其格非西京而上毋程，其語非先秦而上毋述，左橐鞬、右鞭弨，以長驅乎中原。於是徽之俗盡紲其錐刀以從事楮墨，彬彬洋洋，幾與昔之稷下、西湖並雅，蓋自有汪司馬氏，而程先生（注：程敏政）之名幾晦。〔註17〕

王世貞的說法自然有誇張之嫌，筆者無意要把徽州地方風氣的轉變，完全歸功於汪道昆的文化活動。但毫無疑問，汪道昆等人的文化活動是非常關鍵的一環。徽州風氣的顯著變化確實被士人觀察到了。萬曆二十五年（1597），湖北公安詩人袁宏道在途經徽州歙縣時說：

　　　　余謂孫吳時，每以置流人，謂其地磽确荒瘦，彼時山川固已如此。夫今之匝地而商者，誰非徽也？水行舟楫，陸行車挽，捲江海而注之徽，而其俗又皆纖嗇力作，雖山不折江不縈，遯寧不富也？徽人近益斌斌，算緡料籌者競習爲詩歌，不能者亦喜蓄圖書及諸玩好，書苑畫家，多有可觀。獨矜習未除，樂道訟而愧言窮，是爲余結耳〔註18〕。

〔註17〕　王世貞，《弇州續稿》卷47《鄭狷庵先生集序》，見景印文淵閣四庫全書第1282冊，臺灣商務印書館，第619～620頁。

〔註18〕　袁宏道著，錢伯城箋校，《袁宏道集箋校》，上海：上海古籍出版社，1981年，第460～461頁。

同時也帶來了一些負面的風氣。正如鄒迪光在《榆村程居士傳》所指出的：

> 外史氏曰：今徽之爲俗，蓋大異曩昔矣。本嗇也，而強爲奢。
> 本賈也，而強名讀書。然所謂奢者，非眞豪俠慷慨、揮千金不問也。
> 造邦君、守相之密室，用裹踶、佐純繡、通慇懃焉，而謂之奢矣。
> 所謂讀書者，以黃金白璧延集文士，烹羊炰羔，置上坐而拜之，曰：
> 某弟子不敏，敬侍門墙，因以誇於人曰：某者吾師，某者吾師也。
> 此之爲讀，而眞能讀乎？〔註19〕

明代著名學者謝肇淛也總結說，「新安人近雅而稍輕薄，江右人近俗而多意氣。」〔註20〕句中的「近雅」與「稍輕薄」，正揭示了嘉靖、萬曆間徽人風氣轉變的複雜而微妙的過程。

第三節　耿定向心學理念下的「儒賈」

無獨有偶，湖北黃安人耿定向（1524～1597）以《儒賈傳》爲篇名，爲曾客居黃安的歙縣商人程豪、程表商人兄弟合寫了一篇廣爲流傳的傳記。

> 儒賈名豪，字子德，徽之歙人也，姓程氏。父曰稷，始入楚，止麻城岐亭賈焉。……岐旁村有郭今者，嘗遊王文成門談良知學。子德悅而師之，爲巍冠褒衣，趨繩視準。……歲侵，嘗糜以哺閭閻之餓，而又檟以瘞道路之莩，出母錢貸，人貧不能償，輒焚其券。由是子德高誼，嘖嘖滿黃人口矣。麻城令金勿有治聲，聞而賢之，榜書「賈中儒味」，旌其門。子德曰：「命之矣」。適冢子生，遂以錫名，里人因咸稱子德爲『儒賈』云。……優游鄉里，年八十三而卒。……子德子孫俱大學生，子曰國儒，早卒，孫應衢，羙秀而文，不言家產事，與名彥交遊，爲古文辭，則又壹乎儒者。
>
> （《儒賈傳》全文見附錄三，此處不贅引）〔註21〕

一、考證《儒賈傳》的史實及成文的時間區間

下面先考證《儒賈傳》的史實，並推測其成文的時間。《儒賈傳》所記錄

〔註19〕鄒迪光，《始青閣稿》卷17《榆村程居士傳》，明天啓刻本。
〔註20〕謝肇淛，《五雜組》卷4，明萬曆四十四年（1616）潘膺祉如韋館刻本。
〔註21〕耿定向，《耿天台先生文集》卷16傳《儒賈傳》，明萬曆二十六年（1598）劉元卿刻本。

的「儒賈」程豪與程表二人，曾被記錄於其經商所在地的縣志中。（乾隆）《黃岡縣志》卷十一「流寓」載：

> 程豪，字子德，蘇州人，習儒術，商於邑，歲饑，有積粟，豪糜所積以給饑人，邑令旌之。兄表，字子儀，亦有文行，督學高世泰爲立《兩儒賈傳》。〔註22〕

縣志所載程豪、程表的名、字以及縣令旌表之事都與耿定向寫的《儒賈傳》相合，當爲同樣兩兄弟。不過，縣志所載與耿定向寫的傳記也有兩處不合。第一處是籍貫不同，一爲蘇州人、一爲歙縣人。據傳記載，程豪早年在「麻城（屬湖北黃安）岐亭賈焉」，又轉至「□□（黃）岡團風，脩其業而息之，幾萬」，晚年「乃委監奴受塩策眞州（現江蘇儀徵一帶），而間歸歙」。縣志記載程豪爲「蘇州人」，或因其最後經商地而訛誤。第二處是立傳作者與傳名不同，一爲督學高世泰寫的《兩儒賈傳》，一爲耿定向寫的《儒賈傳》。查高世泰乃崇禎十年進士，與傳主程豪去世時隔太久，似乎再爲此兩儒賈作傳的可能性不大，或可存疑。耿定向與程豪、程表相交多年，所寫傳記當更爲可信。

耿定向《儒賈傳》並未交代該文的具體撰寫時間，我們只好從該文字中透露的時間信息作粗略估計（以後應搜檢歙縣的程氏族譜、宗譜以進一步確定程豪等人的具體生卒年）。

傳記的作者耿定向卒於萬曆二十五年（1597），《耿天台先生文集》則刻於 1598 年。若無僞造的情況下，這篇傳記的初稿當寫於 1597 年之前。我們先假設《儒賈傳》撰寫時間比汪道昆撰寫「寧爲儒賈，毋爲賈儒」的時間更早，也就是假設萬曆三年（1575）之前耿定向就已經撰寫了《儒賈傳》，然後再反證這種可能性很小。

在傳記中有三個有價值的時間坐標。第一個時間坐標是，麻城令金勿給程豪題「賈中儒味」匾時，程豪的長子（即冢子國儒）剛出生；第二個時間坐標是，程豪「年八十三而卒」；第三個坐標是，長子國儒早卒，「孫應衢，羙秀而文，不言家產事，與名彥交遊，爲古文辭，則又壹乎儒者」，可見應衢已經成人。查張朝瑞《皇明貢舉考》（明萬曆刻本）卷七：金勿是「四川富順縣人」，「嘉靖二十六年（丁未科）第三甲進士」。即便金勿是在殿試後就很快直接獲任麻城縣令（三甲進士獲小縣縣令亦屬常例），哪麼從嘉靖二十六年

〔註22〕 《（乾隆）黃岡縣志》卷 11「留寓」，見《中國地方志集成》本《湖北府縣志輯》16。

（1547）到萬曆三年（1575）才不到 28 年。這個時間長度，顯然不足以涵蓋程豪的長子出生、到其孫子長大成人的整個時間段；同時也不足以涵蓋程豪從一個剛生長子的青壯年到八十三歲老翁的時間段。因此，可以合理地推測，程豪死亡的時間在萬曆三年以後。

這也就證明《儒賈傳》的成文時間很可能要比汪道昆創造「儒賈」這個詞要晚。當然由於《耿天台先生文集》的成書時間是在萬曆二十六年（1598）之前，那麼《儒賈傳》的成文時間也就在萬曆三年以後至萬曆二十六年這段時間。所以，耿天台先生不是「儒賈」這個詞的第一創作者的可能性很大。

二、探查文章的問題意識

其次探查這篇文章的問題意識。這篇文章引導人們思考著這樣的問題：到底是叫賣智術、釣取奇貨的職業讀書人可以稱得上儒者，還是扶義樂善、仁心爲質的商人可稱得上儒者？

> 世以儒命者：衒智釣奇，有市心焉，儒而賈也；扶義樂善，仁心爲質，儒之行也。賈而有是，不亦儒乎？俗眸膚剽，賈儒眛觀，余慨焉，作《儒賈傳》。

這個問題意識伴隨著陽明學知行合一學說的普及，帶有強烈政治批評的色彩。它通過「正名」的方式讓人反省：儒家官員並不天然就有道德上的優越感，反而遵循仁義的商人更可能像儒者。這種回歸道德的訴求，隱隱地繼承了陽明在《答顧東橋書》對儒者被專業、職業所異化的憂慮。

傳主程豪早年是小商人，其父「挾貲僅數十鋟」。程豪的整個商業發跡過程，是從湖北舉水河上游的麻城岐亭小市開始慢慢發家，期間從郭今（此人事跡不詳，未知與師從陽明的黃岡人郭慶有關否？）處，接受了陽明心學的教導，因爲出色的魅力與領導力團結了一批人而經商富裕。在當地的一次嚴重饑荒中，因爲傾力救濟而被縣令賜匾褒獎，他機靈地利用這個事件，爲剛出生的兒子取名「國儒」，也得到當地士紳民眾的交口稱讚，有了「儒賈」的好名聲。他的生意越來越大，開始把生意做到舉水河下游、靠近長江入口的更繁榮的黃岡團風鎮。隨著他在新的陌生地不斷構建信任社群，他財力也越來越雄厚。到年老時，他的財力已經可以讓他涉足鹽業這個高資本要求、高回報的行業了。最後，他派遣僕人到江蘇眞州去販賣食鹽，偶而也回到徽州整飭宗族，宴飲舊友。

程豪總結自己的商業成功經驗，常常以此訓戒子姓輩說：

> 吾家世受什一不事儒，自吾一染指而士、庶親悅，賈且什倍，
> 由是觀之，儒何負於賈哉？爾曹勉矣。

在他眼中，即便在快速商業化形成的陌生人社會，具有儒家價值的商人能夠使士人與庶民親悅，有利於建立親密的信任社群，而這也將反饋到家族的商業利益上來，做到「賈且什倍」。

《儒賈傳》描述二位商人的種種品行，可以看出耿定向對「儒商」的描述已有一套特徵。歸納一下，傳主程豪的行爲特徵有：1）交易時誠心平價，人樂趨赴；2）親近儒者，向學；3）災年糜哺、振餓，熱心慈善事業；4）貸人焚劵；5）得縣令褒獎；6）好儒益甚；7）年老歸家後，重視宗族祭祀、幫助居族中之貧者；8）大啓粉榆社，與鄉黨歡宴；9）折獄調解糾紛；10）建義倉、義塾，繕梁、除道等公益事業；11）教訓子孫向儒；12）與縉紳先生同列、與名彥交遊。而程豪的兄長程表則是另外一個形象，他雖然沒有多少文化知識，但是卻體現了高超的倫理智慧。「篤衷質行，人稱長者」：1）析分家產時退讓少取，照顧兩位弟弟的需求；2）教育故人蕩子保全家產；3）重視家族、不以族大爲累；4）資助學子應試；5）周急不繼富，熱心慈善；6）教育子孫習儒。雖然與程豪相比，程表在文化能力、參與社會交往、承擔社會責任的程度要低些，但被稱爲一個「篤」字。

實際上，這個程姓商人家族的主要男性成員，充分展現了這個家族儒商形態的多樣性與開放性的特徵。其中既有踐行陽明心學、以義取利而獲得經濟成功的儒賈程豪；又有具有高超倫理智慧、卻沒有學問的敦厚儒賈程表；也有謙恭謹慎、誠實禮讓的商人中的儒者程國用；還有偏愛古文辭、從事文化但不關心家產的儒者程應衢。

三、汪道昆與耿定向對「儒賈」一詞的細微差異

汪道昆在文中勸誡商人「寧爲儒賈，毋爲賈儒」，雖然帶有振興道德的自覺意識，但是他並沒不想立即以「道德」來重新規定「儒」。因此他沒有質疑將「儒理解爲儒業」、「儒與賈只是職業分工不同」這種世俗說法（至少他對此沒有表現出敏感性）。他說，

> 新都業賈者什七八，族爲賈而雋爲儒。……惟儒、賈異業，不
> 相爲謀。儒者詘化居，賈者詘著述，猶寒暑之于裘葛也，水陸之于

舟車也，各爲適主，疇能相通，使仲多材，亦一逢掖耳。〔註23〕
這種說法也是當時人所普遍接受的：

孺人嘆曰：儒不利不失其爲儒，賈不利不成其爲賈。〔註24〕

即儒者治詩書、講仁義，賈者治貨殖、講實利。這樣分別，就引發了一個名
與實、賈與儒對立的問題。也就是說，儒者（士大夫）中可能出現了以儒爲
名、行賈之實的人；賈者中亦可能出現了以賈爲名、行儒之實的人。汪道昆
凝聚「儒賈」一詞，就是貶抑前者，褒獎後者，以實現「循名以責實」的教
化目的。然而，也正因爲他沒有清理「儒業」這一世俗說法，使得部分所謂
「儒賈」最後異化爲熱心政治權力的商人，以致被後人斥爲官商勾結。在家
族內部分工問題上，康熙間人雷士俊說：

公之子克家，奈何家無賈，無以澹貨財，則貧，而家病；無儒，
無以敦詩書，則鄙，而家又病。二者，爲其一則失其一，兼爲之則
不得其一，而二者皆喪。……一儒一賈，如左右手。用告後人，此
道可久。〔註25〕

但是，耿定向則有微妙的不同。他明確用仁義道德爲「儒」正名：即，
有仁義道德的商人就是儒者，而從事舉業（當時稱作儒業）的士子則不一定
是儒者。儒與賈兩個概念並不是在職業上進行界定的，而是在道德上進行界
定的。耿定向並不願意將儒之名用在那些像奸商一樣自私自利的士人身上。
其思想中顯然帶有陽明「知行合一」學說的因素。

兩人的態度差異，最終讓「儒賈」的文化意象走向了兩條不同的道路。
汪道昆自詡在從俗與負俗間尋找平衡點，力圖做到「方內而圓外」，其爲文隱
晦曲折，不深思則不知其褒貶，故其爲世人誤解很深。他宗法李夢陽、王應
麟等人，雜糅諸家，以詩書、儒業勸誘富家子弟，培養人的情感能力，所凝
聚的儒賈意象也多偏於詩書，或可謂之「文商」〔註26〕，然其失在於道德漸

〔註23〕汪道昆，《太函集》卷十七《皇成篇》。
〔註24〕丁紹軾，《丁文遠集》卷十二《封孺人倪母胡氏行狀》，明天啓刻本。
〔註25〕雷士俊，《艾陵詩文鈔》卷十二《李全初墓誌銘》，清康熙莘樂草堂刻本。
〔註26〕汪道昆所建構的「儒賈」概念實際上影響很大，也一直延續到今天。例如，
鄧小平92年南巡講話之後，大批知識分子從政府、國企、事業單位下海經商。
中國社科院語言文字應用研究所將「儒商」作爲1992年出現的漢語新詞語選
登出來，認爲儒商就是「書生經商」，並引用《解放日報》92年8月27日的
話：「在一次座談會上，聽說了一個新名詞『儒商』——眞是90年代的絕妙
好詞！自古以來，文人出仕、歸隱、從戎，都有許多讚譽之詞。唯獨書生經

晦，終不能糾正「文勝質」之弊。耿定向則以陽明心學爲宗，其文章直指胸臆，颯爽乾淨，故多粗淺常語。他所凝聚的儒賈意象則偏重道德，安定內心，然終不免陷入於佛、儒半信不信間，弛耗心力於三關四證之中。

第四節 「儒賈」話語成爲萬曆年間的流行語

從汪道昆試探性地倡導商人作出「與其爲賈儒，寧爲儒賈」的認同選擇，到耿定向大張旗鼓地讚揚「儒賈」、貶抑某些自私自利的士人，重新爲「儒」正名。「儒賈」終於作爲一個概念在士人共同體內被眞正凝聚出來了。

一、「儒賈」作爲流行語

張鼐《壽汪雨翁太年伯八十序》云：「翁少習儒，已爲儒賈」〔註27〕。
邢大道詩曰：

> 農者業不貧，賈者名亦起。脫迹農賈間，英英范氏子。儒賈賦賣金，書田筆爲禾。〔註28〕

無錫人鄒迪光（1550～1626）也在商人的傳記中使用了「儒賈」一詞：

> （休寧榆村商人程鳳輦）居士執書握筭，以賈始，以儒終，嗇以明志，而奢不爲邪。……夫天下事盡如賈耳，賈有一倍利，有十倍利，族賈之利一，而儒賈之利十。……吾聞居士有子七，而邃脩居次，余未交其六，而交邃脩。是翩翩俊髦多藻思者。利在邃脩矣！
> 利在邃脩矣！〔註29〕

在這則材料中，「儒賈」的比較對象已從「賈儒」，轉移到「族賈」。鄒迪光甚至說「族賈之利一，而儒賈之利十」，這看上去是文人的誇張言辭，但是

商，被人不齒。今天，文化人的思想解放了。……文化人不再輕商，而是滲入商界並開始從商。同時，許多商人爲提高經商的素質，爲充實自己的精神，也以各種形式滲入文化界。時代造就了一個嶄新的漢語詞彙——儒商。」這則史料一方面揭示了當時社會並沒有意識到「儒商」是一個很早就出現的豐富傳統，反而認爲是當代人造就的新詞彙，不過這恰恰反映了中國儒商傳統的頑強生命力。

〔註27〕 張鼐，《寶日堂初集》卷 10《壽汪雨翁太年伯八十序》，明崇禎二年刻本。
〔註28〕 邢大道，《白雲巢集》卷 1《師南里周眺村原讀聰聖志贈耀昆》，明萬曆四十五年（1617）刻補修本。
〔註29〕 鄒迪光，《始青閣稿》卷 17《榆村程居士傳》，明天啓刻本。

深究就可以發現，鄒迪光所言及的「利」並不單指商業利潤，還包括培育出傑出人才之利。這實際上是在引導商人思考家族的持續繁榮、繼承人培養的問題。

除了以上材料直接使用「儒賈」外，還有不少材料使用了「以儒賈」的說法。此類說法中「儒」與「賈」的涵義經常變化，需聯繫上下文予以理解，不可一概而論。例如，新安吳母田氏子「以儒賈，不以賈賈，所至名蔚起」〔註30〕，即指以儒者的方式經商，而不用商人的方式經商；焦竑（1541～1620）爲范濂作傳銘：「世以儒賈，君以賈儒」〔註31〕，即世人在當官中求利，范濂則在商業中成就儒者；趙志皋撰《張公一桂（1540～1592）墓誌銘》云：一桂「請業儒，不成，去而賈未晚」，很快就「舉於鄉」，其父「乃益大喜，謂兒能以儒賈」〔註32〕，即能在儒業上有收穫。

「儒商」一詞也於清康熙間杜濬的文字中出現。歙商汪學易（1607～1666）往返湖湘間，「以道義行其才智，雖與物無苟而奇贏自倍，所謂人助其順也」；又條陳鹽政利弊，被醵使者「韙其言有儒商之目焉」；汪學易教訓子弟重視根本，認爲「人薄於根本，即爲他善，皆僞也」，「人茀於經術，即讀他書，皆贅也」〔註33〕，其思想根本已不是陽明學或詩文，而回歸到經學傳統，自然反映了「儒商」的實際思想在發生改變。

與此同時，類似「賈而儒」、「賈而儒服」、「賈而儒行」說法亦大量存在。例如，「世有儒而賈，公乃賈而儒。」〔註34〕許志聞（字宏甫）「賑飢令下，自出資輸粟平眾嘩，豈惟賈而儒，蓋儒而行義矣。」〔註35〕劉相，「賈而儒行，不喜爲機利事，有隱君子之風。」〔註36〕顏次公，「儒而賈心，則潛也；賈而儒服，則蛻也。」〔註37〕陸君相，「殆賈而儒者矣」〔註38〕「李一庵，儒而賈，

〔註30〕鄒迪光，《始青閣稿》卷17《全節吳母田孺人傳》。
〔註31〕焦竑，《焦氏淡園集》卷30《范長君本禹墓誌銘》，明萬曆三十四年刻本。
〔註32〕湯賓尹，《睡庵稿》，《詩集》卷5《贈李一庵》，明萬曆刻本。
〔註33〕杜濬，《變雅堂文集》·《時甫汪公家傳》，清康熙刻本。
〔註34〕黃鳳翔，《田亭草》卷15《鄉賓一溪楊公暨配薛氏墓誌銘》，明萬曆四十年刻本。
〔註35〕陳仁錫，《無夢園遺集》卷6《許少耕徵君暨姜孺人傳》，明崇禎八年刻本。
〔註36〕馮琦，《宗伯集》卷23《中憲大夫江西按察司副使劉公暨邢安人合葬墓誌銘》，明萬曆刻本。
〔註37〕黃居中，《千頃齋初集》卷22文部《明安平處士顏次公配柯氏合葬墓誌銘》，明刻本。
〔註38〕李樂，《見聞雜紀》卷3，明萬曆刻清補修本。

賈而儒。」〔註39〕「若卓君（卓瀓甫）非所謂賈而儒者耶？」〔註40〕「（蔣次公墓誌）銘曰：汝賈而儒，其子孫必以儒起家，汝其即安於黃山之壚。」〔註41〕「處士之父曰逸山君某，賈而儒，以貲傾里中。」〔註42〕李處士「何以稱儒而賈也？曰：李翁故兵家子，少讀書，能屬文，以生竇不克共二尊人養，故奪而賈之也。又何以稱賈而儒也？曰：李翁故操持什一，善心計，然不寢然，諾而亦有天幸恒右之。初年賈雄於里，既而雄邑，至雄郡，然被服造次必以禮，靡俠遊少年之好，所至輒傾其賢豪長者，故羣而歸之儒也。」〔註43〕「初六日夜雨達旦，夫仍不得。既午，遇金重甫者，麻城人也，賈而儒，索觀余諸公手卷，為余遍覓夫，竟無至者。」〔註44〕「世賈而儒，彷彿乎？子荊之徒，以儒而俠，依稀乎？」〔註45〕

二、徽商所好之「儒」是什麼？

余英時先生辨析了「儒學」的兩個層次，並指出：

> 第一個層次的「儒學」指商人的一般知識和文化的修養，包括經、史、子、集各方面。由於這種修養必須通過儒家的教育才能取得，因此凡是受過教育的商人都可以說是具有「儒」的背景。但是我們必須記住，這是一種廣義的、知識性的「儒」。如前引陸樹聲所用的「儒意」便屬此類。這種「儒」在道德上是中立的。第二個層次則是儒家的道德規範對於商人的實踐行為所發生的直接或間接的影響。這是有關商業倫理的來源問題。不過嚴格地說，這個問題也不簡單，因為其中涉及個別商人的教育程度有高下之別。文化水準高的商人如卓禺，可以直接從王陽明的良知之教中汲取道德的啟示，但是粗識文字的商人也許便要依賴通俗化的儒家倫理了。並且無論是高層文化或通俗文化中的儒家思想都已混合了釋、道以及其

〔註39〕湯賓尹，《睡庵稿》詩集卷5。
〔註40〕王世懋，《王奉常集》卷16文部《見齋卓君傳》，明萬曆刻本。
〔註41〕王世貞，《弇州山人四部續稿》卷94文部《清溪蔣次公墓誌銘》清文淵閣四庫全書本。
〔註42〕王世貞，《弇州山人四部續稿》卷110文部《鶴洲黃處士配王孺人墓誌銘》。
〔註43〕王世貞，《弇州山人四部續稿》卷151文部《李處士像贊有序》，清文淵閣四庫全書本。
〔註44〕徐弘祖，《徐霞客遊記》第4冊下，清嘉慶十三年葉廷甲增校本。
〔註45〕張鳳翼，《處實堂集》後集卷5《孫五仲贊》，明萬曆刻本。

　　它的成份，不但如此，中國的兩層文化又無法清楚地劃分界限。這
　　些問題都給研究工作帶來了不易克服的困難。

情況可能比余先生描述的還要複雜。現代徽學研究者張海鵬、唐力行（1984）
從明清文集和宗譜中的墓誌銘、家傳、行狀、壽序、詩序等史料中提煉出，「賈
而好儒」是徽商特色。從張海鵬、王廷元於 1985 年編輯的《明清徽商資料選
編》第七章第一節「賈而好儒」所選的史料來看，大量描述徽商好儒的用語
出現了：「好儒業」、「喜儒業」、「重儒術」、「好儒術」、「以儒術飭賈事」、「儒
冠而賈」、「賈而儒行」、「以儒服事賈」、「以儒兼賈」、「商而儒」、「賈服而儒
行」、「賈而儒」、「以儒賈」、「恂恂如儒生」、「以儒服賈」、「雖不服儒服、冠
儒冠，翩翩有士君子之風焉」、「有儒者風」、「有儒風」、「循循雅飭若儒生」、
「惜惜好儒」、「招延名儒，爲諸弟師資」、「攝賈而儒」等。

　　明清徽商的「好儒」可粗略地分爲「好儒業」與「以儒術飭賈事」兩個
大類。「好儒業」是指商人自己或其子弟熱衷「儒業」，重視科舉入仕。「以儒
術飭賈事」是指商人運用儒術進行商業活動。

　　首先談明清徽商重視「儒業」的問題。王振忠曾徵引《復初集》中多個
徽商「尤好儒業」的例子，現部分引如下〔註 46〕：《復初集》（北京圖書館藏
明萬曆刻本）卷 30《黃處士狀》：徽商黃節「尤喜儒業，即在江湖，卷帙不釋
手。督過二子經術，日夕較課盈縮，不吝多金，招致名師躬化之。」（頁 177
～178）凌佩「尤好儒業，建書堂，延名士，日夕督過諸子姪業，諸子咸籍名
博士，復上辟雍博士。……長公卒未幾，是爲萬曆壬午（1582），姪子任君遂
與計偕，賜對公車有日矣，皆長公先後之也。長公爲人愷悌慈仁，遇諸姪逾
己子，惟佐之嗜學，無令服賈，食飲衣服師贄，皆倚辦長公，而諸弟若靡聞
知，其誠篤類如此。」（《復初集》卷 33《凌長公傳》，頁 213～214）「余從兄
鐩公博詢明師，督過子姪，余推穀季君，季君館穀從兄所三十餘載矣，老白
首孫卒不忍釋。」（《復初集》卷 33《星源程季君傳》，頁 215）方信「居家肅
然，督過諸子姪儒業，子孫皆師有行，化公之屬也。」（《復初集》卷 28《從
叔祖壽官信公狀》，頁 145）歙縣龍彎人葉豫「即終其身，粟帛不盈饒，日催
困尼不愉快，猶然喜督過子儒業。賈泖水，令子受經術高士，館穀資斧具竭
力供之，子依知交，戲出邑試輒有名。……即農賈坐凶年，子粒靡收，錢緡

〔註46〕王振忠，《徽州社會文化史探微》，上海：上海社會科學出版社，2002 年，第
　　　77 頁腳注 6。

臭厥載，公應館穀如常時，無暴窘，不以其故懈子業。……」（《復初集》卷29《葉處士狀》，頁161～162）

明末婺源人王尙儒「年十五即毅然束書擔囊，請從事於治生，父笑而許之。乃變儒服賈，遊於荊楚。楚中時多警，同事者每宵例必次第一人危坐司夜，公獨一首甘代同列勞，藉膏油以照讀，其勵志有如是。未數載，而高堂之奉可以列鼎，不但業日隆起，文思煥發，名宿咸爲心折。明義善斷，每當大事，一時軒冕，皆即而受謀。崇重師儒，獎拔寒俊，至今江漢雞窗之士，猶嘖嘖豔稱高誼不衰。當有明圖鼎將移，公僅職授鴻臚序班，不就，賦歸故里。」〔註47〕

其次談明清徽商「賈而儒行」或「以儒術飾賈事」的問題。在這個層次，我們可以看到所謂的「儒術」可能分化爲余英時先生前面指出的「儒家的知識和文化修養」以及「儒家道德與倫理」。例如，有些徽商雖不以科舉爲業，但仍研習詩書；有些徽商則「以儒飾賈」。歙縣人鄭孔曼（1523～1575）「雖遊於賈，然峨冠長劍，褒然儒服，所至挾詩囊，從賓客登臨嘯詠，闓然若忘世慮者。著騷選近體詩若干首，若《弔屈子賦》、《岳陽回雁》、《君山吹臺》諸作皆有古意，稱詩人矣。」〔註48〕歙縣人許文林「字毓秀，市隱人也。……先生手一編，坐而賈焉，自稱竹石先生。生平孝友，儒雅喜吟，數以佳辰結客觴詠竟日夕，其志不在賈也。配孺人畢氏絕賢，生子璿，又嘗脫簪珥爲先生置妾，生琬，孺人視琬與璿等（稱難夫婦矣）。璿世父業爲廉賈，以信義行市中，不出闤闠，而遠近歸之如流，家益大起。璿念其父母有隱德，世鮮知者，爲集先生詩刻之，既稍稍有聞矣。」〔註49〕成化、嘉靖間休寧人汪遠「公賈而儒行者也，其裕父之志，啓諸子以儒，精勤心思在焉。又讓所豐於昆季，而自居其瘠者，諸細行不悉數。儒者所謂躬行率先宜乎。」〔註50〕弘治、嘉靖間歙縣竦塘里人黃瑢芳「字仲樞，姓黃氏，別號忍齋。……公父彥政公，方直高亮，貞厲儀檢，遇事侃侃，見義不撓。……公生沉靜誠愨，孝友恭讓。弱不喜狎，嶷有巨志。少讀朱子小學，至溫公訓劉無城以誠；讀《尚書》至

〔註47〕婺源，《武口王氏統宗世譜》第20冊《申公傳》，引自張海鵬、王廷元，《明清徽商資料選編》，合肥：安徽人民出版社，1985年，第458～459頁。

〔註48〕歙縣，《雙橋鄭氏墓地圖志》《明故徠松鄭處士墓誌銘》，引自《明清徽商資料選編》，第443頁。

〔註49〕《許文穆公集》卷7《竹石先生像祠記》，又見乾隆，《重修古歙東門許氏宗譜》卷10，引自《明清徽商資料選編》，第448頁。

〔註50〕《汪氏統宗譜》卷168，引自《明清徽商資料選編》，第439頁。

『有忍乃濟』，即有穎悟，謂誠與忍乃二字符也，當佩之終身。平生自無妄話，
與人交悃喪忠信。商遊清源，清源齊魯之墟，猶有周公遺風，俗好儒備禮。
然其俗又寬緩闊達，而足智好議論，公一以誠御之。故足智好議論者服其誠，
而好儒備禮者亦欽其德。若公者，商名儒行，非耶？」〔註51〕成化、嘉靖間
歙縣竦塘里人黃崇德（1469～1537）「字用仁，號金竺山人，姓黃氏。……若
公者，非但廉賈，其實商名儒行哉！」〔註52〕歙縣豐南人「吳隱君珽，業治
猗頓，商名儒行，體周人中田有廬之義，築燕亭閒館焉。……君以忠信之行，
飭其躬以干蠱之材弘其業。」〔註53〕

　　最後，無論是「儒業」還是「賈事」，均要求徽商掌握「儒術」。要理解明
代人對「儒術」的看法，還得從文人對「儒術」一詞的使用來看。通過檢索《明
清徽商資料選編》，我們發現了 10 個「儒術」的例子。1）嘉靖、萬曆間歙縣
人汪道昆自述「由吾曾大父而上歷十有五世，率務孝悌力田，吾大父、先伯大
父始用賈起家，至十弟始累鉅萬。諸弟子業儒術者則自吾始。」〔註54〕2）歙
縣人潘汀州，其「父處士命伯以儒，仲以賈。仲無祿早世，公不釋業，代賈眞
州。……公有子，能受賈，公始歸儒。比年雖託於賈人，而儒術益治。諸學士
過眞州者輒屏刀布相與挾策論文。」〔註55〕3）歙縣人許海（1502～1561）「即
商遊乃心好儒術，隆師課子，冀功見當世。」〔註56〕4）歙縣溪南人江終慕「察
叔季才，程督二子就學：『吾先世夷編戶久矣，非儒術無以亢吾宗，孺子勉之，
毋效賈豎子爲也。』」〔註57〕5）歙縣長沙裏人江珮（？～1560）「公本爲儒，
去而從賈，非其志也。顧時時誦史漢諸書及唐人詩，興到援筆立就。所過名勝，
輒眺詠移日。尤專意程督諸子修儒術，延師課業，不遺餘力。」〔註58〕6）歙
縣竦塘人黃玄賜「豐頤廣額，神清俊邁，志氣高亮，博覽多通，詞藻悄麗。然

〔註51〕歙縣，《竦塘黃氏宗譜》卷 6《黃公璣芳傳》，引自《明清徽商資料選編》，第
　　　　441 頁。
〔註52〕歙縣，《竦塘黃氏宗譜》卷 5《明故金竺黃公崇德公行狀》，引自《明清徽商資
　　　　料選編》，第 74～75 頁。
〔註53〕《豐南志》第 6 冊《吳母胡壽序》，引自《明清徽商資料選編》，第 365 頁。
〔註54〕《太函集》卷 17《壽十弟及耆序》，引自《明清徽商資料選編》，第 119 頁。
〔註55〕《太函集》卷 34《潘汀州傳》，引自《明清徽商資料選編》，第 457 頁。
〔註56〕《許文穆公集》卷 13《良源公行狀》，引自《明清徽商資料選編》，第 90 頁。
〔註57〕歙縣，《溪南江氏族譜・明贈承德郎南京兵部車駕署員外郎事主事江公暨安人
　　　　鄭氏合葬墓碑》，引自《明清徽商資料選編》，第 134 頁。
〔註58〕《溪南江氏族譜・撰述・故處士沙南江公墓誌銘》，引自《明清徽商資料選編》，
　　　　第 218 頁。

伏膺儒術，克愼言動。……公臨財廉、取與義，齊魯之人評公：『非惟良賈，且爲良士焉』。」〔註59〕7）歙縣豐南人淩仲禮「生平不事詩書，每喜敦崇儒術，賓禮師友。」〔註60〕8）歙縣豐南鹽商吳汝鍾「然喜敦詩書，好儒術」〔註61〕。9）歙縣竦塘里人黃文茂「字廷秀，歙竦塘里人。……父道玄公，韜奇韞玉，爲鄉善人。母吳氏。公性行淑均，孝友謙讓，雅好儒術，博覽多通。善於治生，商遊清源，清源北鄰燕趙，西接三晉，爲都會地，亦多大賈。大賈人爭務奢侈，公折節爲儉，任人擇時，以此起富。」〔註62〕10）歙縣孝行里潭渡人黃長壽「字延址，別號望雲。……少業儒，以獨子當戶，父老，去之賈。以儒術飭賈事，遠近慕悅，不數年貲大起。駐維揚理鹽策，積貯益浩博。不效嗇夫，徒爲自封已也。人有緩急赴之皇皇如不及，凡伐於饑者、寒者、疾者、歿者、貧未婚者、孤未字者率倚辦翁，翁輒酬之如其願乃止。」〔註63〕

很明顯，以上「儒術」的句子大多直接與儒業有關。另外，第十例「以儒術飭賈事」一語中的「儒術」，被李琳琦解釋爲關於「治人」、「治事」、「治國」的道理或知識，並非指「儒家的道德」〔註64〕。這種解釋顯然是不全面的。在受到當時知行合一的思想影響，知識與道德並不是截然分開的。「儒術」並不單指治人、治事、治國的道理或知識，還指儒家的道德。那麼，商人所用的儒術到底是什麼呢？方承訓《復初集》卷二五《楊老人草亭記》說得很清楚：

> 老人坐蓄江南百貨，凡北賈者，皆爭趨老人所，以故老人無一日□賓，亭無一日無盛筵。老人得賓而富愈益盈，亭得老人而名愈益彰於南北。……老人義以取利，仁以集賈，禮以接賓，智以知足，日與賓客飲醉草亭，享其遐年，斯善用奇矣！〔註65〕

〔註59〕 歙縣，《竦塘黃氏宗譜》卷 5《黃公玄賜傳》，引自《明清徽商資料選編》，第274 頁。

〔註60〕 《沙溪集略》卷 4《文行》，引自《明清徽商資料選編》，第 394 頁。

〔註61〕 《豐南志》第 5 冊《明處士先兄汝鍾吳公暨配孺人鮑氏狀》，引自《明清徽商資料選編》，第 443 頁。

〔註62〕 歙縣，《竦塘黃氏宗譜》卷 5《黃公文茂傳》，引自《明清徽商資料選編》，第87 頁。

〔註63〕 歙縣，《潭渡黃氏族譜》卷 9《望雲翁傳》，引自《明清徽商資料選編》，第 449頁。

〔註64〕 李琳琦，《「儒術」與「賈事」的會通──「儒術」對徽商商業發展的工具性作用剖析》，《學術月刊》，2001 年第 6 期，第 76～80 頁。

〔註65〕 方承訓，《復初集》卷二五《楊老人草亭記》，見四庫全書存目叢書・集部 187～188 冊，濟南：齊魯書社，1997 年版。

可見，「義以取利，仁以集賈，禮以接賓，智以知足」成爲部份商人眼中的儒術。這些儒家的基本價值對商業活動是有直接利益的。

綜上所述，文本中明代徽商的「好儒」表現有兩義：一爲「好儒業」，重視家族自己或子弟入仕或者捐納官銜；一爲以儒術飭賈事，將（改造的）儒學價值觀和方法論應用與商業實踐之中。

三、質疑的聲音：「儒賈」，一個虛構？

明中葉至清末文獻中大量出現商人「棄儒服賈」〔註66〕、「棄儒就賈」〔註67〕、「棄儒就商」，甚至「儒賈」的說法，它們是當時商人墓誌銘、壽序、詩序、族譜中的流行用語。但是，模式化的故事、相似的情節，異口同聲的讚揚充斥其中。

據此，歷史學者葛劍雄就認爲，明清徽商中「儒商」的記載往往是成功徽商的自我標榜或由他們授意製造出來的神話，而不是歷史實錄〔註68〕。誠然，商人「好儒」的史料大多出自地方志、族譜以及明清文集中的墓誌銘、表、傳、壽序、詩序，其眞實性是要大打折扣的。就方志而言，其體例與史不同，「史兼書善惡，志專紀善不錄惡，體雖不同，其爲勸懲一也」（見《（康熙）徽州府志》「凡例」）；而私修的族譜更是專意褒揚，隱匿惡行，傾向性更加嚴重，有的族譜甚至直接抄襲名譜，改易姓氏，眞僞難辨；明人文集的眞實性受到作者治學態度影響甚大，價值不一。

事實上，在歷史上針對「諛墓」和「諛富」的質疑聲不絕入耳。積極爲商人揚名的名士如王世貞、汪道昆、李維楨都受到極大的挑戰。例如，吳興人茅元儀（1594～1640）批評說：

> 文人諛墓而輕，自弇州（王世貞）始，而濫觴於雲杜（李維楨），
> 若新都（汪道昆），固賈人，不足論也。〔註69〕

即使王世貞自己也坦言：

〔註66〕《程氏人物志》引自《明清徽商資料選編》，第 459 頁；康熙，《休寧縣志》卷 6《人物‧宦業》，引自《明清徽商資料選編》，第 460 頁；歙縣，《濟陽江氏族譜》卷 9《清故處士義齡公傳》，引自《明清徽商資料選編》，第 476 頁。

〔註67〕《沙溪集略》卷 4《文行》，引自《明清徽商資料選編》，第 477 頁。

〔註68〕葛劍雄，《從歷史地理看徽商的興衰》，《安徽史學》，2004 年第 5 期，第 84～86、第 43 頁。

〔註69〕茅元儀，《暇老齋雜記》卷 23，清光緒李文田家鈔本。

> 鳳洲公（王世貞）同詹東圖（詹景鳳）在瓦官寺中。鳳洲公偶
> 云：「新安賈人見蘇州文人如蠅聚一膻。」東圖云：「蘇州文人見新
> 安賈人亦如蠅聚一膻。」鳳洲公笑而不語。〔註70〕

明代後期，文人不珍惜自身名譽，常因友情、利益而傾力爲商人撰寫表、傳、銘。當時有人對此很不滿。公安詩人袁中道說，

> 自新安多素封之家，而文藻亦附焉。黃金贅而白璧酬，以乞哀
> 於世之文人。世之文人，徵其懿美不得，顧指染而穎且爲屈，相與
> 貌之曰：某某能爲義俠處士之行者也。蓋予睹太函（汪道昆）、弇州
> （王世貞）諸集所臚列者，私心厭之。故自予操觚，有類此者輒謝
> 絕，不忍以塵吾籍。今所論著具在，有稱某爲義俠處士者耶？〔註71〕

不過，值得注意的是，袁中道上段批評性文字也是爲了引出所稱譽的歙縣商人吳長公（諱元詢，字允卿，別號栢軒）。足見他並非否認有儒家關懷的商人。

> 自予操觚來無輕稱人爲義俠處士者，而獨吳長公一人，則吳長
> 公之爲人可知。

除了士人「諛墓而輕」外，徽商好聲名、「狗乎其外」的批評也屢見不鮮。萬曆間，陳懿典在《程君汝義墓碣銘》中寫道，

> 余聞新安之俗嗇用而善賈，負氣而好爲名。其嗇也，至無所不
> 縮，而其好之也，至無所不張。此其意皆祖述白圭、計然之故智，
> 用以積纖籠物而已。故雖慕義而動，有不啻古之節俠也者，而皆以
> 爲走名之府事不足爲名，彼且掉臂去之矣，是皆有狗乎其外者也。
> 〔註72〕

王世懋也描述了「慕爲名高」的徽州商人：

> 新安人大都好賈，其大者客名都，縱倡樂，即有慕爲名高者，
> 多遊大人先生間，見謂知遇。〔註73〕

〔註70〕周輝，《二續金陵瑣事》，轉引自范金民《明清地域商人與江南文化》，載李伯重，周生春《江南的城市工業與地方文化 960～1850》，北京：清華大學出版社，2004 年，第 116 頁。

〔註71〕袁中道，《珂雪齋集》前集卷 17《新安吳長公墓表》，萬曆四十六年（1618）刻本。

〔註72〕陳懿典，《陳學士先生初集》卷 4《贈新安黃次公序》，明萬曆四十八年（1620）刻本。

〔註73〕王世懋，《王奉常集》卷 21 文部《程處士墓表》，明萬曆刻本。

　　那麼，如葛劍雄教授那樣，將明代徽州「儒賈」視為出於功利目的而刻意製造的神話，是不是就一定正確呢？

　　筆者認為，倒不必從完全相信的極端走向完全不信的另一極端。這裏面有兩層考慮：

　　第一，如果將「儒賈」視為精神、文化、社會、經濟等層面的綜合現象，那麼就不會因為明末的浮躁文風而否認儒賈在各層面有其客觀存在及後續影響，以及忽視儒商觀念與事實之間微妙的互動；也可避免不自覺地以現代「經濟人」假設帶入歷史史料中進行臆測，喪失對歷史中曾經鮮活的人的意義世界和行動選擇的、全面且同情的理解。

　　第二，不能「見形而不見其化」，功利或為道德之顯化。即便從壽序、墓誌銘、詩序、表傳等文本的創作時間來看，明代徽商「賈而好儒」或「儒商」的記載確實是事後追認的，而不是實時記錄的；適度的求文好名本身就具有積極的道德涵義。雖求言者不自知、不自察，但向道德之心存焉。富商家庭標榜仁義責任，總比公然宣揚自私自利要好。我們固然要對道德影響與經濟勢力結合可能產生的負面後果保持警惕，但不會質疑良好的道德將產生經濟利益。

第五節　商業知識與商業倫理的形成與擴散

　　如果說上面的史料大多停留在文人的筆墨中，那麼萬曆後，大批出版的商人書、商業書、商業的日用類書等等，傳授著商業人士實際應該注意的那些知識與信息，甚至教導商人如何待人接物，以建立一種穩定的、基於商業倫理的交易關係。例如，《一統路程圖記》、《商程一覽》、《天下水陸路程》、《士商類要》、《商賈一覽醒迷》、《三臺萬用正宗》、《鼎鐫十二方家參訂萬事不求人博考全編》、《五刻徽郡釋義經書士民便用通考雜字》等商業書、商人書和日用類書的大量出版，既普及了商業知識，也同時在形成一些基於儒家基本價值的商業規範。

　　下面列舉萬曆間福建商人李晉德編寫的《商賈一覽醒迷》一書的幾條例子，來考察明代客商活動的一般經驗，這些經驗所展現的商人絕對不是現代意義下的西方「經濟人」。例如，在客商與牙儈的交易中：

　　　　好客不欲頻換主，良牙安肯負初心。交久而情愈篤，君子也。

> 朝恩而夕寇讎，小人也。客既有扶持之心，主豈無報傲之意。多有
> 客懷顧望旁求，陋舊主而美新東，昨張家而今李店，歲無定主，遂
> 使效意不堅，欲其豫讓國士之報，難矣哉。〔註74〕

針對有權勢的主家與貧窮之主家，採用的方法亦需不同。

> 有勢主家，宜以心結。無錢牙儈，要在利予。宦家及豪傑經紀，
> 錢入其手，難與角力，須推心置腹，隆施優遇，不可輕口亂言，彼
> 必愈加公道報我。若貧窮窘迫之主，凡事相益扶持，有利於彼，使
> 懷我恩我，事未必無濟也。〔註75〕

他們意識到，在一些特殊情況下，完全依靠正式制度並不一定能保障產權。

> 財入貧手，雖健訟亦難追；貨放非人，縱勢威而莫取。人自恃
> 能訟能言，有威有勢，貨財妄施，人不敢負。至於失手，而欠者極
> 貧無恥，不謂訟之於官，雖陵逼百出，亦無奈何。莫若初授之時，
> 慎擇得人，自無後悔。〔註76〕

客商與牙商存在著信息不對稱，甄別牙商虛實，降低商業風險成爲關鍵。

> 客欲扶主，十有五六。主能體客，百無一二。客攜貨而託牙，
> 眞情實意，少挾不合，決不相投，此其扶持之心，凡客皆然也。第
> 主家自謂客貨應得來投，不體美意，至於靡費其本而不存恤，誠爲
> 可恨。……客親牙，實意眞心。主契賓，虛情假套。賓主之交，但
> 於財上明白，斯可久處之道。若云結契結親客籍，此爲賫本所倚，
> 其意眞矣。而契客，計在招搖，眼目空闊，不在一人，其情爲虛套
> 矣。〔註77〕

獲取牙商的個人信息，是客牙間成功交易的關鍵。

> 財托親友，貨投牙儈，不在論其家計，惟在察其誠信，老實則
> 付之無虞。彼好勝繁華之徒，雖介物至輕，不宜投托。……投牙三
> 相：相物、相屋、相人。入坐試言，言直、言公、言詐。〔註78〕

在客商與雇工、船家的交易中，注意人的品質問題。

〔註74〕楊正泰校注，《天下水陸路程·天下路程圖引·客商一覽醒迷》，太原：山西
　　　　人民出版社，1992年，第286頁。
〔註75〕同上，第285頁。
〔註76〕同上，第285頁。
〔註77〕同上，第284頁。
〔註78〕同上，第271頁。

雇工、奴僕之輩，惟圖口腹，待其酒食譽其好，少有疏慢毀其
過，爲客者多墮此屬之誤。及船家私受經紀之賄，薦引某家甚好，
至於喪本陷財，皆由初授之日。果爾老實主家，只在財上分明，必
不阿事左右路人譽己。行此道者，非良主也。〔註79〕

在行商路途中，要謹慎小心。

逢人不露帛。乘船登岸，宿店野行，所佩財帛，切宜謹密收藏。
應用盤餐，少留在外。若不仔細，露帛被人瞧見，致起歹心，喪命
傾財，殆由於此。〔註80〕

銅鐵忌儲箱簍，重物莫裹包囊。出外收拾行李，若有銅鐵秤錘
一切重鎮之物，不可收入箱簍及裹於包袱。或付夫子船户，挑載裝
艙，疑係財物，遂起歹心，輒行謀故，不可不慎。如有此物，宜顯
露外面，不可收藏，以遠姦人之害。〔註81〕

以上材料傳遞的一個關鍵訊息是，明代政府提供的正式制度不足以滿足客商
交易所需（包含制定的正式制度不被遵守等情況），不信任問題嚴重，交易的
人格化突出。這意味著，交易方不僅需要獲取和控制所交易商品的信息如商
品價格、品質等，還需要獲取和控制個人信息以最終達成交易。

在這種人格化現象如此突出的商業活動中，識人、用人、聚人的智慧顯
然非常重要。而構成整個社會基礎倫理體系的儒家價值，便成爲維護商業活
動的必要條件。當時商人「好儒」，自動實踐儒家價值也是理所當然的。

第六節　競爭性的商人類別：廉賈與隱賈

萬曆間的文士極力將某些商人從普通商人中拔擢出來。例如，申時行寫
道，

世之善治生者，咸祖陶朱、計然之策。夫其鬭智任力，取予變
化，趨時若鷙鳥，而利歸之如流水。上之，則持文好德、躬巖穴，
奇士之行；次之，亦棄捐餘財，厚附賓客，遊揚其聲名，故列侯貴
人慕義稱賢，引與均禮，命之曰素封，蓋閭巷所稱丈夫，率若此矣。

〔註79〕楊正泰校注，《天下水陸路程・天下路程圖引・客商一覽醒迷》，第277頁。
〔註80〕同上，第281～282頁。
〔註81〕同上，第295頁。

> 乃寡婦身不行市邑，言不出閨閫，而禮抗萬乘，名顯天下，此豈獨
> 纖嗇筋力、俯拾仰取若販妻賈嫗之雄而已耶？……余怪司馬氏不深
> 惟其終始，而猥與販妻賈嫗同類而褒稱之也。〔註82〕

在申時行的分類中，商人中有兩類商人是值得大力稱讚的。最上者是「持文好德、躬岩穴」的奇士，其次是「亦棄捐餘財，厚附賓客，遊揚其聲名」的素封之家，至於「纖嗇筋力、俛拾仰取，若販妻賈嫗」者，則不可「同類而褒稱之」也，亦可見文化精英之傲慢。在明代文人所稱讚的商人類別，除了儒賈外，還有廉賈、隱賈等類別。

一、廉賈

廉賈作為一個名詞，在西漢時就由司馬遷提出。《史記》卷一百二十九載：

> 由此觀之，賢人深謀於廊廟，論議朝廷，守信死節。隱居岩穴
> 之士，設為名高者，安歸乎？歸於富厚也。是以廉吏久，久更富，
> 廉賈歸富。……貪賈三之，廉賈五之。此亦比千乘之家其大率也。
> 〔註83〕

在明代，廉賈的提法已深入人心。司馬遷「貪賈三之，廉賈五之」之類的箴言也常被引用。例如，休寧人金瑤說，

> 人有言曰：廉賈賈直，奸賈賈貪，奸賈三之，廉賈五之。予於
> 處士驗之矣。〔註84〕

汪道昆借用汪姓徽商之口說，

> 吾郡在山谷，即富者無可耕之田，不賈何恃。且耕者什一，賈
> 之廉者，亦什一，賈何負於耕？古人病不廉，非病賈也，若第為廉
> 賈。〔註85〕

〔註82〕申時行《，賜閒堂集》卷15《壽黃母吳孺人七十序》，明萬曆刻本。
〔註83〕司馬遷撰，裴駰注，《史記》卷129，百衲本景宋慶元刻本。文中「貪賈三之，廉賈五之」中的「三之」、「五之」，楊聯陞先生解為「一年利潤為本錢三分之一」、「五分之一」，宮崎市定先生、石聲漢先生則解為周轉次數。參見楊聯陞《原商賈——余著〈中國近世宗教倫理與商人精神〉序》（第 9 頁），載余英時《中國近世宗教倫理與商人精神》臺北：聯經出版事業公司，1987 年版。
〔註84〕金瑤，《金粟齋文集》卷7《東泉金處士傳》，明萬曆四十一年（1613）汪從龍瀛山書院刻本。
〔註85〕汪道昆，《太函集》卷45《明處士江次公墓誌銘》。

吳氏「太夫人時勸贈翁齎取，卻贏為廉賈。」〔註86〕

長公（汪海）即務重積，顧獨以廉賈聞。〔註87〕

（許）璿世父業為廉賈，以信義行市中，不出閭閻，而遠近歸
之如流，家益大起。〔註88〕

《（萬曆）歙志》載徽商從事「走販」、「團積」、「開張」、「質劑」、「回易」五
類：

而下賈、中賈、大賈、廉賈皆在其中矣。總之，則其貨無所不
居，其地無所不至，其時無所不騖，其算無所不精，其利無所不專，
其權無所不握。而特舉其大則莫如以鹽筴之業賈淮揚之間而已。
〔註89〕

又如，

公之曾祖諱士臣，以廉賈稱，皇贈奉直大夫。〔註90〕

公復率其子弟宗人商於淮南，子弟宗人皆能率公之法而為廉
賈。〔註91〕

（歙縣潭渡人）遂轉穀於溫、於杭及汴、揚都會之區，鹽與子
錢並舉，擇人而任，時間出，廉賈能度，息更倍入，厚積而速成，
同儕莫之或及。內外之親，見委任者皆賴焉。〔註92〕

這裏並不是要辨別被譽為「廉賈」的人是不是名副其實的，而是要指出「廉
賈」作為一種社會類別在明代已經被頻繁地使用。

這些史料反映出，廉賈的一個基本特徵是「以義取利」。也就是說，追求
利潤時要正當、符合社會正義，利潤必須是在一個合情合理的範圍獲得。另

〔註86〕　《豐南志》第 4 冊《壽吳廷簡太史母七十序》，引自《明清徽商資料選編》，
　　　　　第 275 頁。

〔註87〕　《太函集》卷 55《明處士克山汪長公配孫孺人合葬墓誌銘》，引自《明清徽商
　　　　　資料選編》，第 360 頁。

〔註88〕　《許文穆公集》卷 7《竹石先生像祠記》，又見乾隆《重修古歙東門許氏宗譜》
　　　　　卷 10，引自《明清徽商資料選編》，第 360 頁。

〔註89〕　萬曆，《歙志·貨殖》，又見乾隆《重修古歙東門許氏宗譜》卷 10，引自《明
　　　　　清徽商資料選編》，第 45 頁。

〔註90〕　（歙縣）《棠樾鮑氏宣忠堂支譜》卷 21《中憲大夫肯園鮑公行狀》。

〔註91〕　（歙縣）《竦塘黃氏宗譜》卷 5《黃公崇德傳》，引自《明清徽商資料選編》，
　　　　　第 75 頁。

〔註92〕　（歙縣）《潭渡黃氏族譜》卷 9《黃東泉處士行狀》，引自《明清徽商資料選編》，
　　　　　第 75 頁。

外一個基本特徵是「用之益善」，不迴避承擔社會責任，關心社會福利，積極參與社會公益事業。例如，《（弘治）休寧志》卷二十九下《處士吳君孺人謝氏合葬墓誌銘》載，

> 吳孟高（1407～1469）「尤有心計，嘗出賈吳越齊魯間，必大獲。然獲益大，而用之益善。有路瀕溪，恒漬於水，捐巨貲，……以利往來。」〔註93〕

這類事例在明清非常遍，不勝枚舉，例如橋梁、道路、園亭、寺廟等大量公益設施的修築中都曾受過商人的捐贈和資助。目前學界有一種較流行的說法，認爲近代商人在其社會責任、社會福利上的花費屬於無妄費用，它制約了中國近代商業資本向產業資本的轉移。在複雜社會系統變遷中進行這種單線因果的解釋是否有充足說服力，筆者很懷疑。從明代社會的進化方向看，「廉賈」似乎並非一種特例，而是具有一定普遍性與合理性的。

從廉賈與儒賈的內在關係來看。明人認爲，儒賈是廉賈的一種提升。例如，歙縣竦塘人黃崇德：

> 若公者，非但廉賈，其實商名儒行哉！〔註94〕

又如：

> （歙縣竦塘里人黃豹）於是輦其資斧之淮南。淮南，東楚都會之地，魚鹽之饒，公絕機詐，一爲廉賈。久之，一年給，二年足，三年大穰，爲大賈矣。公既爲大賈，富好行德，喜施子，大抵又公天然性也，不類賈人一錢靳不予人。〔註95〕

二、隱賈

「隱賈」一詞，筆者取自王世貞撰寫的《程君汝義墓碣銘》：休寧人程汝義卒年三十四，其「曾祖訓、祖典、父瑶，世世隱賈。」〔註96〕

在王世貞之前，文人在描寫商人時常有「隱之市」、「隱於市」的提法。

〔註93〕 北京圖書館古籍出版編輯組編，《（嘉靖）徽州府志（弘治）休寧志》，北京圖書館古籍珍本叢刊 29 史部・地理類，北京：書目文獻出版社，第 652 頁。

〔註94〕 歙縣，《竦塘黃氏宗譜》卷 5《明故金竺黃公崇德公行狀》，引自《明清徽商資料選編》，第 75 頁。

〔註95〕 歙縣，《竦塘黃氏宗譜》卷 5《明故處士黃公豹行狀》，引自《明清徽商資料選編》，第 111 頁。

〔註96〕 王世貞，《弇州四部稿》卷 96 文部《程君汝義墓碣銘》，明萬曆刻本。

歙人汪昂成化十九年外出「商於汴」，嘉靖元年（1522），被「前七子」之一的李夢陽稱讚「出遊者四十年，無卑行焉；乃今六十，無污名焉」，是所謂「隱之市而處乎商者也」〔註97〕。徽商程悅「隱於賈，而不淪於賈。居積漸致資雄一方，而一方之人皆德之。其貌也坦然而樸，其氣也藹然而和，其言也確然而信，其動也秩然而理，其衷也淡然而無所營。」〔註98〕歙商汪伯齡「近屬或不能婚，疏屬或不能殯，舉宗或有緩急，率倚辦翁，翁亦辦給之，無德色。郡縣興諸大役，必翁居先，若城縣城，尚方採木，翁率首事。有司高處士義，表其閭，鄉校迭以鄉射賓翁，翁固謝不往。嘗受七品章服，既拜命，輒笥之，即以隱居子終其身。」〔註99〕績溪商人章必芳「字實甫，太學生。幼穎敏，負奇志矯矯不群，比長讀書即以古人自期，不屑為記誦剽竊之學。……旋因析箸，隱為浙商，經營籌畫，億則屢中。不數年，增資累萬，勤儉不改其初。」〔註100〕歙縣人吳彥先（1555～1624）「雖隱於賈，暇輒流覽史書，與客縱談古今得失，即宿儒自以為不及。」〔註101〕「歙有隱君子曰（江）明生，字寅初。……歷陽，君業鹺處也。……族有巨室，雅知君，延往邗，任以鹺務。」〔註102〕休寧人程瑩（1471～1533）「字世現，姓程氏，別號谷隱（休寧人）。……曾祖關以人才擢唐山縣令，政聲卓異，至今民歌頌之。祖緇善干蠱，家聲益振，父昂克承先志，俱隱德弗仕。……客遊高雅，豪放之氣，播於湖海，而外美彰焉。」〔註103〕歙縣竦塘人黃應宣（1456～1544）「師計然之策，商隱江湖，能任人趨時，入什一之利以自給。生平不設機智、仰利巧以網利。」〔註104〕「章獻邦，一名社益，號西臺（明績溪

〔註97〕李夢陽，《空同集》卷57序《汪子年六十鮑鄭二生繪圖壽之序》，見景印文淵閣四庫全書第1226冊，臺北：臺灣商務印書館，第519頁。

〔註98〕歙縣，《程氏本宗譜》附錄《書石潭程隱翁七秩夫婦偕壽圖敘》，轉引自《明清徽商資料選編》，第448頁。

〔註99〕《太函集》卷53《處士汪隱翁配袁氏合葬墓誌銘》，轉引自《明清徽商資料選編》，第97頁。

〔註100〕績溪，《西關章氏族譜》卷24《家傳》，轉引自《明清徽商資料選編》，第106頁。

〔註101〕《豐南志》第5冊《明處士彥先吳公行狀》，轉引自《明清徽商資料選編》，第130頁。

〔註102〕歙縣，《濟陽江氏族譜》卷9《清候選州司馬明生公原傳》，轉引自《明清徽商資料選編》，第139～140頁。

〔註103〕《休寧率東程氏家譜》卷4《明故處士程公行狀》，轉引自《明清徽商資料選編》，第275頁。

〔註104〕歙縣，《竦塘黃氏宗譜》卷5，轉引自《明清徽商資料選編》，第286頁。

人）。家世業儒，少承家學，兩試不偶，遂隱於賈。偕弟獻罰營運商鹽牟利以養親。居積充裕，廣置田廬。嘗出粟以賙貧乏，獨造眞坑橋。」〔註 105〕「章魁（清乾嘉間績溪人），字星若，太學生。貌魁梧，性豪邁，隱居市廛，諳練時務，居積富饒，潤身潤屋，兩美兼收。」〔註 106〕「章必泰，（績溪人）。一名善津，字體舒，號蘇橋，一號南峰。性嗜學，喜吟詠，隱於賈，往來吳越間。凡名山勝蹟無不遊覽，興至輒吟詩以紀其事。」〔註 107〕「奉天承運皇帝敕曰：『……爾汪應亨乃南京應天府通判起英之父。大隱隱市，良賈賈仁，雅有儒風，惟爾少工儒業，絕無利習，惟爾原薄利謀，急人急，以能周人，用歸如流水。……茲特贈爾爲承德郎，南方應天府通判。』」〔註 108〕歙縣許文林「字毓秀，市隱人也。……璿世父業爲廉賈，以信義行市中，不出闤闠，而遠近歸之如流，家益大起。璿念其父母有隱德，世鮮知者，爲集先生詩刻之，既稍稍有聞矣。」〔註 109〕歙縣人江世鸞「恂恂雅飾，賈而儒者也。市隱南嬋邑中，名士樂與偕遊。」〔註 110〕

　　隱賈有兩層含義。第一層含義是指沒有名氣的商人，與顯賈相對應。第二層含義是指商人中的隱士。「隱賈」之類的提法，並非破除了民眾對賈人身份的歧視，而是用隱士特徵來壓制賈人特徵。

第七節　儒賈認同的經濟學分析

　　在涉及尋找「儒賈」現象的經濟解釋時，我會暫時偏離歷史學的分析工具，引入經濟學的概念工具和解釋模型。這個模型也並非是新古典模型。因爲，新古典模型並沒有考慮制度、經濟結構、社會背景、文化習俗這些古典經濟學曾經考慮過的重要因素，而是將資源配置完全置於市場機制之下。這一點又是史學家們所無法接受的。因爲他們早已發現非市場機制、非價格信

〔註 105〕績溪，《西關章氏族譜》卷 24《家傳》，轉引自《明清徽商資料選編》，第 298 頁。
〔註 106〕同上，第 302 頁。
〔註 107〕同上，第 310 頁。
〔註 108〕《休寧西門汪氏宗譜》卷 6 天啓四年三月《京兆應亨公暨金安人敕命》，轉引自《明清徽商資料選編》，第 391 頁。
〔註 109〕《許文穆公集》卷 7《竹石先生像祠記》，又見乾隆，《重修古歙東門許氏宗譜》卷 10，轉引自《明清徽商資料選編》，第 448 頁。
〔註 110〕歙縣，《濟陽江氏族譜》卷 9《明處士世鸞公傳》，轉引自《明清徽商資料選編》，第 451 頁。

號也能影響對個體的激勵或資源配置。例如，張彬村認爲，「動員人類去參與經濟活動的方式不外下面三種：政治的強制、意識形態的說服和市場的報酬。直到近代西歐的經濟力量崛起以前，歷史上市場報酬的誘因從來都不是動員人類的主要方式。」〔註111〕在這種情況下，中國經濟史研究也就無法迴避岸本美緒提出的疑問：中國傳統社會的人們，是不是可以理解爲近代經濟人的類型〔註112〕？對中國近代史研究者而言，答案通常是否定的。不僅中國，就連東南亞近代農民問題的研究中，學者往往使用「道義」個體來進行解釋，例如 James C. Scott 在《農民的道義經濟學：東南亞的反叛與生存》一書中，就描述了處於生存壓力下具有互惠傾向的農民模型。

　　岸本美緒的疑問並不是東西方之間的分歧造成的。因爲，即便是已經充分市場化了的現代西方國家，也不是所有領域都通過市場來激勵人們行動的。事實上，社會中許多強力關係可以通過限制當事人處於特定角色及角色所關聯的認同來調整個體的效用函數；當個體有權力使用這些關係時，他們經常通過限制他人的活動範圍來尋求控制〔註113〕。這明顯不是市場行爲。人們發現，社會互動（博弈）比非人格化的市場更接近社會現實。更進一步地，「有生命的存在不僅僅在博弈，而且還動態地改變他們的博弈，並因此演化出他們獨特的認同」〔註114〕。針對當代經濟學被狹隘限定在低社會化水平的現狀，美國社會學家 Granovetter 指出，由於前市場社會（pre-market societies）中行爲嚴重地內嵌於社會關係中的情況在市場社會中仍然持續存在，改革經濟學家嘗試改變以往的低社會化或原子式的個體理論，代之以高社會化的方式將社會結構加入分析〔註115〕。20 世紀後半

〔註111〕張彬村，《明清市場經濟發展的困境》，《中國經濟史研究》，1997 年第 1 期，第 130～137 頁。

〔註112〕「岸本美緒的疑問」，參見岸本美緒，《清代中國的物價與經濟波動》，北京：社會科學文獻出版社，2010 年，第 31 頁。需要辨析的是，一些經濟學家例如 Alchian，借用進化論的重新解釋了理性經濟人假設只具有工具性意義，不是指現實經驗中存在這樣的人，從而迴避了經濟人假設的非現實性問題。見 Alchian, A. A., 1950: Uncertainty, Evolution, and Economic Theory. The Journal of Political Economy, 58（3）：211～221.

〔註113〕Davis, J. B., 2003: *The Theory of the Individual in Economics: Identity and Value.* London and New York: Routledge, p.180.

〔註114〕Gintis, H., 2009: The Bounds of Reason: Game Theory and the Unification of the Behavioral Sciences. Princeton and Oxford: Princeton University Press, p. xiii.

〔註115〕Granovetter, M., 1985: Economic Action and Social Structure: The Problem of Embeddedness, The American Journal of Sociology, 91（3）：481～510.

葉，經濟學逐漸引入社會學、心理學等社會科學的最新成果，不斷更新著其理論範式，以應對這種情況〔註116〕。

新制度經濟學是其中一個重要派別。以諾斯爲代表的新制度主義在新古典模型的基礎上，將產權、制度、意識形態等因素引入經濟學分析。產權是交易的基礎和前提條件，制度安排約束著產權結構與交易的有效性，意識形態是一種節約交易成本的機制，也是保障制度不被「搭便車」行爲侵害的措施。

另一種值得關注的理論是 Akerlof & Kranton 於 2000 年提出的認同經濟學〔註117〕。其經濟人假設是：每個個體都屬於一定的社會類別（或認同），而社會類別中蘊藏著標準和典範，遵從標準或典範會帶來認同效用的增加，反之則帶來效用的損失。這看上去是「社會化」理論的老生常談。但是事實上，這種經濟人假設的置換爲理解如下現象提供了敏銳洞見：將某些人打上某種社會類別的標簽，以改變激勵個體行動的物質成本，如軍人、黨員、IT 人士、某公司員工等身份認同對減少激勵成本起著重要作用（即局內人與局外人的行爲模式存在差異）；政治與廣告可以創造類別與標準，並改變個體的行爲，如製造出紅衛兵、儒商等新的社會類別；人們經常會做出一些對個體明顯有害的行爲，如刺青、蹈火等。

下文主要考慮儒商認同的經濟學解釋。

一、明代文人潤筆行爲

有關明代徽商的描述大多出現於墓誌銘、壽序以及商人傳記這類文獻之中。這些文獻是如何製造出來，將產生什麼用途呢？

〔註116〕關於西方經濟學範式轉向的大討論，請參閱 Richard Swedberg 主編的 Economics and Sociology: Redefining their Boundaries Conversations 一書中所集結的一批極有學術影響力的美國經濟學家和社會學家的訪談錄（Swedberg, Richard, 1990: Economics and Sociology: Redefining their Boundaries: Conversations with Economists and Sociologists. Princeton University Press.其中 Gary S. Becker、James S. Coleman、George A. Akerlof、Harrison C. White、Mark Granovetter、Oliver E. Williamson、Kenneth J. Arrow、Albert O. Hirschman、Mancur Olson、Thomas C. Schelling、Neil J. Smelser、Daniel Bell、Jon Elster、Amartya Sen、Robert Solow、Arthur I. Stinchcomhe、Aage B. Sørensen 諸人發表對經濟學邊界的認識，並報告了各自學術計劃的進展情況。

〔註117〕Akerlof, G. & Kranton, R., 2000: Economics and identity, Quarterly Journal of Economics, 115（3），715～753.

以休寧人名人程敏政在《孝義處士閔君墓誌銘》中所描寫的墓誌銘撰寫始末為例：

> 休寧處士閔君（閔兆勝），既卒之十四年，其子岩童得吉兆於邑之董川原，乃啓殯而葬焉。又三年，乃以麻陽知縣范順之狀，走書京師，請為之銘。予發書嘆曰：『子於先體甚重，若彼於先德慎重可知，是未可以諾銘。』使者固請，乃不敢辭。啓狀閱之，則處士君誠有過人者。初正統辛酉（1441）冬，鄰弗戒於火，母孺人抱病不可起，君於貲產一弗顧急呼直走。……成化丙戌（1466），有詔以鹽筴易備荒之粟，君實在行，而粟非一旦可集，受直走旁縣為君往貿者十餘人。……庚寅四月五日（1470）卒，年六十有二……子一人，即岩童。岩童受父師之訓，唯謹，凡其父所交遊者文章字畫能珍藏之，又繕書以視予，予觀其中若徐武功、張士謙學士及臨川聶大年、武昌陳謙輩，率一時名流。然君所自立者，則本其德性為多。因竊嘆士出三代之後，使得人君子為之歸而加以德性之美，則其所就又可量乎哉，此處士閔君之所為可銘者也。〔註118〕

墓主閔兆勝死亡於 1470 年，14 年後其子因得吉兆而將其改葬，改葬後 3 年，又以縣令范順寫的行狀，走書京師，請求休寧文化名人程敏政撰寫墓誌銘。這篇墓誌銘當撰於成化二十三年（1487）前後，其內容至少經過了兩次「潤筆」加工。第一次是麻陽知縣范順撰寫的行狀，第二次才是程敏政根據行狀而撰寫墓誌銘。程敏政與閔氏沒有私交，也不可能去調查墓主二十多年前的事蹟，他答應撰寫墓誌銘時所依據的是縣令范順所寫的行狀以及閔岩童繕書的其父閔兆勝與當時名流徐武功（徐有貞）、張士謙、聶大年、陳謙等人的交遊文字。到北京的使者有沒有口頭的敘述，文中沒有交待。從閔岩童改葬其父、請人撰寫行狀、託人到北京請程敏政撰寫墓誌銘的整個過程來看，這是一個需要較大成本的系列行動。從墓主閔兆勝成化初進行以糧中鹽的商業活動時，手下有十餘人為其奔走的情況來看，閔家應該比較富裕的家庭，因此才能夠承擔這種成本。

程敏政並沒有交待對方付出了多少代價他才同意撰寫這則墓誌銘。明代士大夫潤筆是有代價的，這一點已經毫無疑問。余英時從明代「潤筆」的演

〔註118〕程敏政，《篁墩集》，卷 44《孝義處士閔君墓誌銘》，明正德二年刻本。

變討論了儒家辭受標準的修改〔註119〕。他引用了葉盛（一四二○～一四七四）記《翰林文字潤筆》中的話，這裏同樣轉引如下：

> 三五年前，翰林名人送行文一首，潤筆銀二三錢可求，事變後文價頓高，非五錢一兩不敢請，迄今猶然，此莫可曉也。……張士謙先生……曰：「吾永樂（一四○二～一四二四）中爲進士、庶吉士、中書舍人，時年向壯，有志文翰，晝夜爲人作詩寫字，然未嘗得人一葉茶，非如今人來乞一詩，則可得一贄見悅帕。向非吾弟貿易以資我，我何以至今日耶！」由是觀之，當時潤筆亦薄已。

墓主閔兆勝曾與徐武功、張士謙、聶大年、陳謙等名士交往，恐怕就是金主與文人之間的交往。按照張士謙的說法，「如今人來乞一詩，則可得一贄見悅帕」，「贄見悅帕」就是士大夫以潤筆爲副業帶來的變相饋贈或報酬。

當然並不是所有的爲文都會收取金錢，有的時候士大夫爲文的主要動機是私人情誼。程敏政撰寫的《處士吳君孺人謝氏合葬墓誌銘》：「休寧處士吳君孟高，捐館於成化己丑（1469）四月二日，葬縣東南楓林園二十年矣，未有銘。其配孺人謝氏以弘治己酉（1489）四月初七卒。子芳自太學上吏部，需次於家，獲奉□事，乃以方令君景通、千戶侯明所爲狀二通，請合葬之銘。予與君同里閈，且善芳弟昆，義不可辭，爰序而銘之。〔註120〕

這篇墓誌銘撰於弘治二年（1489）己酉冬十二月。程敏政爲文的理由是「予與君同里閈，且善芳弟昆」，因此「義不可辭」。這裏將爲文理由交待得乾脆明瞭，並不如前一篇墓誌銘中扭捏造勢，需「使者固請，乃不敢辭」。

商人向文人求文的行爲帶有明顯雙向選擇的特點。一方面，商人主動選擇知名文人。例如，萬曆間陳懿典在《程君汝義墓碣銘》中寫道，「余聞新安之俗嗇用而善賈，負氣而好爲名。其嗇也，至無所不縮，而其好之也，至無所不張。此其意皆祖述白圭、計然之故智，用以積纖籠物而已。故雖慕義而動，有不啻古之節俠也者，而皆以爲走名之府事不足爲名，彼且掉

〔註119〕余英時，《士與中國文化》，上海：上海人民出版社，2003 年，第 535～538頁。

〔註120〕北京圖書館古籍出版編輯組編，《（嘉靖）徽州府志（弘治）休寧志》，北京圖書館古籍珍本叢刊 29 史部・地理類，北京：書目文獻出版社，第 651～652頁。

臂去之矣，是皆有狗乎其外者也。」〔註121〕陳懿典雖然沒有直接提及潤筆之類的事，但是已將徽商「好名聲」的需求清楚描寫出來了。另一方面，文人也在衡量商人是否值得爲其爲文。例如，嘉靖、萬曆間徽商程汝義之子請得名人王世貞爲程汝義撰寫墓誌銘，就離不開王世貞的好友俞仲蔚勸說。俞仲蔚勸說王世貞時說，「程君儒不逮仕，客不逾中賈，年不能辭夭，而何以傳暨表爲？然而志之在幽宮者，日就蝕也，其強有以慰夫稱爲人子者」〔註122〕。以情動之，王世貞推辭不過，才銘其碣。可見，「儒不逮仕」、「客不逾中賈」、「年不能辭夭」是請大名士王世貞撰寫墓誌銘的不利條件。王世貞之弟王世懋，也爲程汝義之子程善定撰寫過墓表。王世懋曾說，「新安人大都好賈，其大者客名都，縱倡樂，即有慕爲名高者，多遊大人先生間，見謂知遇。自詡於行產不逾中賈，顧於倡樂亡所好，搢紳無所交，而獨莊事俞仲蔚先生。……又介俞先生而謁余兄弟，……其父母前後婦碑碣傳贊，多俞先生暨余兄所撰，程氏家內行卒以此聞天下，本所事俞先生游揚力也。」〔註123〕

明代徽州商人是文人潤筆交易的重要「客戶」。他們對文人潤筆文章的供需狀況，萬曆間公安詩人袁中道在《珂雪齋集》前集卷一七《新安吳長公墓表》說得明白，「自新安多素封之家，而文藻亦附焉。黃金贄而白璧酬，以乞哀於世之文人。世之文人，徵其懿美不得，顧指染而穎且爲屈，相與貌之曰：某某能爲義俠處士之行者也。蓋予睹太函（汪道昆）、弇州（王世貞）諸集所臚列者，私心厭之。故自予操觚，有類此者輒謝絕，不忍以塵吾籍。今所論著具在，有稱某爲義俠處士者耶？」〔註124〕

明人茅元儀曾指出明代後期文人潤筆交易的亂象。「文人諛墓而輕，自弇州（王世貞）始，而濫觴於雲杜（李維楨），若新都（汪道昆），固賈人，不足論也。」周輝《二續金陵瑣事》載：「鳳洲公同詹東圖在瓦官寺中。鳳洲公偶云：『新安賈人見蘇州文人如蠅聚一羶。』東圖云：『蘇州文人見新安賈人

〔註121〕陳懿典，《陳學士先生初集》卷4《贈新安黃次公序》，明萬曆四十八年（1620）刻本。

〔註122〕王世貞，《弇州四部稿》卷96文部《程君汝義墓碣銘》，明萬曆刻本。

〔註123〕王世懋，《王奉常集》卷21文部《程處士墓表》，明萬曆刻本。

〔註124〕袁中道，《珂雪齋集》前集卷17《新安吳長公墓表》，萬曆四十六年（1618）刻本。

亦如蠅聚一膻。』鳳洲公笑而不語。」〔註125〕鳳州公即王世貞，詹東圖即詹景鳳。此語雖諷刺辛辣，但已足見徽州商人與文人間交易頻繁。

二、潤筆行爲的經濟學解釋

前面已經討論了明代文人潤筆行爲、明代時賈以及文人所製造的商人類別。文人創造一些新的詞彙和概念，並將其推廣爲在一定範圍內所接受的社會類別，這種行爲的經濟學涵義是什麼？在以往研究中，通常將文人爲商人撰寫潤筆文字視爲文人對富裕商人一種依附行爲，或者是利用其政治和文化權力進行經濟掠奪的手段，其隱含的觀點是：文人潤筆削弱了商人的應得利潤。前一種提法通常有這樣的表述：「自新安多素封之家，而文藻亦附焉」；後一種提法通常有這樣的表述：商人的封建化。在筆者看來，文人潤筆實質上是提供的是一種信息處理的服務，這種服務將給商人帶來新的收益。在競爭存在的情況下，如果總收益（含個體收益與社會收益）不能彌補其成本，文人潤筆行爲終將被社會所淘汰。文人潤筆中所製造出的新社會類別，其典範通常關聯著一定的準則，以引導認同該類別的人遵從準則。這種認同，是節約激勵成本的關鍵，也是降低交易成本、增進交易機會的關鍵。從這個角度，我們將重新理解明代文人積極爲徽州商人揚名、宣傳其「賈而好儒」行爲的經濟學意義。

在展開分析之前，需要鄭重提醒讀者的是，下面將採用的分析方法更強調邏輯演繹，而非史料實證。因此不能避免先入爲主的理論預設對研究結論的影響。在選擇理論工具時，筆者將選擇那些更接近史實的經濟學理論，而不是與眞實世界保持著「紳士」距離的經濟學理論。下面請允許我將選擇的經濟學理論進行簡單介紹，然後構建理解文人潤筆行爲的解釋框架。

1、認同經濟學理論

認同（identity）〔註126〕，這個關於「我是誰」或「自我形象」（self-image）的概念，首先由 Erikson（1962）將其引入發展心理學，用於描述青少年成長

〔註125〕周輝，《二續金陵瑣事》，轉引自范金民，《明清地域商人與江南文化》，載李伯重，周生春《江南的城市工業與地方文化 960～1850》，北京：清華大學出版社，2004 年，第 116 頁。

〔註126〕上世紀 60 年代，杜維明教授首先將 identity 譯作「認同」，並將此翻譯引入中國。國內、日本也有學者將 identity 譯爲「同一性」。

過程中感受到或他人認知到的人格的一致性。隨後，由於其強大的解釋力，認同被廣泛應用於哲學、社會學、政治學、人類學、歷史學等學科，成為人文社會學科的基礎概念之一。

然而，長期以來，主流經濟學卻並不重視認同這一概念。宗教、種族、人種、階級、性別和民族等與認同相關聯的主題的經濟分析，通常是跨學科的嘗試〔註127〕。這些嘗試大多以女性主義、政治經濟學、後殖民研究以及社會與文化理論的面目，展開對認同與經濟問題的討論。

1）認同經濟學範式的興起

主流經濟學中忽視認同的重要原因是，經濟學家原以為它已經包含在口味的概念中了〔註128〕。二十世紀下半葉，經濟學家構建經濟運作的模型中使用的是僅僅具有經濟動機的理性最優的呆人。由於不考慮決策者的社會背景，當時的標準經濟學無法解釋社會中普遍存在的歧視問題，例如基於種族、性別等方面的歧視。Becker 關於口味的研究，開拓性地將新古典分析擴展到這些領域〔註129〕。在這些研究中，社會背景被簡化為外生給定的歧視口味，並被引入個體效用函數中以彌補標準經濟學在這些問題上的解釋不力。

但是，外生給定口味的假設仍然面臨一個重大的理論缺陷。即，如果市場中存在較低歧視口味的人，那麼市場機制最終將會把那些具有較高歧視口味的人驅逐出去，其結果是，市場中將不會存在歧視口味。這個邏輯結果與現實經驗不符。Akerlof 指出，歧視模型的關鍵創新在於，在某種意義上該市場要比瓦爾拉斯市場小，即便存在一個顯著的少數沒有歧視口味，也不會有一個進入者能從違背歧視習俗中獲利〔註130〕。Arrow 則以種族歧視為例進一步論證道，歧視不能離開社會網絡而主要依靠非人格化的

〔註127〕 Barker, D. K. & Kuiper E., 2003: *Toward a Feminist Philosophy of Economics*, London and New York: Routledge, p.10.

〔註128〕 Akerlof, G. A. & Kranton, R. E., 2010: *Identity Economics: How Our Identities Shape Our Work, Wages, and Well-Being*, Princeton and Oxford: Princeton University Press, p.6.

〔註129〕 Becker, G. S., 1971: *The Economics of Discrimination*, Chicago and London: University of Chicago Press: Becker, G. S., 1996: *Accounting for Tastes*, Cambridgge and London: Harvard University Press.

〔註130〕 Akerlof, G. A., 1985: Discriminatory, Status-based Wages among Tradition -oriented, Stochastically Trading Coconut Producers, *The Journal of Political Economy*, 93（2）: 265～276.

市場來實現〔註131〕。這證實了市場力量並不像經典經濟學所認爲的那樣是充分有效，它需要社會背景的支持。

針對這類狀況，經濟學家的策略是引入更多傳統社會科學進入經濟學之中，在新舊融合的行爲假設下，建立起新的經濟學理論，正如行爲經濟學、心理經濟學、社會經濟學、人類經濟學等等經濟學分支所正在嘗試的那樣。由於前市場社會（premarket societies）中行爲嚴重地內嵌於社會關係中的情況在市場社會中仍然持續存在，改革經濟學家嘗試改變以往的低社會化或原子式的個體理論，代之以高社會化的方式將社會結構加入分析〔註132〕。也就是說，社會行動將被內嵌於一定的社會結構中進行考慮，而不是將社會結構僅僅簡單描述爲一種外生給定的歧視性口味。例如，Akerlof直接引入社會學中的社會分化概念，構建新的個體理論，並指出社會距離影響了社會決策如教育、分娩等等〔註133〕。Basu則通過使用囚徒困境的基本框架和關懷他人的假設，考察了自利理性是如何與我們內在的合作感互動，信任、忠誠、群體內合作和利己主義，這些特徵又是如何建立到個人的自利行爲的原子中的〔註134〕。

在構建高社會化個體理論的同時，關於集體行動中準則與遵循的經濟學文獻也日益增多。Bernheim構建了一個既關注社會地位又關注自身效用的社會互動模型，並且指出，當地位對自身效用顯著重要時，許多個人會遵從單一、一致的行爲標準，而不管隱藏在其偏好下的多樣化行爲。他們願意遵從，是因爲他們認識到即使是對社會準則的微小偏離也將嚴重損害其社會地位，社會嚴格審查所有不順從公共行爲標準的人這一事實，並不是被簡單地假定，而是內生性的形成的〔註135〕。Akerlof則考察了在儲蓄、犯罪、藥物濫用、

〔註131〕 Arrow, K. J., 1998: What Has Economics to Say about Racial Discrimination, *Journal of Economic Perspectives*, 12（2）：91～100.

〔註132〕 Granovetter, M., 1985: Economic Action and Social Structure: The Problem of Embeddedness, *The American Journal of Sociology*, 91（3）：481～510.

〔註133〕 Akerlof, G. A., 1976: The Economics of Caste and of the Rat Race and Other Woeful Tales, *The Quarterly Journal of Economics*, 90(4)：599～617; Akerlof, G. A., 1997: Social Distance and Social Decisions, Econometrica, 65（5）：1005～1027.

〔註134〕 Basu, K., 2006: Identity, Trust and Altruism: Sociological Clues to Economic Development, CAE Working Paper No. 06～05.

〔註135〕 Bernheim, B. D., 1994: A Theory of Conformity, The Journal of Political Economy, 102（5）：841～877.

政治和官僚組織中，具有可變效用、且不能完全預見其變化的個人是如何遵循和順從準則的〔註136〕。

　　然而，由於玩弄系統（game the system）現象的存在，人們對行為準則的遵循與順從並不一定能得到保證。所謂玩弄系統，是指運用那些原本用於維護系統秩序的規則和程序，操縱系統以得到某種所希望結果的行為。例如，在法律領域，律師可以利用複雜的法律規則讓一位真正的罪犯免於罪責。在這種情況下，如果一個系統內沒有被內化的準則或者信念，遵循與順從是難以真正實現的。因此，行為準則被個體內化顯得尤其重要。Adam Smith 曾說，「當那些一般行為準則在我們頭腦裏由於慣常的反省而被固定下來時，它們在糾正自愛之心對於在我們特定的處境中什麼行為是適宜和應該做的這一點所作的曲解起到了很大的作用」〔註137〕。

　　準則的內化往往包含在建構認同的過程中，而且直接影響到個體的偏好。Amartya Sen 指出，準則能在產生於群體裏的認同感的意義上被分析，並且正如斯密討論的那樣，它緊密地連接了基於規則的行為〔註138〕。同時，偏好也可能對選擇過程包括選擇者的認同敏感〔註139〕。女性主義也很早就關注認同與準則的問題。例如 Folbre 總結說，「女性主義理論家堅持內生偏好的重要性以及文化準則對社會認同形成的影響」〔註140〕。不過，直到 2000 年，Akerlof 和 Kranton 則將認同納入了新古典分析框架中，進行了嚴肅、系統的討論，他們的文章才真正推動了認同與經濟學的研究，最終促使了認同經濟學這一新領域的產生。

　2）認同經濟學的進展

　　認同經濟學的突破性進展，主要反映在理論範式與實證研究上。

　　個體概念是經濟學理解行為的中心，經濟學不同的方法隱含地依賴於不同的個體理論。自認同經濟學產生以來，目前主要有三種不同的個體理論。

〔註136〕Akerlof, G. A., 1991: Procrastination and Obedience, The American Economic Review, 81（2）：1～19.

〔註137〕Smith, A., 1984〔1790〕: The Theory of Moral Sentiments. Indianapolis: Liberty Fund, p.106.

〔註138〕Sen, A., 1985: Goals, Commitment, and Identity, Journal of Law, Economics and Organization, I（2）：341～355.

〔註139〕Sen, A., 1997: Maximization and the Act of Choice, Econometrica, 65（4）：745～780.

〔註140〕Folbre, N., 1994: Who Pays for the Kids? Gender and the Structures of Constraint, London and New York: Routledge, p.40.

第一種是由 Akerlof 和 Kranton 構建的新古典認同經濟學理論（簡稱 A－K 模型），他們首先將基於社會類別的認同引入標準的效用函數進行分析。第二種是 Amartya Sen 的自利與能力空間理論，從經濟哲學的角度構建出基於個體對社會群體的責任的個體理論。第三種是 Kirman 等人的複雜理論，構建了認同的內生變化過程。

① Akerlof 和 Kranton 的新古典認同經濟學理論

Akerlof 和 Kranton 首次用新古典方法系統地將認同經濟學闡釋出來。在這次路徑突破性的創新中，認同被納入到個體效用函數中，原本外生給定的歧視口味，由可變的、具有外部性的認同所取代。認同被定義爲一個人的自我感（sense of self），它與社會類別相關聯。作者提出了一個修正的效用函數，描述了個人該怎樣行動。

個體 j 的效用函數爲：$U_j = U_j (a_j, a_{-j}, I_j)$，其中 a_j 是 j 的行動，a_{-j} 是其餘人的行動，I_j 是 j 的認同或自我形象（self-image）。a_j 與 a_{-j} 決定著 j 和其餘人在商品與服務上的消費，足以將其自身行動與外部性包含在內。

同時，$I_j = I_j(a_j, a_{-j}; c_j, \varepsilon_j, P)$，這表示 j 的認同首先取決於他所屬社會類別 c_j，高社會地位的類別將帶來增強的自我形象；其次取決於 j 的給定特徵 ε_j 匹配所屬類別 c_j 的理想典範（用規範 P 表示）的程度；最後還取決於 j 和他人的行動跟受到規範 P 限制的行爲間的一致程度。也意味著，如果個體或他人的行動違反了所屬社會類別的規範，當事人很可能會產生某種焦慮感和認知失調，從而形成一種支付；而如果個體行爲與群體行爲保持一致，則可以產生更高的自我感。

他們還運用博弈論分析了認同怎樣影響個體互動，並得出局部均衡解。該模型解釋了認同導致的遵從行動〔註 141〕。

假設存在兩種行動，分別是行動 1 和行動 2，個體要麼具有對行動 1 的口味，要麼具有行動 2 的口味。如果個體做出與其口味一致的行動時，其效用爲 V；如果做出與其口味不一致的行動時，其效用爲 0。按照標準經濟學的效用最大化，每個人都會按照自身口味選擇相應的行動。

下面構造一個基於認同的偏好。假設有綠色與紅色兩種社會類別，假設所有人將他們自己和其它人視爲綠色，同時假設綠色類別的行爲規範是：一個屬於綠

〔註 141〕 Horst, U., Kirman A. & Teschl M., 2007: Changing Identity: The Emergence of Social Groups, Economics Working Papers No 78.

色的人應該做出行動 1（作為對比，一個屬於紅色的人應該做出行動 2），任何人做出行動 2 就不是一個眞正的「綠色」——她將失去其綠色認同。這種損失用 I_s 表示。另外，由於認同具有外部性，這將影響到其它個體的效用，其損失用 I_o 表示。受到這種外部性損害的個體（用 j 表示）有兩種對策：不反應或反應。如果不做出反應，則其效用損失仍為 I_o。如果做出反應，即為了恢復自身認同或一致感需要支付成本 c，並給引起外部性的個體（用 i 表示）帶來損失 L。

假設個體 1 具有進行行動 1 的口味，個體 2 具有進行行動 2 的口味。個體 1 先行動，她做出行動 1，獲得效用 V。個體 2 接著行動：如果她做出行動 1，那麼她將獲得效用 0；如果她做出行動 2，個體 1 可能不做出反應，個體 1 和個體 2 的效用分別是 $V-I_o$ 和 $V-I_s$，個體 1 也可能做出反應，個體 1 和個體 2 的效用分別為 $V-c$ 和 $V-I_s-L$。基於認同的兩人互動博弈過程如下圖。

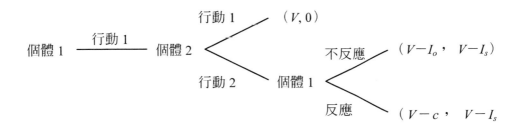

圖 4.1：基於認同的兩人互動博弈

該博弈具有四種可能的完美子博弈均衡結果：

Ⅰ）當 $c < I_o$ 且 $I_s < V < I_s + L$ 時，個體 1 阻止個體 2 從事行動 2。

Ⅱ）當 $c < I_o$ 且 $I_s + L < V$ 時，個體 1 反應但不阻止個體 2 從事行動 2。

Ⅲ）當 $c > I_o$ 且 $I_s < V$ 時，個體 1 不反應而且個體 2 從事行動 2。

Ⅳ）當 $I_s > V$ 時，不管個體如何行動，個體 2 不從事行動 2。

A－K 模型解釋了認同導致的遵從行動。該模型考慮單一認同情況下的比較靜態分析，但沒有考慮多元認同、認同動態過程等問題。Wichardt 認為，A－K 模型僅僅考慮了一種特別認同間的交易和標準的經濟激勵，然而個體認同通常基於不同群體的社會依附關係〔註 142〕。Davis 則建議將個體認同

〔註 142〕Wichardt, P. C., 2008: Identity and Why We Cooperate with those We Do, *Journal* （individual identity）分解爲個體的個人認同（personal identity）與個體的社會認同（social identity）兩類，其中個體的個人認同則可以作爲連接一系列毫無關聯的社會認同的紐帶或承載物〔註143〕。

②Amartya Sen 的能力空間與自利模型

Sen 或許是最早將認同納入經濟學考慮的經濟學家之一。Sen 認爲，「認同感運作的一個方式是，通過社群成員接受一定的行爲規則以作爲對群體內其它人的義務。」〔註144〕與規則關聯的認同感因此影響著個體對目標的追求。這種觀點並不是傳統經濟學狹隘的「自我中心的福利」維度上的自利〔註145〕，而是直接上承 Adam Smith 的思路，將同情、慷慨、公眾精神以及其它的關係型考慮同樣視爲重要的動機。

Sen 認爲，個體具有推理和自檢的能力，社會認同內生於她的選擇和行爲中。其它人或許爲個體分配一個特別的社會認同，但是個體是否實際上認同那種社會認同，仍然關乎個體可能推理和選擇的結果。區別在於，一種將認同視爲文化地或群體地決定的人格，一種將認同視爲有道理的和負責任的選擇。

在這種個體的能力空間中，個體的推理和自檢能力反映著其理性，不過這種理性並非經濟學中狹隘的自我中心的理性。

他認爲，從狹隘定義的自利分離出來並不必然意味著社會認同對行爲存在影響。可能存在其它影響，諸如對可接受行爲標準的遵從，它們的起源或許與行爲標準的進化選擇規律有關，其中社會認同概念可以扮演工具性地重要角色。他指出，認同的理念可以同時在反思性選擇和行爲模式的進化選擇

---

of Economic Psychology, 29（2）：127～139.

〔註143〕Davis, J. B. & Marin, S. R., 2009: Identity and Democracy: Linking Individual and Social Reasoning, *Development*, 52（4）：500～508.

〔註144〕Sen, A. ,1985: Goals, Commitment, and Identity〔J〕. Journal of Law, Economics and Organization, I（2）：341～355.

〔註145〕Sen 分析了常見的經濟人假設中的自利模型，並將自我的私人性區分爲「自我中心的福利」、「自我福利的目標」和「自我目標的選擇」。「自我中心的福利」是指一個人的福利僅僅取決於她自己的消費和她生命豐富性的其它特徵，沒有包括任何對他人的同情或厭惡，也沒有任何程序性的考慮；「自我福利的目標」是指一個人的唯一目標是最大化她自己的福利，其中對他人的同情或厭惡，都會影響其福利狀態，即一個人能從同情他人中得到快樂和痛苦，這些快樂和痛苦典型地屬於她自己；「自我目標的選擇」是指一個人的選擇必須完全基於對她自己目標的追求，他人的福利也可以被囊括在自我的目標之中，例如承諾之類的行爲。

中是重要的。

　　對於將認同引入經濟學的分析，Sen 持有相當謹慎的態度。他提出，認爲所有偏離自利的行爲都可以追溯到社會認同，是有問題的。但是毫無疑問，社會認同對人類行爲有著顯著性的影響。典型地，經濟學家過高懷疑了社會認同的統治與權威，但是同樣在一些社會分析存在過低懷疑的證據。例如當代社會的、政治的和倫理的理論思考中的共產主義傾向。他提出一個基礎性的問題：是否通過選擇或通過被動認知，理性推理有多少能進入認同的發展中。

　　③ Kirman、Teschl 等人的複雜性理論

　　Kirman 和 Teschl 將認同概念放置在 Sen 的能力空間之中進行考慮〔註146〕。他們認爲，個體形成的自我形象不是來自分配給他們的社會類別中，而是直接來自於社會群體的互動中。特別地，個體選擇加入他們相信適合自己特徵的社會群體。因此，所選擇的社會形象與他們自己的個人認同接近或最相符，這種相符或連貫性成爲驅動個體行動與選擇的動機。

　　Horst、Kirman 和 Teschl 構建了一個內生群體形成和個人認同的內生進化模型〔註147〕。在模型中，個人通過加入社會群體以獲取這些群體的典型特徵，並致力於將其現有的個人特徵轉化爲其個體形象。然而隨著時間的增加，群體將由加入其中的人而不斷被修改。其結果是，個體將修正他們先前的選擇、並最終轉移到另外群體。在該模型的動態過程中，均衡的實現需要滿足兩個條件：邊際社會互動（MSI）條件與邊際個體互動（MII）條件。如果個體對他們新狀態的選擇充分地獨立於現有群體和現有個體狀態，一個獨特的、穩定的均衡將存在。如果個體對某種特定狀態有強烈的偏好，即違反了 MSI 和 MII 條件，可能會存在一定數量的不同的均衡。

　　這個模型中的認同是一個更加個人水平的，表示了人們具有他們所希望在未來某些時候獲得的期望的自我形象。這種將自我形象處理爲一種複雜變化過程，實際上是源於心理學中現象的自我模型（ phenomenal self-model，簡稱 PSM）。例如 Metzinger 聲稱，世界上並不存在一個自我這個東西，與這個術語相關聯存在的是我們的現象的自我或在意識中出現的

〔註146〕Kirman A. & Teschl, M., 2006: Searching for Identity in the Capability Space, *Journal of Economic Methodology*, 13（3）：299～325.

〔註147〕Horst, U., Kirman A. & Teschl M., 2007: Changing Identity: The Emergence of Social Groups, Economics Working Papers No 78.

關於我們的感覺〔註 148〕。

　　④實驗與實證研究

　　近期大量的實驗與實證研究也清楚地表明，認同是個體經濟決策背後強大的驅動力。Klor 和 Shayo 設計了一項實驗，用於研究社會認同在收入分配上對偏好的影響，結果顯示，一個顯著的子集中，被試在貨幣代價不高的情況下系統地偏離了貨幣收益最大化，而選擇對其群體有利的稅率〔註 149〕。Sahlin-Andersson 認爲，醫院中護士職業的女性認同（female identity）反映在群體內互動以及護士與醫生的互動中，並作爲一種標準和一種解說護士行動的框架而重複出現〔註 150〕。Benjamin 等人的一項實驗則證實了不同宗教認同的邊際效應（即在宗教凸顯的情況下被試選擇的變化）：新教主義增加了被試對公共產品的貢獻，天主教主義減少了被試對公共產品的貢獻並且減少風險厭惡，猶太教主義則在雙邊勞動市場的換禮博弈中增加了工人的互惠性，沒有證據表明宗教認同影響著獨裁者博弈中勞動努力、貼現率或慷慨行爲的負效用〔註 151〕。Cohen-Zada 發現，爲維持子女宗教認同，信仰宗教的父母選擇送子女到私人宗教學校上學，表現爲私人宗教學校的入學率與人口中宗教群體的比例間存在聯繫〔註 152〕。同時，種族認同也對貼現率和風險厭惡上的邊際行爲效果顯著〔註 153〕，移民的種族認同對他們的工作參與、收入、住房決策顯著相關〔註 154〕。

　　認同經濟學解釋了認同通過外部性影響著群體行爲。一方面，認同可能

〔註 148〕Metzinger, T., 2003: *Being No One: The Self-Model Theory of Subjectivity*, Cambridge and London: The MIT Press, p.626.

〔註 149〕Klor, E. F. & Shayo, M., 2010: Social Identity and Preferences over Redistribution, *Journal of Public Economics*, 94（3〜4）：269〜278.

〔註 150〕Sahlin-Andersson, K., 1994: Group Identities as the Building Blocks of Organizations: a Story about Nurses' Daily Work, *Scandinavian Journal of Management*, 10（2）：131〜145.

〔註 151〕Benjamin, D. J., Choi, J. J. & Fisher, G. W., 2010: Religious Identity and Economic Behavior, NBER Working Paper No. 15925.

〔註 152〕Cohen-Zada, D., 2006: Preserving Religious Identity through Education: Economic Analysis and Evidence from the US, *Journal of Urban Economics*, 60（3）：372〜398.

〔註 153〕Benjamin, D. J., Choi, J. J. & Strickland, A. J.，2007: Social Identity and Preferences, NBER Working Paper No. 13309.

〔註 154〕Constant, A. & Zimmermann, K. F.，2007: Measuring Ethnic Identity and its Impact on Economic Behavior, IZA Discussion Paper No. 3063

導致群體內成員對群體外個體的歧視、侮辱甚至暴力，例如性別歧視、社會排斥、文明衝突等。另一方面，認同可能導致且加強群體內的合作。認同會減少逃避與免費搭車行為〔註155〕，降低組織內的激勵成本〔註156〕，減少構建經濟上有用的社會網絡的成本〔註157〕。

認同經濟學也觸及了一些傳統經濟學無法圓滿解釋的問題。Akerlof 和 Kranton 指出，認同直接影響著個體行為，最明顯的例子是他們會做一些沒有經濟收益的事情——進行昂貴、不舒服、甚至有害的活動，例如，身體藝術和「壞的選擇」（如刺青、纏足、穿環等）、慈善捐助和校友捐贈〔註158〕。Dittmar 等人則構建了基於社會結構理論的衝動購買模型，用於預測產品被衝動地購買以反映自我認同，其中性別作為一個主要的社會類別，影響著認同相關的商品（與純功能性商品相對比）的衝動性購買〔註159〕。此外，學校質量取決於學生如何適應於學校的社會環境中，認同也成為學生行為的最主要動機〔註160〕。

3）認同經濟學的創新

認同經濟學是近十年來經濟學界對傳統經濟學範式反思的重要成果。它試圖回答以下關鍵問題：標準和認同怎麼產生的？它們怎樣變化和進化？認同、經濟政策和制度間如何反饋？如何解釋不同社會類別的不同認同和標準？群體矛盾的產生和消失如何解釋？到目前為止，這些問題並沒有得到滿意的解答。儘管這個領域還不成熟，但是，正如 Akerlof 和 Kranton 所總結的，認同經濟學仍然從五個方面豐富了經濟分析：個體行動（如身體藝術、慈善

〔註155〕Eckel, C. C. & Grossman, P. J., 2005: Managing Diversity by Creating Team Identity, *Journal of Economic Behavior & Organization*, 58（3）：371～392.

〔註156〕Akerlof, G. A. & Kranton, R. E., 2005: Identity and the Economics of Organizations, *The Journal of Economic Perspectives*, 19（1）：9～32.

〔註157〕Dev, P., 2010: Choosing `Me' and `My Friends': Identity in a Non-Cooperative Network Formation Game with Cost Sharing, MPRA Paper No. 21631.

〔註158〕Akerlof, G. A. & Kranton, R. E., 2010: *Identity Economics: How Our Identities Shape Our Work, Wages, and Well-Being*, Princeton and Oxford: Princeton University Press, pp.121～124.

〔註159〕Dittmar, H., Beattie, J. & Friese, S., 1995: Gender Identity and Material Symbols: Objects and Decision Considerations in Impulse Purchases, *Journal of Economic Psychology*, 16（3）：491～511.

〔註160〕Akerlof, G. A., 2002: Behavioral Macroeconomics and Macroeconomic Behavior, *The American Economic Review*, 92（3）：411～433.

捐助、校友捐贈等行動）、外部性、創造類別與標準（如政治、廣告等）、認同與悔恨以及認同選擇〔註161〕。

不過，在筆者看來，認同經濟學還有一個關鍵的創新——爲人格化交易提供了便利的分析框架。認同經濟學告訴我們，違背某種與認同關聯的規則的行爲，將會導致個體效用的損失，同時也會產生外部性並將損失帶給其它人。因此，認同潛在地提高了違反規則的成本，增加了群體懲罰的可能性，具有降低交易風險、節省交易成本的作用。這也是爲什麼在缺乏正式制度的情況下，人們通常會傾向於採用人格化交易的重要原因。由於前市場社會中普遍存在人格化交易，認同經濟學範式非常適用於分析前市場社會中的經濟問題。

4）爭議與批評

除了常見的經濟學帝國主義之類的指責外〔註162〕，經濟學科內對認同經濟學的中肯批評主要集中在對認同的理解上。由於該概念的使用範圍很廣，不同學者對其有著不同的理解。例如，認同可以是個人對他是誰以及他如何與他人關聯的概念；可以是一個基於生物特徵的社會建構的意義，如性別和種族；可以是個體對世界的認知方案；可以是政治角色約定俗成的描述；可以是非穩定、多元的和片段的暫時性自我。在經濟學文獻中，認同又被理解爲一種與社會類別、內化的規範相關聯的自我形象。認同涵義的複雜性，茲歸納爲五點。

第一，單一認同的多維度性。單一認同可以分爲個體認同（individual identity）、個人認同（personal identity）、社會認同（social identity）等多個維度〔註163〕。不同維度的認同間的關係相當複雜，既可能相互補充也可能相互衝突。例如，個體的個人認同可能與社會建構的個體認同相互矛盾〔註164〕。

第二，單一認同的多層次性。認同包括了「我如何感知自身」，「別人如何感知我」，以及二者間如何的互動。是如 Peverelli 那樣將認同視爲一個過程

〔註161〕Akerlof, G. A. & Kranton, R. E., 2010: *Identity Economics: How Our Identities Shape Our Work, Wages, and Well-Being*, Princeton and Oxford: Princeton University Press, pp.121～130.

〔註162〕Fine, B., 2009: The Economics of Identity and the Identity of Economics? *Cambridge Journal of Economics*, 33（2）: 175～191.

〔註163〕Davis, J. B. & Marin, S. R., 2009: Identity and Democracy: Linking Individual and Social Reasoning, *Development*, 52（4）: 500～508.

〔註164〕Davis, J. B., 2009: Identity and Individual Economic Agents: A Narrative Approach, *Review of Social Economy*, 67（1）: 71～94.

〔註 165〕，還是如 A－K 模型那樣視爲一種靜態的標準？

第三，多種認同的管理與排序問題。個體可能同時存在多種認同。例如，一位明代徽州商人可以同時是一個男人、歙縣人、詩人、好色酗酒的人、汪姓家族的人、國子監生、揚州鹽商等等，這些認同可以並行不悖地存在於這位徽商的自我形象中。認同的單一化處理，可能會導致幻象與暴力〔註 166〕。

多種認同問題涉及到認同協調與認同管理的問題〔註 167〕。在 Folbre 的約束結構分析中，女性被視爲社會性地內置於多個經常相互矛盾的位置〔註 168〕。Davis 利用 Sen 的「眞實機會意義上的能力」概念，討論了女性如果具備自由地、成功地與她們的多個群體參與者協商的特別能力，就能從多種集體認同中獲取個人認同〔註 169〕。同時，正如 Ross 所言，人們是多個自我暫時存在於其中的政治的複合社會〔註 170〕。LeBoeuf 等人認爲，轉換自我時會面臨的矛盾選擇〔註 171〕。

多種認同問題還涉及認同排序問題。即，多種認同可能都同時與某一經濟結果相關，但是如何衡量哪些認同對最終結果產生眞正影響的程度？例如，Solow 和 Kirkwood 的一份研究指出，群體認同、性別與經濟行爲三者間的聯繫，要比簡單比較群體成員與非成員間的性別差異複雜得多；有的時候，性別與成員身份並不足以預測行爲間的差異，不同群體的成員有不同的行爲〔註 172〕。

第四，認同建構的多樣化問題。Pratt 等人（2003）發現，一年級住院醫生的三個群體在構建工作認同（work-identity）時，出現了三種不一樣的過程：

〔註 165〕 Peverelli, P. J., 2006: *Chinese Corporate Identity*, London and New York: Routledge.

〔註 166〕 Sen, A., 2006: *Identity and Violence: The Illusion of Destiny*, London and New York: Penguin.

〔註 167〕 Bazin, D. & Ballet, J. A, 2006: Basic Model for Multiple Self, *Journal of Socio-Economics*, 35（6）: 1050～1060.

〔註 168〕 Folbre, N., 1994: *Who Pays for the Kids? Gender and the Structures of Constraint*, London and New York: Routledge, p.51.

〔註 169〕 Davis, J. B., 2002: Capabilities and Personal Identity: Using Sen to Explain Personal Identity in Folbre's 'Structures of Constraint' Analysis, *Review of Political Economy*, 14（4）: 481～496.

〔註 170〕 Ross, D., 2005: *Economic Theory and Cognitive Science: microexplanation*, Cambridge and London: the MIT Press, 2005, p.186.

〔註 171〕 LeBoeuf, R. A., Shafir, E. & Bayuk, J. B., 2010: The Conflicting Choices of Alternating Selves, *Organizational Behavior and Human Decision Processes*, 111（1）: 48～61.

〔註 172〕 Solow, J. & Kirkwood, L. N., 2002: Group identity and gender in public goods experiments, *Journal of Economic Behavior & Organization*, 48（4）: 403～412.

認同加深（identity enrichment）、認同加廣（identity patching）、認同固化（identity splinting）〔註 173〕。

第五，作爲分析類別的認同與作爲實踐類別的認同，二者存在差異。即，認同到底是由分析者分配給個體的社會類別，還是約束個體行動的真實過程？即便某些個體採取與某種認同一致的行動，分析者也難以斷言這種認同在個體決策時就已經處於顯著序列。

總體來說，認同經濟學仍然需要更進一步的研究來釐清上述問題。認同經濟學範式能否得到進一步的發展，仍取決於學術界對認同概念是否產生共識。

2、改進後的解釋框架

認同不僅是一種心理、文化、社會現象，更是一種經濟現象。在以往的經濟學中，認同通常被視爲一種經濟分析時的社會背景，簡化在決策者的個體口味中，並沒有被視爲一種有效的激勵機制。經濟學家關注金錢對員工的激勵效果。例如，效率工資之類的制度安排被用於提升員工的工作努力。但是，人們往往發現，效率工資會產生替代效應，即工作一旦付費，員工就會減少不付錢的工作。與此同時，效率工資的制度設計總會存在不足之處，這會鼓勵員工操縱制度來謀利，而不是增加勞動供給。也就是所謂的「操縱系統」問題。2000 年 Akerlof 和 Kranton 提出了認同經濟學，並指出認同對準則與遵循有著重要的影響。雇傭者不必支付額外的效率工資，依靠雇員對工作的認同感就能出色地完成任務。

1）認同與社會類別的含義

在不同的學科中，認同具有不同的涵義。爲了避免誤解，本文將採用 Akerlof 和 Kranton 給出的認同定義。即，一個人的認同定義了他是誰——社會類別〔註 174〕。簡單地說，人們總是屬於某些社會類別，這些社會類別規定了特定的準則，告訴他們應該做什麼和不應該做什麼，而準則影響著個體的行爲。根據自我類別理論（self-categorization theories）〔註 175〕，人們總是將

〔註 173〕Pratt, M. G., Rock, K. & Kaufmann, J. B., 2003: Socialization, Multiple Identities, and Identity Customization: Towards a Model of Work-Identity Integrity〔J〕. Working Papers No. 03～0106.

〔註 174〕Akerlof, G. A. & Kranton, R. E., 2010: Identity Economics: How Our Identities Shape Our Work, Wages, and Well-Being, Princeton and Oxford: Princeton University Press, p.13.

〔註 175〕Turner, J. C., 1999: Some Current Issues in Research on Social Identity and

自身與他人歸入某種社會類別之中。而且，社會類別與準則必然關聯在一起，正如不同社會類別中的人應該具有不同的行為。準則用於區分人們屬於不同的類型（即社會類別），以及人們應該如何對待他人。

2）交易成本、人格化交易與個人信息

為什麼交易中個人信息會被需要？讓我們考慮自然狀態下顧客甲向商販乙購買蘋果的例子。買蘋果之前，顧客甲需要先看蘋果的價格標籤，判斷有無價格欺詐，再看蘋果的貨色（即試圖得到關於蘋果質量的部分信息），然後挑挑選選，將蘋果放入秤盤，檢查衡器是否精準，檢查蘋果是否被商販掉包或遺漏。商販乙則需要觀察顧客是否偷竊、夾帶，支付的是不是假鈔等等。假設不考慮售後服務的情況下，蘋果的交易活動到此已經完成。很顯然，在這個例子中，並不是只有蘋果與貨幣的品質被交易雙方重視，他們還會密切關注對方的行為品質。可以說，交易是否成功，既取決於交易物品的價格與品質，同時還取決於交易雙方的個體行為。因為，有的時候實施偷竊、欺騙或搶劫的收益可能會高於實施交易的收益，這些構成了交易的機會成本（影子價格）。交易產生的利潤如果低於交易的機會成本，理性的個體就不會選擇交易。這個簡單以物易物模型的核心思想是，交易的發生不僅跟物品的信息有關，還直接與交易者的個人信息有關。在大多數的交易中，人們總是謹慎地選擇所交易的對象。例如，在利潤較低的情況下，人們通常不願意跟兇惡危險的人發生交易。在高利潤的交易中，交易者不得不在限制非交易的行動（搶劫、欺騙、偷盜等）上投入成本。

現代契約理論告訴我們，如果甲與乙達成一個契約，將原本花費在觀察、監督交易方行為的代價，交由第三方（如司法、警察、行會系統）承擔，從而節省了各自所需支付的交易成本。如果社會中顧客與商販的數量足夠多，而且契約均交由第三方來監督執行，由於專業分工與規模經濟，必然帶來整個社會效率的提高。這是非人格化交易的模式。

不過，即便如此，人格化交易現象在現實社會中仍然始終存在，沒有一個制度（包含規則、信念、規範與組織等要素）可以完全實現交易的非人格化。這是因為制度創立、執行都需要成本。在沒有足夠的產權保障的情況下，交易是一種脆弱的社會互動。而經濟學家也越來越多地意識到，許多具有經

Self-Categorization Theories. in Ellemers, N., Spears R. & Doosje, B.（eds.）Social Identity, Oxford: Blackwell, pp.6～34.

濟含義的社會互動並不是通過一個非人格化的市場來調節的，而是通過個體選擇的積累效果〔註 176〕。個體選擇的積累效果，這種信息並不存在於匿名市場中，而是在關係網絡中被記憶和傳遞著。

3）關係網絡、聲譽

以往經濟學強調非人格化市場的重要性，忽視了社會類別、關係網絡等重要的社會背景對交易的影響。在前市場社會中，大量存在的人格化交易現象無法用主流經濟學來解釋。認同機製表明，個體在關係網絡中的交易，往往比非人格化市場更具影響力。而 A－K 模型只是一種簡單的靜態分析，並沒有考慮聲譽機制會將認同的外部性傳遞給群體內的每個人，使得每個人要麼做出反應，要麼降低與違反準則的個體的潛在交易機會〔註 177〕。無論是通過個體對違反準則的個體的直接懲罰，還是通過聲譽機制而降低所有群體成員與她的交易機會，其過程都是在某個關係網絡中完成的。

認同的外部性在關係網絡中產生作用。回顧一下 A－K 模型中，個體 2 的認同行爲通過外部性直接影響到個體 1，並進入兩人每種策略的代價上，隨後兩人間形成幾種可能的博弈均衡。如果個體 2 與個體 1 之間並沒有被關係網絡連接起來，或者一方無法知道對方的採取了違反規則的行爲，認同的外部性也就無從談起。也就是說，認同不能假借非人格化的市場來實現，卻總是通過關係網絡中個體選擇來完成。

假設儒商群體中一個商人甲因爲儒家認同而偏離自身利潤的最大化，只要群體中存在追求利潤最大化而沒有遭到懲罰的其它競爭者，堅持儒家認同的商人甲最終將會被驅逐出這個市場。這就是非人格化的市場力量帶來的選擇。但是，在實際的觀察中往往存在大量違背自身利潤最大化、遵循群體準則而存活的商人。其根本原因就在於，現實的市場比瓦爾拉斯市場要小，即便群體成員偏離了利潤最大化，不守規矩的個體也不能從違背群體準則中獲利。然而要保證這一點，需要社會群體中的他人有能力直接懲罰（或獎勵）那些違背（或遵循）群體準則的個體。A－K 模型實質上就是描述了個體認同除了通過內化進入個體效用函數外，還可通過認同的外部性使得個體違背群

〔註 176〕Arrow, K. J., 1998: What Has Economics to Say about Racial Discrimination, *Journal of Economic Perspectives*, 12（2）：91～100.
〔註 177〕關於聲譽機制的研究，請參考格雷夫（2008）關於熱那亞商人與馬格里布商人的研究。

體準則的行爲面臨博弈對象懲罰的成本壓力。

4）創造類別、認同與標準擴散

認同經濟學認爲，一些人和組織可以爲他們自身利益而操縱類別、標準和典型。學校和公司花錢將學生和員工變爲組織的一員，這種從外部人到內部人的過程就是典型的例子。廣告是非常明顯的這類操縱的例子，廣告設計者不僅利用現有的標準，而且還能創造新的典型。政治是重要的操縱類別的方式。例如，「紅衛兵」、「左派」、「第三世界」、「儒商」等社會類別，都是被創造出來，以推行某些標準，約束他人的選擇集合。

個體在是否認同這些社會類別時，擁有的選擇空間差異很大。有的社會類別，幾乎是永久性的或改變需要支付極高代價，例如種族和性別。有的社會類別是可以少量更改的，如民族和國籍等。有的是高變動的，如工作身份、俱樂部成員身份。個體可以進行認同的選擇，例如一位女性可以選擇家庭主婦也可以選擇作爲一個母親；學校選擇、移民等等也涉及到認同選擇問題。標準或規則也在認同的過程中被遵循，並沿著網絡擴散開去。

同一社會類別中的個體會受到準則的影響，有可能被要求實現某些並非符合個體偏好的目標。與此同時，社會類別所包含的特徵在成員中出現了某種同質化的傾向，這將社會類別變爲一種關於個體特徵的信息的簡化服務（類似於貼標籤式的行爲）。這種行爲可以有兩種途徑施加影響。第一個途徑是，一部分人可以通過對他人的個體特徵的肯定或否定（例如侮辱與讚揚），從而改變他人預期的支付集合。第二個途徑是通過政治、文化以及媒體權力（影響力）創造社會類別、改變社會類別所蘊含的特徵或準則，從而實現對他人行爲的控制。

儘管侮辱或讚揚的內容可能與交易的內容沒有直接關係，比如說責罵一個屠夫是不孝順的人與此人所出售豬肉的品質並沒有必然聯繫。但是在實際的交易中，人們往往會在意交易者的個人特徵，從而影響交易的發生。這表明，侮辱與讚揚有著現實的經濟含義，認同起著關鍵的作用。也解釋了爲什麼有的時候合作雙方會在合作前會進行看上去毫無意義的寒暄。儘管這些寒暄是廉價的，但仍然會增進合作的機會。社會交往中常常出現的拍馬屁等行爲，也具有增加潛在合作機會的經濟含義。

第五章 「詩賈」：明代儒賈的一類具體意象

> 禿兵與徽賈，闌入詞人壇。律之鑿石門，奪牛而蹊田。我欲肆
> 毒手，一浣此醒膻。
>
> ——明末 蕭士瑋

迄今民間常稱「有文化的商人」爲「儒商」，其中「有文化」則往往指「善於文辭（詩文）、書畫」等事。其實，類似說法在明代就出現了：「世之命儒者二，其一道德，其一文辭」〔註1〕。在這類儒商中，有一支尤擅詩文。不過，若文辭與道德漸行漸遠，就免不了被謔稱「附庸風雅」。本章擬以明代徽商爲例，簡述徽州詩賈的發展源流。

「詩賈」一詞雖首先出現於明代萬曆年間，但是商人寫詩作爲一種文化風氣卻有著長期的歷史。下文以徽商爲中心，考察了明代徽州詩賈風氣形成的整個過程。它肇始於景泰前徽州商人收藏名士的詩文字畫的傳統；至弘治、正德間前七子李夢陽開放對民間詩文的評價，培養多位徽州商人進入詩壇主流；嘉靖、萬曆之際，徽州文人汪道昆整合新安詩派，又提出「以儒飾賈」的口號，將注重文辭的詩賈塑造成流行的民間風氣；及至萬曆末至崇禎間，隨著「詩賈」風氣遠離道德實踐，在經濟與社會的雙重壓力之下逐漸成爲潛流。

〔註 1〕 汪道昆，《太函集》卷 16《郭語》。

第一節 「詩賈」成詞於明代萬曆間

詩是儒家文教的重要載體。子夏以「禮後乎」解「繪事後素」，被孔子贊曰「始可以言詩」〔註2〕；子貢「告諸往而知來者」，「始可與言詩」〔註3〕。在具備由前及後、由古及今的興發能力之後，學詩才成爲儒家文教的起點，故孔子說：「興於詩，立於禮，成於樂」〔註4〕；又言「不學詩，無以言」〔註5〕；《尚書・堯典》亦曰「詩言志，歌永言，聲依永，律和聲」〔註6〕。

商賈詩屬於《詩經》六義的「風」，自古有之。可考者，如六朝的《三洲歌》，即「商人歌也」〔註7〕。漢隋之間，士、商間流動未受嚴格限制，從事貨殖且能作詩者並不鮮見。隋唐以後，科舉大興，儒士的身份被制度強化，士、商界限漸趨分明；迄至南宋，科舉名額少而儒生日多，士人經常兼做商人謀生，能詩者亦不乏其人，如《江湖集》的編撰者陳起就是集詩人、書商、選人身份於一身。

但是，「詩賈」成爲類別名詞的時間要晚至明代。文獻所及，「詩賈」一詞，最早見於明萬曆間士人何喬遠爲杭州商人黃徵作的《詩賈傳》。

> 詩賈者，杭之賈人也。姓黃，名徵，字季美，出贅於沈翁。翁故爲閩賈居停，季美贅其家。……既娶翁女歸，走閩中賈，旅舍船步，時時賦詩爲娛樂，詩自名《彀音》。〔註8〕

何喬遠，字稚孝，福建晉江人，萬曆十四年進士，去官後二十餘年居鄉著述。傳主黃徵作爲贅婿的日常工作是接待以閩商爲主的賓客，有時也會遠赴福建經商。《詩賈傳》裒輯了黃徵的十四聯佳句，大部分就是在旅途中寫成的。傳記記載，商人黃徵並無以詩干謁的功利心態，吟詩作賦已內化爲一種捕捉情感和陶冶性情的日常習慣。因此，士人何喬遠才給予黃徵非常高的評價，認爲他呈現了一種新的社會典範：

> 古之託於隱者多矣。儈牛、緯蕭之倫，皆能獨高其道，文采有

〔註2〕 《論語・八佾第三》
〔註3〕 《論語・學而第一》
〔註4〕 《論語・泰伯第八》
〔註5〕 《論語・季氏第十六》
〔註6〕 《尚書・堯典》
〔註7〕 《舊唐書》卷29志第9音樂2，清乾隆武英殿刻本。
〔註8〕 《明文海》卷396傳10，清涵芬樓鈔本。

以自見。至於賈而無之，何者？心有營也。若夫陽翟布衣，招致賓
客以成呂覽，蓋在得柄之後，乃其奇貨居人。有不爲大盜謀也者？
夫季美，囂紛也，其心寧以明；龐攘也，其學涉以爲；計算也，其
志立以邈；闌闠也，其韻脩以清。夫有唐也，以詩名其代也，桑門、
閨秀皆進乎技，賈人缺矣。季美詩不妨賈，賈不搏詩。儈牛緯蕭，
遂無前人，以著吾世。唐，方之蔑如，亦以見吾世之盛也。
〔註9〕

在何喬遠看來，相較於儈牛自隱的王君公、緯蕭而食的河上丈人這類隱士，
商人一般難以在「道」與「文采」上卓爾立世，其原因是心思不純，有所營
求。然而，黃徽卻能在「囂紛」、「龐攘」和「計算」的商業背景中，同時做
到心思清明，學識廣博，志存高遠，達到「詩不妨賈、賈不搏詩」的境界。
作爲一種新的復合性認同，何喬遠描寫的「詩賈」呈現出詩人與商人兩種認
同之間互不妨害的性質，這是尤其值得重視之處。

「詩賈」並非一個未經討論的概念，清代著名學人對其作了轉引、補充
和例證。朱彝尊在轉引何喬遠的「詩賈」評價之後，接著補充：

> 明以賈客而稱詩者眾矣。若歙州之鄭作、程誥，龍遊之童佩，
> 皆賈也。然鄭、程皆受學於李空同，童執經于歸太僕，則不得以賈
> 人目之。〔註10〕

朱彝尊以其對詩的專業品味、文化優越感，仍感歎若徽商鄭作、程誥、龍遊
商童佩「不得以賈人目之」。他甚至認爲商人鄭作、程誥的詩品超過當時同向
李夢陽學詩的舉人黃省曾。

> （黃省曾）詩品太庸，沙礫盈前，無金可揀，當時從遊李、何，
> 漫無師資之益，反不若方山（鄭作）、泮溪（程誥）二賈人子，尚有
> 秀句可採也。〔註11〕

除以上諸「詩賈」外，朱彝尊還在《靜志居詩話》中新起一類，名「雜流」，
專收賈客、衣工、縣吏、青衣等地位較低但能作詩的人。其中就收錄兩位商
人：

> 1、谷淮，字文東，秦中賈人，客淮揚間，傭書給事澄江張學士

〔註9〕 《明文海》卷396傳10，清涵芬樓鈔本。
〔註10〕 朱彝尊，《靜志居詩話》卷24，清嘉慶扶荔山房刻本。
〔註11〕 《靜志居詩話》卷14。

家。……顧元言謂：淮能仿文徵仲書法，兼善音律，日以文翰爲業，其家詆爲書癡，其詩殊有雅致；

　　2、周俊，字伯英，江陰賈客，有《南岑集》。伯英詩頗清越，如「海風吹雨散，江月伴潮生。亂鴉千樹曉，新水一篙秋……。」

此外，俞樾《茶香室三鈔》卷一五「詩賈」條，亦轉引過朱彝尊《靜志居詩話》兩條詩賈的論述〔註12〕，恕不贅引。

　　從籍貫看，前引稱詩的商人分別來自杭州、徽州、龍遊、陝西、江陰。事實上，詩賈在明代並非偶然個例，而是大規模、長時期的社會與文化風氣。其中有著「賈而好儒」美譽的徽商則是產生「詩賈」的一個典型群體。這一點，可從崇禎末年泰和士人蕭士瑋作的譏諷詩裏看到：

　　　　禿兵與徽賈，闌入詞人壇。律之鑿石門，奪牛而蹊田。我欲肆毒手，一浣此醒膻。〔註13〕

「闌入」，原是漢書、唐律中一種無符籍妄入宮禁的罪名，後泛指擅自進入。說明明末有一批徽商進入詩壇已是不爭的事實。那麼，明代商人學詩的風氣到底是怎麼形成的，發生過怎樣的演變？筆者擬圍繞徽商爲中心勾勒明代「詩賈」風氣的發展線索。

第二節　弘治以前徽商與名士交遊、收藏文章字畫的傳統

　　洪武至宣德間，政府在農業上抑制土地兼並，實施「田不過都」、「黃冊」等制度；在商業上限制遊民外出，於交通要道設立巡檢司，核驗文引，甚至規定雖稱商賈但錢鈔不及萬文或十貫者俱遷發化外，又令客店每月置店歷，記錄客商信息彙報官府；在文化上則緊抓政治文化控制，拘圍士人思想，震懾士人精神。嚴格的政府管制雖有助於恢復農業生產，但對於需要較高社會流動和思想自由的商業和文化非常不利。即便當時有商人與士人間的「唱和」活動，也不會產生多大的社會影響，相關史料因此較爲稀見。

〔註12〕 俞樾，《茶香室三鈔》，清光緒二十五年（1899）刻春在堂全書本。
〔註13〕 蕭士瑋，《春浮園集》詩集《鄱湖望匡廬退尋舊遊次而紀之以詩》，清光緒刻本。

正統元年以後政府鬆弛銀禁〔註 14〕，允許南直隸、浙江、江西、湖廣等地實施折色輕賚〔註 15〕，稅糧折以白銀支付，稅率大爲下降。徽州府屬南直隸管轄，則是經濟和文化較早繁榮的地區之一。零星的史料表明，當時已有徽商熱衷於與名士交遊，收藏其文章字畫作爲家族的文化資源。這類行爲後來在嘉、萬之際發揚光大，終於成爲重塑徽商形象的一個大傳統。

例如，徽州府休寧縣商人閔兆勝（1409～1470）死後十七年，其子閔岩童修書請託同鄉名士程敏政（1446～1499）爲閔兆勝撰寫墓誌銘。程敏政寫道，

> （閔岩童）凡其父所交遊者文章字畫能珍藏之，又繕書以視予。予觀其中若徐武功、張士謙學士及臨川聶大年、武昌陳謙輩，率一時名流。〔註16〕

徐武功，即徐有貞，後以英宗復辟首功封武功伯；張士謙，即土木之變時隨扈英宗而死難的侍讀學士張益。不過，閔氏所珍藏的文章字畫，可能只是文士練筆養望或興文善俗之作，不表明他與名士間曾發生過相互的詩文酬唱。在當時，翰林名人替人作文的情況很普遍。葉盛記載：

> 三五年前，翰林名人送行文一首，潤筆銀二三錢可求，事變後文價頓高，非五錢一兩不敢請，迄今猶然，此莫可曉也。嘗記一日過錢原溥翰檢第。……（張士謙）先生……曰：「吾永樂中爲進士、庶吉士、中書舍人，時年向壯，有志文翰，晝夜爲人作詩寫字，然未嘗得人一葉茶，非如今人來乞一詩，則可得一贄見悅帕。向非吾弟貿易以資我，我何以至今日耶！」由此觀之，當時潤筆亦薄已。〔註17〕

〔註14〕 《明史·食貨五》：「英宗即位，收賦有米麥折銀之令，遂減諸納鈔者，而以米銀錢當鈔。馳用銀之禁，朝野率皆用銀，其小者乃用錢；惟折官俸用鈔，鈔壅不行。」

〔註15〕 夏燮，《明通鑑》（清同治刻本）卷 22 載，「（正統元年八月）始定歲賦折銀入內承運庫。初，洪武九年，天下稅糧許以銀鈔代輸者，謂之折色。……乃仿其制，米麥一石折銀二錢五分，南畿、浙江、江西、湖廣、福建、廣東、廣西米麥共四百餘萬石，折銀百萬餘兩，不送南京，悉入內承運庫，謂之金花銀。除給放武臣俸，餘專供內用，其後概行於天下，自起運兌運外，率糧四石折銀一兩解京，以爲永例。由是諸方賦入折銀者幾半，而倉廩之積漸少矣。」

〔註16〕 程敏政，《篁墩集》卷 44《孝義處士閔君墓誌銘》，正德二年刻本。

〔註17〕 葉盛，《水東日記》卷 1，清康熙刻本。

又如，成化、弘治間歙縣溪南商人吳以時依託同鄉士人與名士交往密切。他請徽州名士程敏政（1446～1499）撰寫《義路亭記》，表彰其無嗣寡姊築路建亭的德行，弘揚吳氏家聲〔註18〕；弘治元年至五年間，又替在南京定山講學的莊昶給罷官歸家的程敏政傳遞書信和文章〔註19〕；甚至當時頗有官聲與文名的馬中錫也爲吳以時贈送過別離詩，如《贈歙商吳以時南還》曰：

> 到處風花豁壯眸，世家喬木在南州。弟兄力作千金產，湖海深藏一葉舟。旅館生涯淹累歲，故園歸興動高秋。願言此去毋濡滯，慈母重門倚白頭。〔註20〕

遺憾的是，吳以時自己並無詩文傳世，沒有他與人唱和的旁證。

這一時期引領徽州士風的名士是《新安文獻志》的作者程敏政。程敏政，字克勤，號篁墩，弘治元年至弘治五年罷官歸家，讀書講學於休寧南山竹舍，與鄉人鄭萬里、汪進之等人交遊唱和。後來在隆慶、萬曆之際，有一名叫鄭叔夏的徽商持其祖父鄭狷庵的詩集，請求弇州王世貞撰序，王世貞就回顧了程敏政與鄉人鄭狷庵吟詩唱和之事〔註21〕。不過，程敏政認爲詩之法「不容於不嚴」，其《詩考》云：

> 古者冑子之教、過庭之訓，皆於詩乎得之，所謂「養其良知良能」者也；而今之詩乃取夫狎邪淫蕩之詞，雜乎清廟生民之列〔註22〕。

程敏政受理學影響很深，其取詩嚴正，商賈之詩難入其目，加之他在徽州閒居時間太短，對徽商的影響有限。

第三節　弘治至嘉靖間的徽州詩賈

弘、正以後，詩風爲之一變。其中對徽商兼詩人影響最深的是前七子的領軍人物李夢陽（1472～1530）。李夢陽，字獻吉，號空同，弘、正間文壇領袖，正德以後影響力極大，有「一代空同子，人人願執鞭」之譽〔註23〕。李夢陽反對一些理學家將理、欲對立，認爲「理欲同行而異情」：

〔註18〕程敏政，《篁墩集》卷19《義路亭記》。
〔註19〕程敏政，《篁墩集》卷54《復莊定山年兄書》。
〔註20〕馬中錫，《東田漫稿》卷4，嘉靖十三年（1534）文三畏刻本。
〔註21〕王世貞，《弇州續稿》卷47《鄭狷庵先生集序》，見景印文淵閣四庫全書第1282冊，臺灣商務印書館，第619～620頁。
〔註22〕程敏政，《篁墩集》卷11《詩考》。
〔註23〕朱曰藩，《山帶閣集》卷2《寄程自邑》，明萬曆刻本。

> 理欲同行而異情。故正則仁，否則姑息；正則義，否則苛刻；
> 正則禮，否則拳踞；正則智，否則詐餚；言正則絲，否則簀；色正
> 則信，否則莊；笑正則時，否則諂；正則載色載笑稱焉，否則輯柔
> 爾顏讌焉。凡此皆同行而異情者也。〔註24〕

他引朱熹釋孟子論好勇、好貨、好色之言──「此皆天理之所有，而人情之所不能無者」，歎息：

> 此道不明於天下，而人遂不復知「理欲同行異情」之義。是故
> 近裏者諱聲利、務外者鶩貨色。諱聲利者爲寂爲約，鶩貨色者從侈
> 從矜。吁！君子素其位而行，非孔子言邪？此義惟孔知之、孟知之、
> 朱知之，故曰非淺儒之所識也。〔註25〕

李夢陽倡導恢復古文以突破理學拘囿的文化行動也有了正當性。

> 宋儒興而古之文廢矣。非宋儒廢之也，文者自廢之也。古之文，
> 文其人，如其人，便了如畫焉，似而已矣。是故賢者不諱過，愚者
> 不竊美。而今之文，文其人，無美惡，皆欲合道傳志，其甚矣。是
> 故考實則無人，抽華則無文。故曰宋儒興而古之文廢。或問：何謂？
> 空同子曰：嗟！宋儒言理不爛然歟，童穉能談焉？渠尚知性、行有
> 不必合邪。〔註26〕

爲恢復古詩文創作的空間，他反對宋儒「理外無事」之說，批評「宋人不言理外之事，故其失拘而泥」，並言世間有奇妙之事不能盡以「理」推衍：

> 玄鳥生商，武敏肇姬，尹之空桑，陳搏之肉搏，斯於理能推哉？
> 空同子曰：形化後有氣化焉，野屋之鼠、醢甕之雞其類已。〔註27〕

在詩詞體制上，他反對臺閣體，認爲它們大多「出於情寡而工於詞」，並聲稱眞詩在民間，「江海山澤之民，顧往往知詩不作秀才語」〔註28〕。李夢陽說，

> 夫詩者，天地自然之音也。今途哭而巷謳，勞呻而康吟，一唱

〔註24〕李夢陽，《空同集》卷66外篇《論學下篇第六》，清文淵閣四庫全書補配清文
　　　　津閣四庫全書本。
〔註25〕李夢陽，《空同集》卷66外篇《論學下篇第六》，清文淵閣四庫全書補配清文
　　　　津閣四庫全書本。
〔註26〕李夢陽，《空同集》卷66外篇《論學上篇第五》。
〔註27〕李夢陽，《空同集》卷65外篇《物理篇第三》。
〔註28〕李夢陽，《空同集》卷52序《缶音序》。

而群和者，其真也，斯之謂風也。孔子曰：「禮失而求之野。」今真詩乃在民間，而文人學子顧往往為言謂之詩。夫孟子謂「詩亡然後春秋作」者，雅也。風亦遂棄而不採，不列之樂官。〔註29〕

商人詩在弘、正間得以納入文人詩的主流，產生了很大的歷史影響。

李夢陽的詩學含有針砭理學末流之意，其旨趣之一在於，通過詩恢復人的情感能力。在為徽商佘存修的詩集《缶音》作的序中，他說：

夫詩，比興錯雜、假物以神變者也，難言不測之妙，感觸突發，流動情思。故其氣柔厚、其聲悠揚、其言切而不迫，故歌之心暢，而聞之者動也。宋人主理、作理語，於是薄風雲月露，一切剗去不為，又作詩話，教人人不復知詩矣。詩何嘗無理，若專作理語，何不作文而詩為邪？今人有作性氣詩，輒自賢于穿花蛺蝶、點水蜻蜓等句。此何異癡人前說夢也。〔註30〕

「穿花蝴蝶」、「點水蜻蜓」典故，來自程頤鄙薄杜甫的「穿花蝴蝶深深見，點水青蜓款款飛」詩句為無關道、理的閒言。

李夢陽還積極參與了當時思想界對士商角色的重新定位。例如，

（山西商人王文顯）嘗訓諸子曰：「夫商與士異術而同心。故善商者處財貨之場而修高明之行，是故雖利而不汙。善士者引先王之經而絕貨利之徑，是故必名而有成。故利以義制，名以清修，各守其業，天之鑒也。」〔註31〕

休寧商人汪弘（1491～1545）：「暨長就學，疏通聞見，棄儒就商，力行千蠡之業。於是北跨淮揚，南遊吳越，服賈鹽鹵之場，挾劉晏之奇，謀猗頓之貲，積數十年遂有餘蓄。晚歸桑梓，乃構堂室，乃闢沃壤，祖考之志於是為烈。……嘗輸金造文峰，以資學校。復輸百金航梓宮，以濟王事。用財於此，義莫大焉。……空同子曰：『士商異術而同志，以雍行之藝，而崇士君子之行，又奚必於縫章而後為士也。』」〔註32〕

〔註29〕李夢陽，《詩集自序》，載《明文海》卷262序53，清涵芬樓鈔本。
〔註30〕李夢陽，《空同集》卷52序《缶音序》。
〔註31〕李夢陽，《空同集》卷46誌銘《明故王文顯墓誌銘》。
〔註32〕《汪氏統宗譜》卷116《弘號南山行狀》，轉引自《明清徽商資料選編》，第440頁。

此處「商與士異術而同心」，雖是以商人王文顯的口吻說的，但可歸之於撰者李夢陽，夢陽文集中屢見讚賞「志士徇名」〔註33〕、良商「利而不污」〔註34〕類似的說法。

這與當時王陽明「四民異業而同道」之說相近。

> 古者四民異業而同道，其盡心焉，一也。士以修治，農以具養，工以利器，商以通貨，各就其資之所近、力之所及者而業焉，以求盡其心。其歸要在於有益於生人之道，則一而已。〔註35〕

此說後來又被徽州士人所接受和宣揚，如休寧人金瑤說，

> 四民異職而同道。士職道、職功業，農職耕，工職藝，商職利。其始之授職也，惟各就其資之所近，而其既也，要有裨於民生。……徽之俗重商而賤農工，有志者生其間，不為士則為商，商而能盡商之職，安得以其品而少之。〔註36〕

金瑤，嘉靖十年（1531）選貢生，授會稽縣丞，再補廬陵縣丞，遷桂林中衛經歷，以母老不赴，教授鄉里以終。金瑤的政治地位雖然不高，但是他出自休寧望族金氏，教授鄉里多年，曾撰寫《六爻原意》、《周禮述注》等，又是《當溪金氏族譜》的纂修者，對徽州休、歙二縣的影響不容小視。

在李夢陽的影響下，徽州陸續出現了一批交遊廣泛、頗有詩聲的商人。其聲名最著者如鮑弼、鄭作、程誥、佘存修、佘育、王寅等人。

鮑弼（1474～1522），「字以忠，歙人，好義能詩。嘗遊宋梁吳越，偕李空同、孫太白結社談文，遠近稱為梅山先生，著有《梅山集》。」〔註37〕鮑弼深得李夢陽器重。嘉靖元年（1522），李夢陽應鮑弼、鄭作的請求，為徽商汪昂撰寫壽圖序。序中深贊鮑、鄭二人所繪之圖「獲詩之義」，「君臣朋友殊分而同情」，其義「發於愛仁之緒」〔註38〕。鮑弼死後，李夢陽常念「梅山……梅山」，並為其撰寫墓誌銘〔註39〕。與李夢陽唱和的何景明曾撰詩酬

〔註33〕李夢陽，《空同集》卷61雜文《官四》。
〔註34〕李夢陽，《空同集》卷57序《汪子年六十鮑鄭二生繪圖壽之序》。
〔註35〕王陽明，《陽明全書》卷25《節庵方公墓表》，四部備要本。
〔註36〕金瑤，《金粟齋文集》卷7《東泉金處士傳》，明萬曆四十一年（1613）汪從龍瀛山書院刻本。
〔註37〕凌迪知，《萬姓統譜》卷84，清文淵閣四庫全書本。
〔註38〕李夢陽，《空同集》卷57序《汪子年六十鮑鄭二生繪圖壽之序》，清文淵閣四庫全書補配清文津閣四庫全書本。
〔註39〕賀復徵，《文章辨體彙選》卷716《梅山先生墓誌銘》，清文淵閣四庫全書補配清文津閣四庫全書本。

對鮑弼：「萬戶夾垂楊，君家大道傍。相逢一尊酒，何惜醉他鄉。」〔註40〕

鄭作，字宜述，號方山子，歙縣人，「商宋、梁間，能詩，豪負氣，見王公大人輒長揖抗禮，人多病其不遜。李子特奇之，與之遊。作為詩，援筆輒成。……然率易弗精也。空同子每抑之曰：不精不取。鄭生乃兀坐沉思，鍊句證體，亦往往入格。然對他人又率易如初已。」〔註41〕文中講述的是鄭作學詩於李夢陽之事。李夢陽稱「識者謂鄭生雖商也，而實非商也」，「其詩數千百篇，擇而集者二百餘爾」〔註42〕。鄭作死後，李夢陽亦為其寫過祭文〔註43〕。其同鄉王寅（仲房）云：「宜述家本商賈，讀書苦吟，為人負氣任俠，故其詩雄渾跌宕，有風骨」〔註44〕。此外，鄭作與士人顧璘〔註45〕、張旭〔註46〕等人交遊，甚有詩聲。

程誥，字自邑，歙人，學詩於李夢陽。汪道昆稱「新都自程自邑受獻吉詩，而後徽音可嗣」〔註47〕，「有《霞城集》二十四卷」〔註48〕。程自邑與黃省曾〔註49〕、許應元〔註50〕、朱曰藩〔註51〕、左國璣〔註52〕、岳岱〔註53〕等人交遊唱和。《四庫全書總目》云：程自邑「生平好遊，所至山川都邑，輒紀

〔註40〕鄧元錫，《皇明書》卷38《飲鮑以忠》，明萬曆刻本。
〔註41〕鄧元錫，《皇明書》卷38，明萬曆刻本。
〔註42〕李夢陽，《空同集》卷51序《方山子集序》。
〔註43〕李夢陽，《空同集》卷64祭文《方山子祭文》。
〔註44〕朱彝尊，《靜志居詩話》卷11，清嘉慶扶荔山房刻本。
〔註45〕顧璘作詩「鄭作至問訊空同」一首：「北里築居何歲成，南山種豆苦逃名。百年丘壑真長往，千里驊騮羨獨行。每見披裘過道路，漫聞揮翰動公卿。神仙竟合邀中散，婚嫁何勞問向平。」見《顧璘詩文全集》息園存稿詩卷十三，清文淵閣四庫全書補配清文津閣四庫全書本。
〔註46〕張旭與鄭作多有酬唱。《梅岩小稿》卷18存有七首二人的聯句詩，《梅岩小稿》卷十三《半隱為歙西鄭作乃祖題》，明正德元年刻本。
〔註47〕汪道昆，《太函集》卷24《潘象安詩序》，明萬曆刻本。
〔註48〕陳田，《明詩紀事》丁簽卷17，清陳氏聽詩齋刻本。
〔註49〕黃省曾，《五嶽山人集》卷13《秋日送程自邑汴遊一首》，明嘉靖刻本。
〔註50〕許應元，《陟堂摘稿》卷3五言律詩五言排律《同程自邑汪子蘭宿集慶山房共用樓字》、《送自邑還歙有序》，明嘉靖刻本。
〔註51〕朱曰藩，《山帶閣集》卷2《寄程自邑》，卷18《程自邑話往日與李海州伯材遊昀山事因弔伯材》，明萬曆刻本。
〔註52〕左國璣所作，《洴溪歌贈程自邑》，收錄於曹學佺《石倉歷代詩選》卷449明詩次集83，清文淵閣四庫全書補配清文津閣四庫全書本。
〔註53〕岳岱撰有，《贈程自邑》詩，收入（清）張豫章《四朝詩》明詩卷46七言古詩11，清文淵閣四庫全書本。

以詩。卷帙雖多，亦瑕瑜互見。朱彝尊《靜志居詩話》云：『誥詩氣格專學空同，第才情稍鈍，色澤未鮮，五言庶稱具體耳。其論當矣。』」〔註54〕

相較鄭作、程誥，佘存修、佘育父子的名聲不顯，靠李夢陽的文字才得以揚名於世。「《缶音》，歙處士佘存修作。處士商宋、梁間，故其詩多爲宋、梁人作。予遊大梁，不及見處士，見其子育。處士有文行，育嗜學文雅，亦善詩。」〔註55〕佘存修之子佘育經商於宋、梁時，「猶學宋人詩」，從學李夢陽後則「究心賦騷於唐漢之上」〔註56〕，可見李夢陽對他的影響。

王寅，字亮卿，號仲房，別號十嶽山人，歙人，「少年英氣勃勃，自負具文武才。時李獻吉居大梁以著作傾當世士，而少林諸僧習兵杖則扁囷最精。於是仲房馳一騎謁獻吉大梁，會獻吉留關中不至。居大梁一月，則之少林扁囷，遂以其術授仲房，什得五六。及還歙，補縣諸生，顧獨攻古文詞，不喜舉子業。時處士程自邑從獻吉受詩，詩名大起，仲房則以自邑由獻吉，重其人易高，乃約客賦詩黃山白岳間。」〔註57〕王寅交遊甚廣，曾入胡宗憲幕府。黎民表〔註58〕、徐中行〔註59〕、李言恭〔註60〕、梅鼎祚〔註61〕、梅守箕、歐大任、佘翔、沈一貫、汪道昆、王世懋、王同軌、吳稼竳、徐渭、俞允文、朱曰藩等一時名士均曾與之詩文酬答。王寅的思想參雜儒、釋、道，他曾自稱：「吾逃儒入老，逃老入禪，乃今無所逃矣。」〔註62〕

除以上詩賈名流外，徽州還有多人稱詩。例如，黃長壽，字延址，號望雲，歙孝行里潭渡人，「少業儒，以獨子當戶，父老，去之賈。以儒術飭賈事，遠近慕悅，不數年貨大起。駐維揚理鹽策，積貯益浩博。……嘉靖庚寅（1530），

〔註54〕　《四庫全書總目》卷176集部29，清乾隆武英殿刻本。
〔註55〕　李夢陽，《空同集》卷52序《缶音序》，見景印文淵閣四庫全書第1226冊，臺北：臺灣商務印書館，第478頁。
〔註56〕　李夢陽，《空同集》卷48記《潛虬山人記》，見景印文淵閣四庫全書第1226冊，臺北：臺灣商務印書館，第446～447頁。
〔註57〕　汪道昆，《太函集》卷28《王仲房傳》，明萬曆刻本。
〔註58〕　黎民表，《瑤石山人稿》卷7《王亮卿將之塞上以詩見投賦答》、卷11《答王亮卿》、卷12《送王亮卿將塞上》，清文淵閣四庫全書補配清文津閣四庫全書本。
〔註59〕　徐中行，《天目集》卷6五言排律《出越劍示王亮卿席上口占》，明刻本。
〔註60〕　李言恭，《青蓮閣集》卷3《得王仲房書卻寄》、卷9《王仲房山人過訪有贈》、《送王仲房》，明萬曆十八年刻本。
〔註61〕　梅鼎祚，《鹿裘石室集》卷6詩《郭山贈王仲房》，明天啓三年玄白堂刻本。
〔註62〕　王兆雲，《皇明詞林人物考》卷十一，明萬曆刻本。

秦地早蝗，邊陲飢饉，流離載道，翁旅寓榆林，輸粟五百石助賑……翁雖遊於賈人，實賈服而儒行，嘗挾資流覽未嘗置。性喜吟詠，所交皆海內名公，如徐正卿、葉司徒等，相與往來賡和，積詩成帙，題曰《江湖覽勝》並《壬辰集》，前太史景公賜爲之引，梓成藏爲家寶。」〔註63〕

程鎖（1499～1563），字時啓，歙縣由溪人，自結髮時「從鄉先達受詩」，而後棄儒就賈，放貸居息致富，晚年「釋賈歸隱」，暇時「召賓客稱詩書，其人則陳達甫、江民瑩、王仲房，其書則《楚辭》、《史記》、《戰國策》、《孫武子》，迄今遺風具在，不亦翩翩乎儒哉。」〔註64〕

江珮（1501～1560）字廷合，歙縣長沙里人，「公本爲儒，去而從賈，非其志也。顧時時誦史漢諸書及唐人詩，興到援筆立就。所過名勝，輒眺詠移日。」〔註65〕

汪貴（1496～1559），字道充，號東瀛先生，「休治西親義里人」，「意薄進取，挾貲皖城，先達謝公輔奇其剛毅不撓，器度弘偉，日與講論詩文，遠近商遊於茲者，咸師事之。」〔註66〕

王廷賓（1485～1563），歙縣人，「早能成立，商遊吳、越、齊、魯。且性穎敏，好吟詠，士人多樂與之交，而詩名日起。人謂孺人曰：『業不兩成，汝子耽於吟詠，恐將不利於商也。』孺人（廷賓之母）歎曰：『吾家世承商賈，吾子能以詩起家，得從士遊幸矣，商之不利何足道耶！』」〔註67〕

許鈇，「字德威，本徽人，賈於無錫。生平好爲詩，與程林泉、汪古沙日夕酬唱。」〔註68〕

〔註63〕 見歙縣，《潭渡黃氏族譜》卷9《望雲翁傳》，轉引自張海鵬、王廷元，《明清徽商資料選編》，合肥：安徽人民出版社，1985年，第449頁。歙縣《潭渡黃氏族譜》卷9《明故綏德衛指揮僉事黃公墓誌銘》又載，黃長壽「性喜蓄書，每令諸子講習加訂正，尤嗜考古蹟，藏墨妙。與文人登高弔古，終日徜徉，不以世故攖其心。所著有《望雲遺稿》，藏於笥。刻《文公家禮》、《詩文玉屑》、《雪州文集》、《望雲集》、《壬辰集》、《壬辰續集》及《江湖覽勝》，行於世。」明人祁承爜《澹生堂藏書目》（清宋氏漫堂鈔本）載，「《黃長壽集》十四卷，四冊。」

〔註64〕 汪道昆，《太函集》卷61《明處士休寧程長公墓表》。

〔註65〕 《溪南江氏族譜·撰述·故處士沙南江公墓誌銘》，轉引自《明清徽商資料選編》，第218～219頁。

〔註66〕 《汪氏統宗譜》卷37《傳》，轉引自《明清徽商資料選編》，第441頁。

〔註67〕 歙縣，《澤富王氏宗譜》卷4，轉引自《明清徽商資料選編》，第456～457頁。

〔註68〕 《西神叢話·許國公》，轉引自張海鵬、王廷元，《明清徽商資料選編》，合肥：安徽人民出版社，1985年，第484頁。

不一一舉例。

徽州詩賈積極組織或參加詩社活動。例如嘉靖二十一年（1542），十六人倡立天都社。

> 嘉靖壬寅秋月，有守與王子亮卿過鄭子思祈，高唐西望茲山，悠然興懷，倡興雅社，折簡同志，期以九日登高，修好於時，踐約者凡十有六人為：程子自邑（程誥）、江子廷瑩（江瓘）、民璞（江珍）、佘子復初（佘震啓）、汪子玉卿（汪瑗）、王子子容（王尚德）、方子際明（方大治）、子瞻（方霓）、定之（方弘靜）、鄭子子金（鄭銑）、文仲（懋坊）、思道（默）、程子汝南（程應軫）、亮卿（王寅）、思祈（鄭玄撫）及有守（陳有守）從而蒞焉。〔註69〕

又如，汪少廉，字古矜，休寧人，嘉靖中布衣，結紫芝社。

> 范如珪，《紫芝社草》字文瑞，休寧人，與汪少廉、吳瓊及族子淇瀚濠等結社〔註70〕。

當時徽州知識人交遊的理念、主題、旨趣、形式、參加者來源、社會影響等，在一個小型的、低層次的詩社的詩集中——竹林吟社的《竹林遊集》——呈現出一個側影。休寧人金瑤記載，

> 向與予侄汝吉為忘年交，吉素不能詩，因識仲房今能詩。……仲房見人不言詩，惟博論時事，或追述舊時嘗所議論，口吐霏霏如泉湧不絕聲。要其歸，莫非崇古道，追厚誼，黜陋見詖說。出入群經子史，而無一俚語。雖間有一二語離儒入俠，又皆其一時有感而慷慨激烈所發，非苟然者。故聽仲房語不有所警，必有所省，而塵懷習想不覺灑然一洗。人謂仲房詞章士，非深識仲房者，仲房要有古烈士之風。仲房是行有倡詠詩十三章，屬而和者予長子應秋詩一章，侄應宿十章，吉六章，吉子德新二章，侄孫三德一章，維屏一章，婺人吳維敘與吉同社，時在吉家，亦識仲房詩三章。吉搜為一卷，命之曰《竹林遊集》。予家諸子姓嘗結有竹林吟社，以人數同七賢，因冒曰竹林。〔註71〕

〔註69〕閔麟嗣，《黃山志》卷5《天都社盟詞》，清康熙自刻本。
〔註70〕黃虞稷，《千頃堂書目》卷23，清文淵閣四庫全書本。
〔註71〕金瑤，《金粟齋文集》卷4《竹林遊集引》，明萬曆刻本。

這則引言信息量頗大。王寅通過私交授詩，詩會以金姓家族成員、故交友朋爲主。王寅見人不言詩，惟博論時事，言談旨趣涵蓋了引導人追求具有歷史意義的精神傳統（「崇古道」）、增進社會交往（「追厚誼」）、啓蒙思想（「黜陋見詖說」）三方面，其效果是讓人有所警醒和反思，從而啓發民智、改良社會。用當今時髦的西方術語概括，王寅兼具「社會企業家」與「思想企業家」，具有擔當、進取、創新精神。金瑤認爲王寅不能簡單視爲詞章之士，而是有「古烈士之風」者。

這種具有強烈的精神訴求、改良社會的抱負和現實關懷的徽州「詩賈」，正是這一時期商人中「士」的意識覺醒的例證。與王寅同時代的汪道昆則將此明確描述出來：「與其爲賈儒，寧爲儒賈。賈儒則狙德也；以儒飾賈，不亦蟬蛻乎哉。」〔註72〕

第四節　嘉、萬之際汪道昆及徽州詩賈

嘉、萬之際，徽州的社會風氣發生了劇烈轉變。萬曆二十五年，湖北公安詩人袁宏道在途經徽州歙縣時感歎：

> 余謂孫吳時，每以置流人，謂其地磽确荒瘦，彼時山川固已如此。夫今之匝地而商者，誰非徽也？水行舟楫，陸行車挽，捲江海而注之徽，而其俗又皆纖嗇力作，雖山不折江不縈，遽寧不富也？徽人近益斌斌，算緡料籌者競習爲詩歌，不能者亦喜蓄圖書及諸玩好，書苑畫家，多有可觀。獨矜習未除，樂道訟而愧言窮，是爲餘結耳〔註73〕。

可見一部分徽商收藏文化作品，延續早期的徽州傳統；一部分徽商則以詩入儒，積極參加文學創作和社會風化的活動。當然也有徽商從學於心學流派的，如耿定向《儒賈傳》就描述了儒賈程豪少年時向遊學於王陽明之門的郭今學習、卻被閭閻少年詬病爲「迂言廢事」〔註74〕，此乃明代徽州儒賈的另一脈絡，本篇暫不述及。

〔註72〕汪道昆，《太函集》卷29《范長君傳》，明萬曆刻本。

〔註73〕袁宏道著，錢伯城箋校，《袁宏道集箋校》，上海：上海古籍出版社，1981年，第460～461頁。

〔註74〕耿定向，《耿天台先生文集》卷16傳《儒賈傳》，明萬曆二十六年（1598）劉元卿刻本。

這種文化氛圍的轉變，直接影響了徽州人考中進士、舉人的平均人數。萬曆十年（1582）至萬曆二十五年（1597）六次鄉試的平均中舉人數為 27.8 人（其中萬曆十三年、萬曆二十五年中舉人數分別為 33 人、32 人），遠高於前六次（1564～1579）的 17.6 人與後六次（1600～1615）的 15.5 人；同時，萬曆十一年（1583）至萬曆二十六年（1598）六次會試的平均中進士人數為 10 人（其中萬曆二十三年有 17 人中進士），也高於前六次（1565～1580）的 6 人與後六次（1601～1616）的 6.7 人。〔註75〕

這個時期徽州文教的核心人物是汪道昆（1525～1593）。汪道昆，字伯玉，歙縣人，嘉靖二十六年（1547）進士，除義烏知縣，與胡宗憲、戚繼光等人抗倭有功，官至兵部左侍郎。嘉靖四十五年（1566）至隆慶四年（1570）及萬曆三年（1575）以後，兩次居鄉計二十餘年。

因此，跟半個世紀前的徽州名人程敏政相比，汪道昆對徽州的影響更大。與汪道昆唱和的文壇領袖王世貞曾評價說：

> 程先生（程敏政）之於文宏肆辨博，詩亦埒之。然不肯為精思以求超乎一代之格，當時和之者不知其鄉幾何人，亦不復有與程先生並稱者。歲一甲子而為嘉隆之際，汪司馬伯玉氏始一大倡之，其格非西京而上毋程，其語非先秦而上毋述，左彙韗、右鞭弭，以長驅乎中原。於是徽之俗盡紲其錐刀以從事楮墨，彬彬洋洋，幾與昔之稷下、西湖並雅，蓋自有汪司馬氏，而程先生之名幾晦。〔註76〕

清人朱彝尊亦云：

> 聞伯玉晚年林居，乞詩文者填戶，編號松牌以次給發，享名之盛幾過於元美。〔註77〕

不過，後來學者對汪道昆抨擊猛烈。明末文壇大家錢謙益對汪道昆極盡挖苦、詆毀之能事，認為汪道昆在嘉靖末於詞苑尚未有聞，乃因萬曆初為張居正的太公撰寫七十歲壽文而聲名鵲起；批評「伯玉為古文，初剿襲空同、槐野二家，稍加琢磨，名成之後，肆意縱筆，沓拖潦倒，而循聲者猶目之曰大家。於詩本無所解，沿襲七子末流，妄為大言欺世」；又言其「謁白嶽詩落句云『聖

〔註75〕 數據搜集於馬步蟾纂修的《（道光）徽州府志》卷9「選舉志」。按，此方志的選舉志包含了徽人中占籍外地的進士和舉人，更能反映徽人的仕宦情況。
〔註76〕 王世貞，《弇州續稿》卷47《鄭狷庵先生集序》，見景印文淵閣四庫全書第1282冊，臺灣商務印書館，第619～620頁。
〔註77〕 朱彝尊，《靜志居詩話》卷13，清嘉慶扶荔山房刻本。

主若論封禪事，老臣才力勝相如』，幾於病風狂易，使人嘔噦矣」〔註78〕；還引軼聞稱汪道昆不知宋有蘇軾〔註79〕。但是，無論汪道昆的身後之名遭到怎樣的打壓〔註80〕，在當時文壇的影響是不能抹殺的。

　　錢氏言汪道昆古文剽襲空同、槐野二家，或許過於嚴厲，但是說汪道昆的古文宗法於李夢陽、王應麟應該沒有大問題。

　　歙舊志避開這點，對汪道昆十分褒譽，曰：

> 道昆……於藝則文法司馬，詩法杜陵；於學則遠推象山，近推東越；於教則主於鄒魯，賓以苦蒙；於禪則頓以南宗大安，漸以北宗無際。至其生平知交，居則有耆園會，出則有滄州會，談藝則有白榆社，談禪則有肇林社。所最交綏者，文則有弇州雲社；所最拴彀者，武則有宜黃孟諸。酒徒甚饒，一飲可百觥，終身而無一亂，三配之外，絕無二色。末年遊戲三昧，間一徵歌而已，大都自邑中而署中；其名立，自閩中而粵中，其造深，自侍中而函中；其境化，所著函三子，上函揭性命之宗，中函覈經濟之賓，下函闡經國之程，未就而卒，惟有集存。甲午年（1594），諸宗人奉主入淳安越國公祠配享忠烈，今年舉祀鄉賢。〔註81〕

若採用歙志的說法，汪道昆思想來源複雜，有孔子、孟子、司馬相如、杜甫、陸象山、王陽明、南北禪宗等。這些思想之間並非毫無衝突。其中尤可關注的是，汪道昆試圖調和當時儒者在道德（王陽明）與詞章（李夢陽）之間的緊張。《太函集・郭語》篇云：

> 世之命儒者二，其一道德，其一文辭。當世並訾之，訾其戶說長而躬行短也。譚道德者下漢唐而登宋，莫不尸祝程朱；譚詞章者

─────────────

〔註78〕　錢謙益引用的汪道昆《謁白嶽詩》落句「聖主若論封禪事，老臣才力勝相如」，與明萬曆刻《太函集》卷一百一十九《春首謁玄天太素宮》「其四」的落句「漢帝不須求禪草，老臣才力勝相如」大異。玄天太素宮，即休寧齊雲山（故稱白嶽）太素宮道教宮觀。或爲錢氏錯引，或爲汪氏改訂，此一段文案，尚待考證。

〔註79〕　錢謙益，《列朝詩集》丁集卷6《汪侍郎道昆》清順治九年毛氏汲古閣刻本。

〔註80〕　吳興人茅元儀（1594～1640）批評道，「文人諛墓而輕，自弇州（王世貞）始，而濫觴於雲杜（李維楨），若新都（汪道昆），固賈人，不足論也。」見茅元儀《暇老齋雜記》卷23，清光緒李文田家鈔本。這種貶低，也可從張廷玉編的《明史》沒有汪道昆的傳記看出。

〔註81〕　《歙事閒譚》第6冊，轉引自《明清徽商資料選編》，第475頁。

左宋而右漢唐，則建元、元封、開元、大曆爲政，或源或委，一本不殊，迄於末流，且交相訾疏。……有明閎儒崛起，宇宙中興。明道則王文成，修辭則李獻吉。四方響應，各當雁行，直將泝洙泗、泳江潭，即洛川閩海請室茂陵，則其濫觴者耳〔註82〕；

至東越而主良知，悉屏口耳。文之變，至是乎窮矣。即後有作者，不師古則師心。寧詎能求古於科斗之前，求新於寄象譯鞮之外。〔註83〕

雖然按縣志所言，揭示性命之宗的《太函集》上函未寫成，但是我們仍可發現汪道昆確有少量關於「良知」的論述，大抵以佛釋儒。例如，

（王大中）公笑僕以寒山爲文殊。信乎，無二文殊也已。良知猶言般若，格物猶言刹塵。塵之不昧，刹刹圓融，此觀自在之深，般若也。〔註84〕

這些成爲汪道昆鎔鑄「儒賈」概念的思想資源。

汪道昆對自己的定位非常清楚，即立於「負俗」與「從俗」之間，不願「絕俗」〔註85〕。

因此，汪道昆在家居期間，積極展開文教活動：先後在歙縣倡導和組織豐干、白榆、潁上、肇林等詩社，吸引當地年輕人（其中一部分是商人）參與詩歌創作；同時爲大批商人及商人出生的士人撰寫碑傳。

例如豐干社。「余家食，竊稱詩讌中，二仲雅從余遊。……遂盟七君子爲會豐干。七君子則孝廉陳仲魚〔註86〕、文學方獻成、方羽仲、方君在、方元素、謝少廉（連）、程子虛，會吳虎臣將遊江淮，顧以布衣來會。盟既合，虎臣行，適余起家，讌中虛無人矣。諸君子講業豐干之上，修故約如初。」〔註87〕

「適余起家」，當指隆慶四年道昆起復爲鄖陽巡撫。由此可推豐干社成立於嘉靖四十五年至隆慶四年間。豐干社「七君子」中多有商人子弟或從事商業者。例如，方用彬（1542～1608），字元素，汪道昆的門人，其家族商鋪經

〔註82〕 汪道昆，《太函集》卷16《郭語》，明萬曆刻本。
〔註83〕 汪道昆，《太函集》卷26《尚友堂文集序》。
〔註84〕 汪道昆，《太函集》卷97書牘《王大中》。
〔註85〕 汪道昆，《太函集》卷85《問俗》。
〔註86〕 陳有守，（字達甫）、子陳荃（字仲魚，早卒），皆舉人，見方弘靜《千一錄》卷24。
〔註87〕 汪道昆，《太函集》卷72《豐干社記》，明萬曆刻本。

營文化商品。陳智超先生在《明代徽州方氏親友手箚七百通考釋》一書中對方用彬的生平經歷和社會關係做了詳盡的考釋，並把方用彬定位爲「儒商」，取有文化的商人之意，儘管方氏在識語中自署爲「世儒生」。謝陞，字少廉（連），歙縣開皇里人，《（萬曆）歙志》的主要纂修者。據陳智超先生考釋，謝陞的父親「是一名有一定文化、並計劃走科舉仕宦之途的商人。科舉失敗後寄希望於兩個兒子謝陞和謝陛。謝陞大概取得了郡學生的資格，『嗣後數不利於京兆試，遂棄去，專攻古文。』……此後足跡及於四方，交遊甚廣。」〔註88〕吳守淮，其字虎臣由汪道昆所取，「次君產淮海，受名於其先考，命曰守淮。會余東遊，則就余問字。……余因以虎臣字次君」〔註89〕，吳守淮酷愛收藏古器物和古書，好酒能詩，竟以窮死。方于魯，初名大澂，「以字行改字建元，歙布衣。所製墨形模古雅，上自符璽下至雜佩，著於圖譜者凡三百八十五式。世但知其爲墨工，有詩名。《佳日樓集》汪伯玉曾招之入豐干社。」〔註90〕

又如白榆社。據《汪道昆年譜》載，萬曆八年（1580），龍膺來徽任推官，汪道昆與之共結白榆社，入社七人〔註91〕，包括汪道貫（字仲淹）、汪道會（字仲嘉）、王仲房、謝少連、潘景升。白榆社聲名卓著，一直不斷延攬名家入社。先後有陳汝璧、丁應泰、李維楨、朱多炡、沈明臣、徐桂、屠龍、章嘉禎、周天球、俞策、呂胤昌、吳稼竳、胡應麟、張一桂等人入社，一直延續至萬曆十九年（1591）。〔註92〕錢謙益稱，「隆、萬間，餛中主盟，白榆結社，腥醲肥厚之詞，熏灼海內。」〔註93〕

又如穎上社。「豐干故有社，社者無慮十餘曹，聚散無常，其盟寒矣，其社屋矣。穎上之社宜不其然，其取數也簡，其取益也忠，得朋故也。六君子，長方君式，是爲信陵，臨皋爲園，浮豐據穎。次潘玄超，次潘元仲，兄弟也，是爲汀州公聞孫。公故巘棲有室，以鏡川流，左峙積石，中野有亭，以親魚鳥，命曰「相忘」。次汪景純，吾宗之昭也，居穎上游，瀯深十仞，吾宗食采于魯，受氏穎川，天祚亢宗於是乎。在次則方子中，爲中丞公子。公當穎水

〔註88〕陳智超，《明代徽州方氏親友手箚七百通考釋》，安徽大學出版社，2001年，第36頁。

〔註89〕汪道昆，《太函集》卷84《吳虎臣字說》，明萬曆刻本。

〔註90〕查慎行，《得樹樓雜鈔》卷4，民國適園叢書本。

〔註91〕徐朔方，《晚明曲家年譜》（第3卷），浙江古籍出版社，1993年，第65頁。

〔註92〕耿傳友，《白榆社述略》，載《黃山學院學報》2007年第9卷第1期，第29～33頁。

〔註93〕錢謙益，《列朝詩集》丁集卷9「潘舍人緯」，清順治九年毛氏汲古閣刻本。

之會，築璋溪草堂，嗃嗃居庭，非良士不燕見。子中之與五人者友也，則其良也，亟見可也。少者爲程用脩，出昌國裔，蓋與景純世婚媾，同里而居，都人士言吾黨之有六君子也。」〔註94〕

再如肇林社。「余始事佛，延亂公主肇林。亂公兄事珂公，同受天池衣缽。余因亂公紹介，逆珂公。其徒正觀、明宗、德欽從珂公至，亂公亦召其徒文靜、文徹、文言、文濬與俱來，至郡中則自如、德昂郊勞如禮，會祖意自唐昌至，凡十有二人，分席而居，諸法眾皆供役。余在告，屛跡𪏁中。珂公不得余俱，相期結夏以待。既就席，日講《楞嚴經》，於是洪吉、明理以下百餘曹，以聽法至；眞海、覺忭以下十餘曹，以脩供至；縉紳學士至者，則方定之、詹東圖、陳仲魚、方獻成、方君在、方羽仲、鄭夷吾、程子虛、吳無懷、吳延秋、吾弟仲淹、仲嘉、山人王仲房、吳仲足。余病間，始得問法珂公。」〔註95〕

其餘尚不知參加何社的詩賈，羅列如下。

吳次魯撰有《巢雲軒集》，「先生幼工進士業，已棄去不屑治，從其同里王仲房、汪古矜諸先輩結社論詩。先生年少，退然稱後進，而其狎主宗盟則在伯仲之間。……先生之爲詩沖夷恬雅、漸近自然，非猶夫裴孟之徒、眉毛盡落而衣袖皆穿者。……玄呎，曒邑隱君子，繼先生而作耦耕詩者，子晉則昆湖毛氏好述古而能鏤板行世者也。」〔註96〕

徽人羅小華（龍文）有才慧，爲嚴世蕃幕僚，受賄致富，世藩敗後同籍沒。其子羅六一被巡江御史林潤奏劾通倭，「詔下捕之，因逃去，後赦還。尚不敢名龍文子，改姓名爲王延年，從楚中吳明卿（即吳國倫）先生學詩，侍遊吳越間，以鬻骨董自給，有父風。」〔註97〕

〔註94〕汪道昆，《太函集》卷72《潁上社記》。

〔註95〕汪道昆，《太函集》卷75《肇林社記》。

〔註96〕陳瑚，《確庵文稿》卷12古文《巢雲軒詩序》，清康熙毛氏汲古古閣刻本。

〔註97〕沈德符，《萬曆野獲編》卷8「嚴東樓」，清道光七年姚氏刻同治八年補修本。《萬曆野獲編》卷18「劇賊遁免」載，「羅龍文素負俠名，能伏水中竟日夜，且家素封」，因招徐汪直、徐海諸酋有功爲中書入內閣，「與嚴東樓款密，且令品第所得江南諸寶玩，其入幕無間朝夕，後與嚴同敗、同遣戍、同逃伍聞。林御史再參。遂先遁去，其後以叛臣法見殛者，實羅氏族子，非眞龍文也。其子六一者，後爲御史王汝正所劾云：且亡入日本，與汪直餘黨入犯。詔亟收之，亦亡命江湖，詭名王延年，雖言官屢劾，亦奉嚴旨屢行緝捕，幸無仇家首告，今往來江南自若也，均道固智矣。龍文父子能豫營三窟以免駢僇，乃知黃巢去爲雪竇禪師，亦非浪語。」王延年善於鑒別古董、印鑒。上海舉人杜開美詩《訪王延年不遇》（見陳田《明詩紀事》庚簽卷二十八，清陳氏聽

汪內史士明，歙之潛川人也。……父良仕，故儒生，去之賈廣陵，日賦詩行酒爲樂。〔註98〕

鄭孔曼（1523～1575），字子長，歙縣人，「少而遊吳，中歲遊梁楚，晚棲遲舊京，凡三徙，而所在賢豪長者急識子長。子長雖遊於賈，然峨冠長劍，褻然儒服，所至挾詩囊，從賓客登臨嘯詠，脩然若忘世慮者。著騷選近體詩若干首，若《弔屈子賦》、《岳陽回雁》、《君山吹臺》諸作皆有古意，稱詩人矣。」〔註99〕

吳良梓（1522～？），字長公，歙縣豐南人，《豐南志》自序云：其家「歷三世田舍翁，曾祖積順公乃以賈起家。祖芳義公早卒。父自請公以鹽策遊荊襄間。兄良楫，輕黃金，重意氣，曳裾王門。尋父客卒於舟，家徒四壁。余適有管鮑之遇，往來吳越齊魯燕趙之都，出入布帛鹽策之場，十有五年。信於言，儉於己，以故長揖而歸。年五十九，菲衣薄食，咸子之養。雅好小詩，雖不能追名流取聲當世，亦足以暢幽情、滌煩襟也。」〔註100〕

第五節　萬曆後至崇禎間徽州詩賈的衰落

隨著萬曆二十一年（1593）汪道昆的去世，白榆社的風流散去，曾爲中堅的龍膺、潘之恒、汪道會、吳稼竳等或轉入倡導性靈說的公安派，或與其唱和。直至清順治十一年（1654），歙人許楚曾重修白榆社，並得古體詩《甲午七夕偕舊遊諸子重修白榆社事分得七言古體》一首，其末二句頗值玩味：

> 淺者但能資憤笑，新詩尤慎出漁樵。〔註101〕

其間亦有商人作詩，但是總體上已經沒有萬曆初年的盛況了。

例如方尙倫（1629～1722），字中茂，號存庵，又號見舫山人、香谷逸叟，

詩齋刻本）、王稚登詩《與王延年》（見王稚登《王百穀集十九種》屠先生評釋謀野集卷三，明刻本）所言似爲此人。

〔註98〕《大泌山房集》卷 69《汪內史家傳》，轉引自《明清徽商資料選編》，第 405～406 頁。

〔註99〕歙縣《雙橋鄭氏墓地圖志》《明故徐松鄭處士墓誌銘》，轉引自張海鵬、王廷元，《明清徽商資料選編》，合肥：安徽人民出版社，1985 年，第 443 頁。

〔註100〕《豐南志》第 9 冊《附自序》，轉引自張海鵬、王廷元，《明清徽商資料選編》，合肥：安徽人民出版社，1985 年，第 447 頁。

〔註101〕許楚，《青岩集》卷 2，清康熙五十四年許象縉刻本。

「寓跡吳越幾三十年，涉江淮，歷中州，足跡所至，罔不憑弔古今，舒寫胸臆，高情逸致，具見於詩。」〔註102〕

王野，「字太古，歙人，從祖仲房以稱詩有聞。太古兒時習爲詩，稍長棄博士業，從其兄賈江淮間。……久之，詩益有名，遊於金陵，不輕謁人。貴人慕其名訪之，累數刺始一報謁。……晚年詩頗爲竟陵薰染。竟陵極稱之，爲評騭以行世。凡竟陵所極賞者皆余之所汰也。子僧邵，字彥綸，亦能詩，早卒。」〔註103〕

同時，徽州詩人轉向佛教的趨向很明顯。天都社被潘之恒修復後，只用作參禪之用。「在昔嘉靖壬寅（1542），王山人仲房主盟，而陳、鄭、程、汪、江、方諸賢踵至，稱一時盛事。其篇什具在，余爲梓傳之。越六十九年，而復修盟，日皆重九，固非偶然者。先是，普門禪師自五臺來，一見黃山而不忍去，將以是爲菩提場，而鮑儀部山甫、于比部中甫實倡之。其明年，同志二三友人，鮑元則、鄭無著、丁自宣、虞采兄弟過余有芑堂，遄定此社。……萬曆庚戌（1610）九日」〔註104〕

明末徽州詩賈衰落，跟經濟、政治形勢密不可分。崇禎年間，國內經濟、政治形勢惡化。大批文人、官員到徽州進行「黃山、白嶽之遊」，實則索賄。本地紳民已不堪重負，掀起了一股反對「虛名」、反對「諱言窮」的思潮。崇禎十一年（1638），休寧士人金聲痛聲說，

> 邑與歙兩邑人多賈，勢故不得不賈，非誠善賈。天下見其賈也，而以爲多財。宦於此者，甚苦虛名。他苦猶宦者受之，以黃山白嶽爲云而至止者，則邑人苦之也。每一客至，則市無業遊民蝟集衙內外，鬼神蠅走，中家最少亦有七八戶立破，邑民吞聲而已。又催輸之政，邑最爲奉公，大都里役之有家者，間或有率先充納而實不能盡然，當事者既不察，而又有其人利於輸納之不及期、官刑之不少貸，得以便其私，而從中取事者。又交伸急比之說，而不欲以節口以急，而日以因，身役者至貸倍稱之息，募役者至倍輸官之數，而猶不能無大缺額，而當事者猶誤以爲民頑。嗚呼！邑之人衣多布素

〔註102〕《方氏會宗統譜》卷19《方君中茂行狀》，轉引自張海鵬、王廷元，《明清徽商資料選編》，合肥：安徽人民出版社，1985年，第417頁。

〔註103〕錢謙益，《列朝詩集》丁集卷14，清順治九年毛氏汲古閣刻本。

〔註104〕閔麟嗣，《黃山志》卷3潘之恒《天都社記》，清康熙自刻本。

浣濯，其文綉不能及吳越十分之二，非最大家食多粥，或十日舉一
飯，或亙月舉一肉，其美食飲不能及吳越十分之一。〔註105〕

歙縣人江天一，金聲的學生，也說：

> 獨不念徽人困阨甚乎？即有蓋藏，難供此焉之耗竭，又況年來
> 水旱癘疫不下各境，而徽人積貯什九貿易於外，流氛所破重地，皆
> 吾徽富商大賈輻輳，又十去六七。昔也饒，今杼空室罄，實窮鄉矣，
> 得無頓減其黃山之興會乎？……敢爲諸君瀆曰：遊山則眞遊山，雖
> 苦遊，亦徵高寄，若將有事於貨殖，而因以毒其鄉也。幸毋我指名，
> 又敢爲君策，君果有志於名山也，節家之侈，或同志合力，萬里爲
> 遙，吾得而攬其勝概矣。不然，我黃山素不假借於人，請以此誕告
> 天下。〔註106〕

與此同時，對於徽賈的豪奢作風，士人的牴觸也增加。王思任說，「吾極不樂
豪家徽賈重樓架舫，優喧粉笑，勢利傳杯，留門趨入」〔註107〕。錢謙益所稱
白榆社「腥釀肥厚」之詞，就描述了這種觥籌交錯的環境。

對「詩賈」風氣殺傷力最大的莫過於錢謙益的「附庸風雅」一語。由於
後期「詩賈」風氣的主流與道德實踐漸行漸遠，不關注民生、不關注社會、
只顧周旋於權勢之家等弊病，社會對商人「作詩」的行爲不再持有信任的態
度。

據清人閻若璩考證，「附庸風雅」一語出自錢謙益對陳繼儒的評論。

> 《潛邱箚記》卷四上《跋堯峰文鈔》三云錢牧翁評罵陳仲醇，
> 謂「聊可裝點山林，附庸風雅」。人於鈍翁（汪琬）亦云。然仲醇御
> 物才神絕，鈍翁居鄉品高絕，士固不浪得名耳。〔註108〕

考《列朝詩集》言：

> 仲醇通明俊邁，短章小詞皆有風致；智如炙髀，用之不窮；交
> 遊顯貴，接引窮約；茹吐軒輊，具有條理。以仲醇之才器早自摧息，
> 時命折除，聲華浮動，享高名、食清福，古稱通隱，庶幾近之。……
> 而一二儒者必欲以經史淵源之學引繩切墨、指謫其空疏，而糾正其驕

〔註105〕金聲，《燕詒閣集》卷6《送張四尊序》，明末刻本。
〔註106〕江天一，《江止菴遺集》卷四《黃山寄遠方士大夫書》，清康熙刻本。
〔註107〕王思任，《謔庵文飯小品》卷3 · 遊杭州諸勝記，清順治刻本。
〔註108〕閻若璩，《潛丘札記》卷4上《堯峰文鈔》跋，清乾隆刻本。

駁，亦豈通人之論哉。余摘錄其小詩，取其便娟輕俊，聊可裝點山

林、附庸風雅。世有評隋仲醇者，亦應作如是觀，不徒論其詩也。

〔註109〕

可見，在錢謙益看來「附庸風雅」雖有不足，但絕非貶義。到後來，此語逐漸具有了貶義色彩。清乾隆間杭世駿將此語用於自謙，云「余落莫子居，方藉谷林以附庸風雅」〔註110〕；亦稱「所謂附庸風雅，非詩家正法眼藏也」〔註111〕。江右蔣士銓則在錢謙益的話基礎上，為傳奇《臨川夢‧隱奸》寫了上場詩，大加諷刺：「粧點山林大架子，附庸風雅小名家。終南捷徑無心走，處士虛聲盡力誇。獺祭詩書充著作，蠅營鍾鼎潤煙霞。翩然一隻雲間鶴，飛去飛來宰相衙。」〔註112〕譏諷那些周旋於富貴權豪、以詩干進、蠅營狗苟的詩家。

其後此語被濫用於譏諷商人為裝點門面而結交名士，甚至泛指從事有關文化的活動。

某卿彰明較著，惟利是視，而風騷衰歇矣。市儈習與西人居，

乃為效顰之態，殆不可以一二數。潯有兩太史，又頗知措意斯道，

惜魄力稍弱，復不能專精一致耳。陶氏附庸風雅，近更稍稍蓄瓷。

〔註113〕

在晚晴小說中亦常見此語。例如《官場現形記》第四十二回標題：「喜歡便宜，暗中上當，附庸風雅，忙裏偷閒。」〔註114〕

小　結

「詩賈」一詞，自何喬遠之後，幾成絕唱。儘管清代商人作詩風氣仍然盛行，但已不被納入主流。林蘇門《續揚州竹枝詞》諷刺說，

〔註109〕錢謙益，《列朝詩集》丁集卷16「陳徵士繼儒」，清順治九年毛氏汲古閣刻本。

〔註110〕杭世駿，《道古堂全集》文集卷9序《趙谷林愛日堂吟稿序》，清乾隆四十一年刻光緒十四年汪曾唯修本。

〔註111〕杭世駿，《道古堂全集》文集卷14序《靈虛上人詩序》，清乾隆四十一年刻光緒十四年汪曾唯修本。

〔註112〕蔣士銓，《臨川夢》卷上，清乾隆蔣氏刻紅雪樓九種曲本。

〔註113〕陳瀏，《匋雅》中卷，民國靜園叢書本。

〔註114〕李寶嘉，《官場現形記》卷42，清光緒上海世界繁華報館本。

邗上時花二月中，商翁大半學詩翁。紅情綠意朱門滿，不盡詩
工境便窮。〔註115〕

清代乾隆年間，徽州商人中又出現了一些工詩的家族，如揚州鹽商馬曰琯、
馬曰璐為代表的祁門馬氏家族，以揚州鹽商江春為代表的歙縣江氏家族，以
揚州程晉芳為代表的歙縣程氏家族，以茶商胡佩芳為代表的祁門胡氏家族，
以汪洪度為代表的歙縣汪氏家族。

〔註115〕林蘇門，《續揚州竹枝詞》，載《中華竹枝詞》，北京古籍出版社，1997 年，
第 1341 頁。

第六章 關係網絡、節點競爭與認同擴散

> 夫天下事盡如賈耳，賈有一倍利，有十倍利，族賈之利一，而儒賈之利十。
>
> ——鄒迪光

在東亞儒教文化圈，存在著多組概念形容這片文化版圖裏的獨特商業氣質，並以此形成迥異於近代歐美商業文化的初始印象。例如，「關係」、「人情」或者「人格化」等重要概念。在驕傲的西方中心主義者眼中，「關係」、「人情」所組成的商業，似乎是一種「未發達的」、「原始的」的模式，因爲它們是對抗「制度化」、「正式化」的保守因素，也成爲批評者責難傳統中國商業落後、經濟停滯的口實。如果說，責難能夠帶來制度上的改革，無疑具有重要意義；但是，如果責難變成詆毀、甚至自我的文化降格，無疑是極不適宜的。毋庸置疑，人情關係對抗制度的一面確實存在，甚至爲中國的現代化造成很大阻礙。但是，我們不能忘記，這種張力在任何社會都一直存在，因爲正式制度始終是內嵌在這些社會關係當中，制度總是隨著商業時機的變化，被不斷確立或者廢除，不存在獨立生存的制度。

第一節 人格化交易、關係網絡與遊道

在第四、五章中，我們已經提到了「儒賈」、「詩賈」、「廉賈」之類的概念，雖然其最初的創作者出發點各不相同，但是均涉及到某種文化人格形態與經濟性格之間的緊張與調和的問題。如果我們純粹從商業的視野思考，這些文化人格形態具有什麼樣的經濟價值，才沒有被競爭市場所淘汰，反而塑造出一些獨特的商業人格的傳統？

一、個人信息、人格化交易與認同

交易是人類社會的最重要經濟發明之一。它帶來了新的鏈接可能，實現了人與人間偏好信息、能力信息的流動。讓我們考慮自然狀態下顧客甲向商販乙購買蘋果的例子。買蘋果之前，顧客甲需要先看蘋果的價格標籤，判斷有無價格欺詐，再看蘋果的貨色（即試圖得到關於蘋果質量的部分信息），然後挑挑選選，將蘋果放入秤盤，檢查衡器是否精準，檢查蘋果是否被商販掉包或遺漏。商販乙則需要觀察顧客是否偷竊、夾帶，支付的是不是假鈔等等。假設不考慮售後服務和重複博弈的情況下，蘋果的交易活動到此已經完成。很顯然，在這個例子中，並不是只有蘋果與貨幣的品質被交易雙方重視，實際上，雙方的行爲品質信息也會被收集和轉移。可以說，交易是否成功，既取決於交易物品的價格與品質，同時還取決於交易雙方的個體品質。有的時候，實施偷竊、欺騙或搶劫的收益可能會高於實施交易的收益，這些提高了交易行爲的機會成本（影子價格）。如果交易產生的利潤低於交易的機會成本，理性的個體就不會選擇交易。

這個簡單以物易物模型的核心思想是：交易的發生不僅跟物品的信息有關，還直接與交易者的個人信息有關。因此，人們總是會謹慎地選擇交易的對象。在利潤較低的情況下，人們通常不願意跟兇惡、危險的人發生交易。而在高利潤的交易中，交易雙方不得不在限制非交易的行動（搶劫、欺騙、偷盜等）中投入防範、甄別、追究的成本。

如果甲與乙達成一個契約，將原本花費在觀察、監督交易方行爲的代價，交由第三方（如司法、警察、行會系統）承擔，從而會節省了各自所需支付的交易成本。如果社會中顧客與商販的數量足夠多，而且契約均交由第三方來監督執行，由於專業分工與規模經濟，在某個區間內必然會帶來整個社會效率的提高。另一種是委託給公認的規則，違反規則需要受到強制力的懲罰。規則作爲個體間交易（或合作）中選擇集合的約束條件，用於降低不確定性和機會主義。規則有兩類：情景式的規則與制度化的規則。情景式的規則具有多變的特性，可以由交易方通過臨時約定而成。制度化的規則相對穩定，不隨環境而變化，通常作爲交易方的共同知識而存在。制度化的規則對個體行動的影響更大。用博弈論的話講，人們通常不是按照情景式的規則而是按照制度化的規則行事，除非大量的證據表明原有的制度化規則不再有好處。這反映了存在不確定性的實際交易中，交易方節約交易成本的一種努力。這是非人格化交易的模式。

即便如此，人格化交易現象在現實社會中仍然始終會長期存在，沒有一種制度（包含規則、信念、規範與組織等要素）或者第三方可以完全實現所有人類交易的非人格化。這是因爲制度創立、執行都需要成本。在沒有足夠的權利保障的情況下，交易只是一種脆弱的社會互動，它能夠被發明還在於人類有著爲了長期利益而進行約束自我的能力，無論這種能力是通過道德、習慣，還是武力威脅所保障的。

以往經濟學強調非人格化市場的重要性，忽視了社會類別、關係網絡等重要的社會背景對交易的影響。而且在所謂的前市場社會中，大量存在的人格化交易現象無法用新古典經濟學來解釋。認同機制表明〔註1〕，個體在關係網絡中的交易，往往比非人格化市場更具影響力。聲譽機制會將認同的外部性傳遞給群體內的每個人，使得每個人要麼做出反應，要麼降低與違反準則的個體的潛在交易機會〔註2〕。無論是通過個體對違反準則的個體的直接懲罰，還是通過聲譽機制而降低所有群體成員與她的交易機會，其過程都是在某個關係網絡中完成的。

認同的外部性在關係網絡中產生作用。認同不能假借非人格化的市場來實現，卻總是通過關係網絡中個體選擇來完成。例如，假設儒商群體中一個商人甲因爲儒家認同而偏離自身利潤的最大化，只要群體中存在追求利潤最大化而沒有遭到懲罰的其它競爭者，堅持儒家認同的商人甲最終將會被驅逐

〔註1〕 除了直接的經濟利益外，哪些方法可以節省拓展關係網絡（即「交遊」）時所需的努力呢？認同（identity）是節省成本的一個關鍵。認同定義了一個人是誰，以及屬於什麼社會群體，也決定了他（她）是「局內人」還是「局外人」。一個對所屬社會群體或社會組織沒有認同感的人，與有認同感的人相比，將需要更高的經濟激勵才會完成同樣一件工作（參見 Akerlof, G. & Kranton, R., 2000: Economics and identity, Quarterly Journal of Economics, 115（3），715～753）。出於降低成本、控制風險的考慮，社會群體或社會組織將形成局內人——局外人的界限，並形成和維持某種認同。在同等條件下，具有某種相近認同的人更有可能比認同差異大的人以較低成本地拓展成新的關係網絡。認同的種類非常多，例如性別認同、種族認同、家族認同、地緣認同、文化認同等等。同一個人也可能具有多種不同的認同，例如，一個人可以同時是一個男人、一個鹽商、一個歙縣人、一個詩人、一個胡姓家族的人、一個同性戀、一個民族主義者、一個美食家、一個儒家文化愛好者等等。到底什麼樣的認同在關係網絡的拓展中起到關鍵的作用，尚需視個人的具體情況而定。

〔註2〕 關於聲譽機制，請參考格雷夫關於熱那亞商人與馬格里布商人的研究（阿夫納·格雷夫，《大裂變：中世紀貿易制度比較和西方的興起》，北京：中信出版社，2008 年）。

出這個市場。這就是非人格化的市場力量帶來的選擇。但是，在實際的觀察中往往存在大量違背自身利潤最大化、遵循群體準則而存活的商人。其根本原因就在於，現實的市場比瓦爾拉斯市場要小，即便群體成員偏離了利潤最大化，不守規矩的個體也不能從違背群體準則中獲利。然而要保證這一點，需要社會群體中的他人有能力直接懲罰（或獎勵）──可通過認同的外部性增加個體違背群體準則的行爲面臨博弈對象懲罰的成本壓力。

另外一方面，認同經濟學認爲，一些人和組織可以爲他們自身利益而操縱類別、標準和典型。學校和公司花錢將學生和員工變爲那些違背（或遵循）群體準則的個體。這實質上描述了個體認同除了通過內化進入個體效用函數外，還通過成爲組織的一員，完成從外部人到內部人的過程。廣告是非常明顯的這類操縱的例子，廣告設計者不僅利用現有的標準，而且還能創造新的典型。政治是重要的操縱類別的方式。例如，「紅衛兵」、「左派」、「第三世界」、「儒商」等社會類別，都是被創造出來，以推行某些標準，約束他人的選擇集合。

個體在是否認同這些社會類別時，擁有的選擇空間差異很大。有的社會類別，幾乎是永久性的或改變需要支付極高代價，例如種族和性別。有的社會類別是可以少量更改的，如民族和國籍等。有的是高變動的，如工作身份、俱樂部成員身份。個體可以進行認同的選擇，例如一位女性可以選擇家庭主婦也可以選擇作爲一個母親；學校選擇、移民等等也涉及到認同選擇問題。標準或規則也在認同的過程中被遵循，並沿著網絡擴散開去。

同一社會類別中的個體會受到準則的影響，有可能被要求實現某些並非符合個體偏好的目標。與此同時，社會類別所包含的特徵在成員中出現了某種同質化的傾向，這將社會類別變爲一種關於個體特徵的信息的簡化服務（類似於貼標簽式的行爲）。這種行爲可以有兩種途徑施加影響。第一個途徑是，一部分人可以通過對他人的個體特徵的肯定或否定（例如侮辱與讚揚），從而改變他人預期的支付集合。第二個途徑是通過政治、文化以及媒體權力（影響力）創造社會類別、改變社會類別所蘊含的特徵或準則，從而實現對他人行爲的控制。儘管侮辱或讚揚的內容可能與交易的內容沒有直接關係，比如說責罵一個屠夫是不孝順的人與此人所出售豬肉的品質並沒有必然聯繫。但是在實際的交易中，人們往往會在意交易者的個人特徵，從而影響交易的發生。這表明，侮辱與讚揚有著現實的經濟含義，認同起著關鍵的作用。

二、匿名市場與人格化交易

對於大量剛由農民轉職而成的明代商人而言，跨州府的遠程貿易是一種全新的貿易方式。當他們面對陌生的遠程貿易環境時，什麼樣的制度保障著他們的產權，使得遠程交易得以開展？

1、客商面臨的交易種類

圖 6.1 顯示了明代客商從事長途貿易的流程。粗線箭頭表示商品從甲處流到乙處的過程，每個環節的交易環境和交易方式均有不同。虛線部分是官府和社會組織提供正式制度、保護產權及徵稅的過程。細實線部分是客商面臨的勞動力和資本的交易過程。

先談商品的交易。（1）客商直接購買甲地家庭（含小作坊）的產品，可由小商人走街串巷進行收購，或在集市、市鎮上直接收購，這是商業網絡的末端。（2）家庭直接將產品出售給市集的商鋪。（3）大牙商充當批發商的角色，利用雄厚資本直接從鋪戶搜購商品；小牙商因資金不足，只充當客商與當地鋪戶的中間人，收取牙錢。二者都可能提供代購、代售之類的服務。（4）牙商直接將貨物出售給前來甲地貿易的客商。（5）鋪戶直接與客商交易。（6）客商向運輸商（如船行、車行）雇傭船隻、車輛，將貨物通過水運、海運或陸運三種形式運送到乙地。（7）貨物到岸或到站後，客商聯繫當地埠頭或腳頭，雇傭腳力將貨物存入當地貨棧。（8）客商聯繫乙地的牙商（批發商或經紀），代為出售貨物。（9）牙商直接將貨物賣給鋪戶或介紹客商親自出售貨物。（10）鋪戶即零售商，將貨物賣給家庭。

再談公共產品或公共服務的交易過程。A、B、C、D 分別表示家庭、鋪戶、牙商、客商向甲地官府繳納稅收，作為政府提供公共物品（如安全、產權保護）的代價，各自稅率有所不同。E 表示甲、乙兩地官府提供的保護不可能覆蓋所有的商業路途，遠程貿易的客商有可能面臨盜賊、騙子等的威脅。F 表示路途中經過鈔關、權關等要繳納一定的稅收或過路費，亦有可能受到當地官員的盤剝而增加成本。G、H、I、J、K、L 分別表示到達乙地後，客商、運商、埠頭或腳頭、牙商、鋪戶、家庭需要向政府繳納稅收，且由政府提供公共產品。L 表示客商與合夥人在資本方面的交易行為。M 表示客商與奴僕這種人身依附的勞動力之間的交易行為（主奴的合作仍是一種交易）。N 表示客商與有人身自由的夥計間的交易行為。

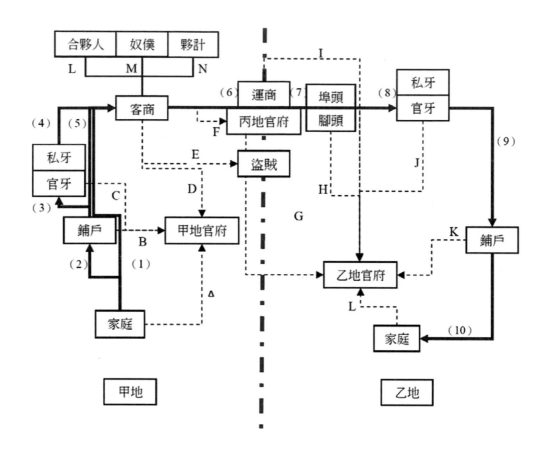

圖 6.1：異地遠程貿易流程圖

　　圖 6.1 遠程貿易過程中，客商面臨著兩類交易。第一類主要包括客商與鋪戶、客商與牙商、客商與生產者家庭（或消費者家庭）、客商與運商、客商與夥計、客商與合夥人（或投資人）六種交易。第二類是將原本用於監督契約履行的工作外包給政府或其它社會組織，保障交易進行。不同的交易種類，其市場化的程度存在明顯差異，這取決於交易成本的大小。例如，客商與生產者家庭（消費者家庭）的直接交易，對商品與交易雙方信息的收集與甄別成本中通常由交易雙方負擔的。總體而言，此類交易的市場化程度最高。而客商與牙商的交易，則涉及了委託——代理關係，監督契約履行的成本影響著交易效率，其市場化程度一般。至於客商與官府這些將契約監督工作的外包交易，往往因為搭便車、壟斷、設租與競租等問題而人格化嚴重。

2、明政府提供的制度化規則

規則作爲個體間交易（或合作）中選擇集合的約束條件，用於降低不確定性和機會主義。規則有兩類：情景式的規則與制度化的規則。情景式的規則具有多變的特性，可以由交易方通過臨時約定而成。制度化的規則相對穩定，不隨環境而變化，通常作爲交易方的共同知識而存在。制度化的規則對個體行動的影響更大。用博弈論的話講，人們通常不是按照情景式的規則而是按照制度化的規則行事，除非大量的證據表明原有的制度化規則不再有好處。這反映了存在不確定性的實際交易中，交易方節約交易成本的一種努力。

政府是提供正式規則的重要的組織。對關乎政府財政的重要商品（例如如鹽、茶），明政府實施壟斷貿易並規定其價格；對普通商品，通過鈔關、榷關、榷場徵稅，並利用牙儈體系對市場進行監控和調節。

> 明興，關市之禁視前代尤詳。舟車掌於鈔關，爲司徒屬。竹木掌於抽分，爲司空屬。鹽課有轉運，有提舉，而又有御史稽察之。茶課亦然。余皆領於司徒。即徵商之法纖悉具備已。〔註3〕

有部分學者認爲，明政府並沒有能夠提供與市場經濟相適應的功能。例如，邱澎生認爲，十六至十九世紀末年，中國的市場經濟雖然有更大的成長；然而，相較於商人在市場上擴充資本、介入生產活動以及組織團體等各類經濟活動的發展活力，政府卻一直未形成一套以扶持本國工商業發展、增進國家總體財富爲目標的經濟發展政策；這種政府功能的「缺失」，降低了民間經濟活動複雜化過程中提升市場運作效率的可能性，也阻礙了近代經濟成長在中國出現的速度〔註4〕。

當然，這並不意味著明政府沒有對市場經濟採取過靈活措施。下面以明代兩浙木業爲例加以說明。出於課稅考慮，明嘉靖間政府爲木商提供產權保護，防止地方政府、豪惡侵害木商。楊時喬在隆慶元年（1567）自刻的《兩浙南關榷事書》「例書」中寫道：

> 嘉靖十年（1531），主事程烈呈本廠客商多帶資本於徽、嚴、衢、處等府地方拼買木植。始者率於通都大邑，則其出水爲便。今則轉之深山窮谷，則其出水爲難。高岡峻嶺雇人搬馱，小溪曲潤經年堆

〔註3〕張瀚，《松窗夢語》卷4《商賈紀》，清光緒武林往哲遺著本。

〔註4〕丘澎生，《市場、法律與人情——明清蘇州商人團體提供「交易服務」的制度變遷》，《開放時代》，2004年第5期，第73～90頁。

垛，一遇洪水驟發，復遭漂流，加以地方豪惡又多爲壩堰之類，乘機阻當�ं骗，所在有司往往分商民爲二，曲爲庇護。近年有等府縣明白出給告示，禁革木商，不許入境，居民如有容留宿歇，俱以窩藏逃軍問罪，本商有先年已曾**拼**買木植，亦令退還原主，於是客商望風逃散。國課日虧，深爲可憂。查得正德五年（1510）先差主事韓邦靖奏該本部題准事例，內開今後若有無藉之徒打攪抽分者，許被害之人赴抽分官處指實陳告，責令府州縣巡捕官、本廠水夫及地方火甲人等挙送，比照打攪倉場事例，枷號發遣，並有司徇私、違例不遵，本部委官行移，致使奸人肆志、虧損國課，責治提問，徑呈參奏挙究等。因甚爲嚴切，當時商路頗通，刁風頓息。及今法久人玩，爲患滋甚，乞提申禁。該本部看得禁約一節，委係該廠職守，但既有先年題准事例，不必重復題請，該廠止要查照前例，出給告示，轉行各府地方禁約，如有故違抗犯，許害客商開具實跡陳告，應枷號者照例枷號，應參奏者具呈本部，以憑查例，參奏施行。

〔註5〕

木商與地方豪強在水運上的爭端，最終的解決辦法是通過國家行政命令開通商路，並製造法律事例和習慣以期產生持續影響。

同時，由於嘉靖間木業中行商與牙商間的商業糾紛日益增多，政府就通過調整牙行來適應這種變化。

交易有牙，其直乃定。先是立上、下二牙，後更爲買木中牙、賣木中牙。嘉靖三年（1524），主事李爲申明革弊立牙平價甦商寬稅事。內示商路之通塞，關國課之盈虧。近因商牙罔利，往往交相局賺，致陷客商資本，商路多梗，率此之由。是以本部審酌其情，立之以法。上客定以上牙，下客定以下牙，接引買賣，各從商便。交易之際，務要四面從公估價，各立合同要賬，交銀髮木，不許把持捐抑、低昂價值、串挽賒ं誑及私買私賣。〔註6〕

行商還需要聯合起來利用政府以保障他們所中意的牙商的職業地位。

又據徽、嚴等府商人李文瑞、朱元夫等二十三名，連名呈稱勞政先因量木行人問結，不係牙行革役，先被程楚英妄擾混，將伊男

〔註5〕楊時喬，《兩浙南關榷事書》「例書」，隆慶元年（1567）自刻本。
〔註6〕楊時喬，《兩浙南關榷事書》「牙書」。

勞瑞復立賣牙,亦無過犯,朦朧革役。今因各商販木向投勞瑞發賣,
不侵客錢,況有身家保乞充牙,實踈商路等情。拘審勞瑞,責令照
舊充當賣牙外行,提程楚英等並拘商牙汪德威、王德敷等,及據江
小盛狀投到職,並將弔來原問文卷,逐一查審。據俞鳳供,係直隸
徽州府休寧縣民有在官本府商人汪德威等、浙江商人蔣大璋等,各
帶資本在于徽、嚴、衢處等府地方由**拵**山買木赴廠,告報抽分,輸
納國課,停泊杭州地名四板橋發賣。……〔註7〕

可見,無論是地方豪紳與行商衝突,還是行商與牙商衝突,政府都制定過的
正式規則並提供司法支持。

　　在經濟發達、政治開明的江南地區,地方政府的行政管理也隨著經濟結
構而靈活變化。例如,張海英通過對明清江南市鎮的行政管理的研究發現,
明清蓬勃興起的各類市鎮,不僅在經濟結構上各有千秋,在行政管理模式上
也呈現了多類型、多層次的行政管理的特點:一方面反映了這一時期政府行
政管理體系的相對靈活性,使江南市鎮的商品經濟有了相對寬鬆的發展空
間;另一方面,由於管理始終缺乏主動意識,對暴露出來的社會問題被動應
付,最終又制約了江南市鎮的進一步發展〔註8〕。

　　總體來看,明代政府雖然有著靈活多樣的行政管理體制,但不能爲遠程
貿易提供足夠的規則和監督規則執行的職能,面臨人格化交易的客商需要自
己承擔降低交易不確定性所需的成本。與匿名市場相比,顯名的、永遠擴展
的關係網絡成爲有效降低交易成本的機制。關係網絡的一個特徵是,網絡中
個體選擇的積累效果將被該網絡所記憶,並作爲個體信息可能有損耗地、有
代價地傳遞給網絡中的其它人。儘管所傳遞出的個體信息仍然存在被人爲控
制、誤解和篡改的可能性,但是關係網絡至少提供了陌生交易方所需的部分
眞實的個人信息,從而降低交易成本。

3、徽商網絡與遊道

　　明嘉靖、萬曆間徽商在全國各地「匝地而商」,進行群聚性經商。張翰《商
賈紀》:

〔註7〕 楊時喬,《兩浙南關榷事書》「牙書」。
〔註8〕 張海英,明清江南市鎮的行政管理〔J〕.學術月刊,2008 年,總 40 期第 7 期,
　　　　第 130～139 頁。

自安太至宣徽，其民多仰機利，舍本逐末，唱櫂轉轂，以遊帝
王之所都而握其奇贏，休、歙尤夥，故賈人幾遍天下。良賈近市利
數倍，次倍之，最下無能者逐什一之利，其株守鄉土而不知貿遷有
無、長貧賤者，則無所比數矣。〔註9〕

唐時升說：

新安人善賈，遊行江湖，天下都會處處有新安人，而三吳之地，
則在嘉定者最多。〔註10〕

歸有光說：

嘉定南南翔，大聚也，多歙賈。〔註11〕

《（萬曆）嘉定縣志》：

南翔鎮在縣治南二十四里，因寺而名。其地東西五里，南北三
里，往多徽商僑寓，百貨填集，甲於諸鎮。比爲無賴蠶食，稍稍徙
避，而鎮遂衰落。……羅店鎮在縣治東一十八里，元至元間里人羅
升所創，故名。其地東西三里，南北二里，近海，多魚鮮，比閭殷
富。今徽商湊集，貿易之盛，幾埒南翔矣。〔註12〕

湯賓尹認爲，

徽俗多行賈，矜富壯，子弟裘馬盧食，輻湊四方之美好，以爲
奇快。歙爲甚。歙人民巷舍所居，動成大都會，甲於四方。岩鎮爲
甚。岩鎮大姓，以十數衣冠遊從，照耀市巷。潘氏爲甚。〔註13〕

釋德清（1546～1623）言道，

震旦財富聚東南，而巨商大賈稱淵藪，歙郡之溪南吳氏最著。
〔註14〕

凡此種種，足見嘉靖萬曆間徽商活動之盛。日本學者臼井佐知子總結道，

從徽州各邑的地方志、族譜乃至客商編纂的《一統路程圖記》、

〔註9〕 張瀚，《松窗夢語》卷四《商賈紀》，清光緒武林往哲遺著本。

〔註10〕 唐時升，《三易集》卷19《商山吳隱君七十壽序》，明崇禎刻清康熙補修嘉定
四先生集本。

〔註11〕 歸有光，《新刻震川先生全集》卷18《例授昭勇將軍成山指揮使李君墓誌銘》，
四部叢刊景清康熙十四年（1675）新刻本。

〔註12〕 張應武，《（萬曆）嘉定縣志》卷1「疆域考上」，明萬曆刻本。

〔註13〕 湯賓尹，《睡庵稿》文集卷22《光祿丞潘長公行狀》，明萬曆刻本。

〔註14〕 釋德清，《憨山老人夢遊集》卷12記《旃檀如來藏因緣記》，清順治十七年（1660）
毛褒等刻本。

　　《士商類要》清楚地反映出，明代後期徽商在長途販運的過程中，
建立起一張幾乎覆蓋大半個中國的商業網絡。〔註15〕
臼井佐知子的商業網絡有明顯家族性、地域性，只是徽商所構建的關係網絡
中的一小部分。商人與官員、商人與文士、商人與思想家等等，都表現著商
業活動不僅僅是商業領域的事情，而是深深內嵌於整個社會系統之中的。徽
州商人則以高超的「遊道」不斷拓展各個層面的網絡。

　　「遊道」是關係網絡的構結和拓展。王振忠、趙力給出了「遊道」的解
釋：「至於『遊道』，有時也作『交道』，亦即交遊之道。」〔註16〕他們直接徵
引了明人方承訓的《外父唐公偕孺人合葬墓誌銘》「（唐世鈇）齎用漸饒，遊
道日廣」一則材料加以說明。「齎用漸饒，遊道日廣」這類話語，並非始出於
明代，早在西漢司馬遷的《史記》中就已有類似的用法。「（陳）平既娶張氏
女，齎用益饒，遊道日廣。」〔註17〕《史記》中另一處曾提及「遊道」，唐人
張守節《史記正義》將其解釋爲「遊車、道車」。《史記·司馬相如列傳》：「馳
遊道而修降兮。《正義》：『遊，遊車也；道，道車也；修，長也；降，下也。』」
〔註18〕《史記》的「遊道日廣」，到底是虛指社會交際圈的擴大，還是實指地
理活動空間的擴大，抑或二者兼有，尚存爭議。

　　不過，明人在使用「遊道日廣」一語時，更側重於指社會交際圈的擴大，
這一點是沒有多少疑義的。以明人汪道昆的《太函集》對「遊道」的使用爲例。
《太函集》卷三十五《程子虛傳》：「（程子虛）既入南太學，數奇如初。都人
士急子虛遊道日廣，自留後、列卿以及縉紳、學士，亡不藉藉子虛。或以其將
爲名高也者，而遊大人非其志也。部使者高子虛義，延之爲子舍師。」《太函
集》卷三十六《卓澄甫傳》：「諸顯者乘六至，率過澄甫於家，諸布衣自四方，
來客澄甫所。遊道日廣，詩名亦日高。」《太函集》卷五十二《海陽處士金仲
翁配戴氏合葬墓誌銘》記載，休寧商人金敘的妻子「從容就仲語：『君固當儒
第，舅年數日侵，遊道日廣，即操利權如箕斂，將不勝勞，竊爲君筴之』」。

　　而「交道」一詞，在文獻中亦出現較早，最初意指交會的道路。東漢時
已有類似「人際交往」的涵義。《東觀漢記》卷十五列傳十「王丹」：「丹子有

〔註15〕　臼井佐知子，《徽商及其網絡》，《安徽史學》，1991 年第 1 期，第 18～24 頁。
〔註16〕　王振忠、趙力，《明清時代南京的徽商及其經營文化》，《浙江社會科學》，2002
　　　　　年第 4 期，第 150～152、160 頁。
〔註17〕　《史記》卷 56《陳丞相世家》。
〔註18〕　《史記》卷 117《司馬相如列傳》，清乾隆武英殿刻本。

同門生喪親，家在中山，白丹，欲往奔慰，結侶將行，丹怒而撻之，令寄縑以祠焉。或問其故，丹曰：『交道之難，未易言也。』」〔註 19〕到宋時更出現「打交道」的提法，宋人陳著《答汪文卿書》：「（姚橘州、趙菊坡）相俯留，既而得缺於蕪湖，秀才於紙帖見錢，今卻與阿堵物打交道。日謀此去，猶未遂也，是非利害，當有外人以教我。」〔註 20〕可見，將「遊道」等同於「交道」是無可厚非的。

明代徽商的「遊道」，喜結交士大夫，爲此有的不吝千金構建園亭。王振忠、趙力解釋說，

> 徽商的「賈道」與「遊道」相輔相承。其中特別是園林與徽商經營的關係，尤其耐人尋味。與通常所認爲的不同，徽商構建園林，並不完全是追求文人士大夫的生活方式（或曰附庸風雅的文化表達方式），而是與其經營方式緊密地聯繫在一起。〔註 21〕

這個論述是很有啓發性的。他們的研究提醒人們注意到，明代商人的「遊道」或「交遊」並非是與經營活動完全無關的內在偏好（即附庸風雅），而是客商在關係網絡中採用的人格化交易方式。

無錫人秦汴記載：嘉、萬時期徽商程公臺，經商無錫，其名聲之高，超乎想像。

> 聞公臺之塵，當夫四方來集，與爲往來應答者，皆肆中人代其事。諸賈皆頻欲見，公臺迄不能頻接見，諸賈竊怪之。予四十年間習聞北市有程公臺而未識其面。一日，過凝庵錢先生之席，客彬然弦然，錢先生嚴且敬，儀文翔濟，席上皆知名士。中一人與客酬對，言發，舉座率多就而聽者。予問之，則曰：「此所稱北里公臺也。」予驚疑焉。既而歷經諸先生之席，往往遇公臺……自後凡諸門高宴，坐上無公臺則賓客將無以爲歡。然而北里程氏之門大賈踵武，貨賄之業繼至輔湊，日益以富也……今日者，群公於公臺爭欲屈致門下，亦恐士心有不歸者乎？〔註 22〕

〔註 19〕《東觀漢記》卷 15，清武英殿聚珍版叢書本。
〔註 20〕《本堂集》卷 73，清文淵閣四庫全書補配清文津閣四庫全書本。
〔註 21〕王振忠、趙力，《明清時代南京的徽商及其經營文化》，《浙江社會科學》，2002 年第 4 期，第 150～152、160 頁。
〔註 22〕秦汴，《自問稿・程公臺傳》，轉引自范金民，《明清地域商人與江南文化》，載李伯重，周生春《江南的城市工業與地方文化 960～1850》，北京：清華大學出版社，第 112～113 頁。

范金民在徵引此條材料時曾評論道：「徽商程公臺，並不直接操理商務，四方商賈常欲見他而常不能見。他則日與知名士酬對，每發一言，舉座就聽，凡諸門高宴，座上無他則舉座不歡。諸名士爭欲屈致門下，而其業務與財富卻與日俱增。富商在名士圈中的地位，名士與富商觥籌交錯須臾（與——筆者注）不能或離的情形，商人雖應酬無虛日而財富日益增的關係，於此反映得極為典型。」〔註23〕

　　由於關係網絡可以降低了人格化交易中搜集和甄別交易者個體信息的成本，網絡中的多邊聲譽機制則傳遞和記憶交易者的個人信息，能部分防止可能出現的敗德和違約的行為。通過進入名士的交際圈，上例中「四方商賈」可以獲得更多與徽商程公臺交易的機會〔註24〕。「遊道」正是反映了人們拓展關係網絡的努力，這種努力可以是跨地域、跨行業、甚至是超越商業領域的。

第二節　節點的設置與競爭：明代的綱紀商人

　　明代成化以後，在規模大、有專官治理的行業如鹽業、木材業、海洋貿易中，陸續出現了一種聯引行業內商人與官府的中介商人。他們通常由商人推舉或由官府指定，作為治理高流動性的貿易商人一種非正式補充。這種位置就要求商人具有較強的同情心、關係性考慮、文化能力、非正式領導力、資源整合能力以及預見力。因此，這些商人既要能得到眾商人的支持，又要能遊走於「大人、名士」之門，所以除了需要長袖善舞的交際能力之外，還要有出眾的文化能力與較高的社會聲望。嘉靖以後的文本中，他們的名義已被拔高到「綱紀」甚至「祭酒」的地步，不僅標誌著行業內商人網絡的節點的資源，基本掌握在客長、客綱客紀的手上，更意味著商人網絡的聚集化和「生態化」。「綱紀商人」話語的出現，意味著士大夫階層正在賦予精英商人以政治義理上的正當性，極大地放大這些商人在血緣、地域、政治、社會、文化等多個層面的關係網絡對正常的商業活動的巨大影響。這些綱紀商人最終成為嘉、萬之際汪道昆凝聚「儒賈」意象的一個典型群體，構成了影響明末商業文化氛圍的一支中堅力量。

〔註23〕 范金民，《明清地域商人與江南文化》，載李伯重、周生春編，《江南的城市工業與地方文化 960～1850》，北京：清華大學出版社，2004 年，第 113 頁。

〔註24〕 此處的「交易」是廣義的，意指各種形式的合作。無論是信息與商品的交換，還是項目合作，都屬於交易。

　　在研究明代的動態商人群體時，既不能粗暴地用政治權力賦予的等級組織來理解它們（例如使用等級社會），也不能用隨機的、自治的商人群體來理解（例如使用西方的公共領域之類的提法）；它們更多地是介於二者之間的一種形態。如果將這些商人群體以社交網絡的方式予以理解，或許更切合實際，這種商人網絡的既有部分自組織網絡所形成的「小世界」特徵，又有等級權力的深刻影響，與其說是自治與政治權力的混雜，毋寧說是分時性的。這種分時性是指，在政府有採購、收稅、約束商人的需要的時候，這種商人網絡中的權力關係就會被喚醒；而在平時是否是保持自組織的形態，則主要受到這些綱紀商人的個人能力和品行的影響。

一、引子

　　學術界對清代商人組織與商人首領的研究頗多〔註 25〕，其中就涉及到作為移民社會基層管理者的「客長」以及作為會館首事的各省客長（正如巴縣檔案所示）。及至清末，客長的制度設計甚至被建議用來管理或整合僑居東南亞的華裔商人，以便加強與歐洲的經濟競爭〔註 26〕。不過，關於客長制的起

〔註 25〕 例如，王日根，《論明清福建會館的多種形態》，《中國社會經濟史》，1995 年第 3 期，第 64～73 頁；藍勇，《清代西南移民會館名實與職能研究》，《中國史研究》，1996 年第 4 期，第 16～26 頁；王日根：《明清基層社會管理組織系統論綱》，《清史研究》，1997 年第 2 期，第 12～21，35 頁；范金民，《清代江南會館公所的功能性質》，《清史研究》，1999 年第 2 期，第 45～53 頁；吳慧，《會館、公所、行會：清代商人組織演變述要》，《中國經濟史研究》，1999 年第 3 期，第 111～130 頁；彭邱生，《十八十九世紀蘇州城的新興工商業團體》（碩士論文），《商人團體與社會變遷：清代蘇州的會館公所與商會》（博士論文）；梁勇，《清代四川客長制研究》，《史學月刊》，2007 年第 3 期，第 28～35 頁；陳亞平，《清代商人組織的概念分析——以 18～19 世紀重慶為例》，《清史研究》，2009 年第 1 期，第 55～64 頁；陳亞平，《清代巴縣的鄉保、客長與「第三領域」——基於巴縣檔案史料的考察》，《中西法律傳統》第 7 卷，2009 年，第 167～203 頁；范金民，《把持與應差：從巴縣訴訟檔案看清代重慶的商貿行為》，《歷史研究》，2009 年第 3 期，第 59～81 頁；梁勇，《重慶教案與八省客長：一個區域史的視角》，《社會科學研究》，2007 年第 1 期，第 170～175 頁；周琳，《城市商人團體與商業秩序——以清代重慶八省客長調處商業糾紛活動為中心》，《南京大學學報》（哲學·人文科學·社會科學），2011 年第 2 期，第 80～99 頁；譙珊，《專制下的自治：清代城市管理中的民間自治——以重慶八省會館為研究中心》，《史林》，2012 年第 1 期，第 1～10 頁。

〔註 26〕 清末黃楙才請求朝廷在東南亞的華裔商人中設立領事，其下分設客長，並選擇才能素著、為眾服者給與頂戴，以求「上下一體、中外一氣」：「謹將南洋

源，卻很少有研究追溯到明代。現有資料表明，「客長」一詞早在明代成化間就已經出現，不過在當時並沒有如清代一樣在農村的場市中被大規模複製，成為「鄉有鄉約，客有客長」的基層管理者，而是首先出現在某些「商之聚而大、有專官治者」的商業領域中（例如鹽業、木材業、海洋貿易）。這類客長，在明清時經常被官府視為商人中的綱紀，在事實上擁有管攝眾商的權力與威望，而被時人稱羨。

二、釋名：客綱、客紀即客商中的綱紀，亦稱客長

明代的綱紀商人經常被稱作商綱、商紀，由於大量商人客居外地、尚未在當地落籍，這些客商的首領也因此被稱作客綱、客紀。不過，客綱、客紀的涵義經常與運綱組織相混淆，從而出現不少誤讀的情況。例如嘉靖四十年本《廣東通志》就有一句話常被人誤解：

> 嘉靖三十五年，海道副使汪柏乃立客綱、客紀，以廣人及徽、
> 泉等商為之。〔註27〕

這句話中的「客綱、客紀」常被史學界視為明代廣東的海貿客商組織。到目前為止，有兩類代表性的解釋。第一類解釋是由徽商研究的開拓者藤井宏先生所闡發。他認為，客紀是客商經紀、牙行，客綱則是客商經紀的行會組織，類似於歐洲的基爾特（guild）：

> 蓋客紀之「客」意味著客商，客紀意味著由官府所指定的客商作為接待外國商人的中國人的經紀（牙行）。客綱意味著客紀的基爾特。根據下引資料，雍正《長蘆鹽法志》卷二「沿革」：「明初，分商之綱領者五：曰浙直之綱，曰宣大之綱，曰澤潞之綱，曰平陽之綱，曰蒲州之綱，商綱之名始此。」天啓《新安休寧名族志》卷三

事宜具陳四條如左。一曰添設領事以收人心也。……宜將戶口詳細稽核，凡滿萬戶以上設立領事一員，不及此數者或數埠共一領事。領事之下分設客長，令商民公舉。夫英人占據各處馬頭，多係公司眾商之謀。今可仿其意為之。客長之中有才能素著、為眾服者即給以頂戴，畀以職事，上下一體，中外一氣，將見生齒日繁，商賈漸興，南洋數十島之利權一旦盡歸於中華矣。」（清葛士濬編，《清經世文續編》下冊卷103洋務3「南洋形勢」，1898上海書局石印本，第790頁。

〔註27〕嘉靖，《廣東通志》卷70「雜蠻」，廣東省地方史志辦公室據嘉靖四十年本謄印本，1997年，第1792頁。

雁塘（邑南二十里）吳氏條，述及明末人吳溥：「持鹽筴之役，舉客
綱，商悦服。」可見，以綱解説爲基爾特或類似基爾特的組織是沒
有錯的。〔註28〕

第二類解釋是由范金民教授提出的，較藤井宏先生的解釋更加明確。他迴避
了「客綱、客紀」中「紀」的涵義，受唐宋以來「綱運」組織的啓發，認爲
《廣東通志》中的「客綱」就是沿用前代海洋航運的組織形式，與後來的「客
幫」在形式與本質上無大的區別，可視爲客幫的前身：

> 綱的形式是宋元時代官方和民間從事海外貿易普遍採用的方
> 式。明代沿用宋元舊法，海外貿易仍用綱的形式。嘉靖三十四年
> （1555），司禮監傳奉聖諭，作速訪買各色名貴香料，廣東巡撫「鈞
> 牌發浮梁縣商人汪弘等到司，責差綱紀何處德領同前去番舶訪買，
> 陸續得香共十一兩。」類似方法顯然行用已久。明代中後期，隨著
> 南洋貿易的日益興盛，特別是嘉靖三十二年（1553）葡萄牙人入居
> 澳門後，「閩粤商人趨之若鶩」。由於澳門與蕃商貿易的中國商人數
> 量激增，爲了加強管理，嘉靖三十五年（1556），「海道副使汪柏乃
> 立客綱、客紀，以廣人及徽、泉等商爲之。」商人貿易不但有綱，
> 而且外地商人與土著相區別，不同於宋元時代的綱，而被稱爲「客
> 綱」。這種客綱，顯然是沿用前代海外貿易的組織形式而來的，與後
> 來的客幫形式上和本質上已無多大區別了。〔註29〕

兩類解釋有一個共同點，均將「客綱」視爲明代客商群體的某種組織形態。
然而「客綱、客紀」中的「客綱」，到底是組織形態，還是客商頭領的名號？
頗值得商榷。

查綱、紀二字的本義：綱，原指魚網的總繩；紀，原指紮絲束的線頭。《墨
子・尚同上》曰：「譬若絲縷之有紀，罔罟之有綱」〔註30〕。可見綱、紀的原
意是指約束、維持秩序的關鍵。二詞在古漢語中經常互文連用，如「三綱六
紀」、「頓綱振紀」等等。如果非得區分出「綱」與「紀」的細微差別，我們

〔註28〕 藤井宏，《新安商人的研究》，《江淮論壇》編輯部，《徽商研究論文集》，合肥：
安徽人民出版社，1985年，第189～190頁。
〔註29〕 范金民，《商幫探源述流》，《浙江學刊》，2006年第2期，第84～85頁。
〔註30〕 《墨子》卷3「尚同上」第十一，畢沅校注，經訓堂本，1835年和刊本，第1
冊。

可以參考《白虎通義》中的解釋：「何謂綱紀？綱者，張也；紀者，理也。大者為綱，小者為紀，所以張理上下，整齊人道也。」〔註 31〕到了唐末，劉晏用「綱」作為編組運輸的單位，「綱運」這才成為「綱」的一個後起涵義，在古文中大量出現。故此，在宋代文本中出現「客綱」一詞，用於區別於「官綱」的運輸組織〔註 32〕。

事實上，前引嘉靖《廣州通志》中的「客綱」、「客紀」，是古漢語中常見的互文用法，意指客商當中的綱紀商人，並未特指運綱或類似運綱的商業組織。這一點我們從明代人對這兩個詞語的使用習慣來看。明代萬曆間的通俗小說《新鐫全像西遊記傳》第八十四回載，

> 婦人笑道：「孫二官人誠然是個客綱、客紀。早是來到舍下，第二個人家也不敢留你。」〔註 33〕

〔註 31〕 班固，《白虎通義》卷下「三綱六紀」，影印文淵閣《四庫全書》，第 850 冊，第 50 頁。

〔註 32〕 例如，《續資治通鑑長編》（光緒 7 年浙江書局校刻本，第 49 冊，第 109 頁）卷 211：「（宋神宗熙寧 3 年 5 月壬子，1070 年）江淮等路發運使薛向言：上供米六百二十萬石見已裝發，其召募客綱所運二十六萬餘石入京，已過元額，乞理充來年歲計之數。」又如，《宋會要輯稿》（北京：中華書局，1957 年，第 143 冊，第 5584 頁）卷 15946「食貨四四」載：「（紹興 22 年，1152 年）十二月六日，戶部言諸路合起發米斛赴行在，並外路卸納綱運，除官綱係差短使或指使、自有立定分釐耗折罪賞外，所雇客綱係逐州軍依見行條法，指揮召募文武管押，從來多無欠折，至卸納處如交納了足，方行推賞。近來所押客綱卻有欠折，下卸去處，便依官綱地里，分釐除破耗折，暗虧官物，兼客綱自合依所降指揮拘收水腳錢分數，前來卸納處准備填欠。其客綱即與官綱事體不同，欲乞將江、湖等路今後如募差文武官管押客綱，破耗與比官綱減半除豁耗米，方得推賞。」除了輔助「官綱」運輸漕米的「客綱」之外，在宋代福建一代還流行過官民聯營的鹽綱制度，這種制度經宋、明演變之後，在清代閩西一帶仍然存在，參見陳支平，《清代閩西商綱零拾》，《中國經濟史研究》，1996 年第 2 期，第 71～75 頁。

〔註 33〕 吳承恩，《新鐫全像西遊記傳》第 84 回，明書林楊閩齋刊本，第 1015 頁。此句「客綱客紀」的涵義，袁步昌先生做過辨析，認為「客綱客紀」可以指人或確切地說指「老練的江湖買賣人」：「【客綱客紀】《大詞典》釋為『出門人應遵守的規矩』。書證為《初刻拍案驚奇》卷一：『愚意如此說一遍，說得文若虛與張大跌足道：『果然是客綱客紀，句句有理。』《大詞典》的解釋引自曾上炎《西遊記辭典》。然所據釋義恐並不正確。古代公府及州郡主簿稱『綱紀』。《文選》載有傅亮《為宋公修張良廟教》：『綱紀：夫盛德不泯，義存祀典；微管之歎，撫事彌深。』李善注：『綱紀，謂主簿也。教，主簿宣之，故曰綱紀，猶今詔書稱門下也。』後亦稱管理一家事務者為『綱紀』。《資治通鑑·晉明帝太寧二年》：『有詔：「王敦綱紀除名，參佐禁錮。」』胡三省注：『綱

小說中「客綱、客紀」是旅店婦人對假扮販馬客商的孫悟空的逢迎，可見「客綱、客紀」是某種頗顯尊貴的身份或職務，而非指稱某類運輸或商業組織。又如，明末小說《拍案驚奇》描述書生出身的海商文若虛跟隨中介人張大與波斯商人瑪寶哈的對話中，也提及了「客綱、客紀」：

> 只見主人笑嘻嘻的對文若虛說道：有一事要與客長商議，價銀現在裏面閣兒上，都是向來兌過的，一毫不少。只消請客長一兩位進去將一包過一過目，兌一兌爲准。……說得文若虛與張大跌足道：果然是客綱、客紀，句句有理。〔註34〕

文若虛與張大奉承波斯商人馬寶哈「果然是客綱、客紀，句句有理」〔註35〕。若是將這種「客綱」解釋爲商人行會或綱運組織，顯然是不恰當的；而且波斯商人瑪寶哈不是經紀，也不能謂之「客紀」。同時，值得注意的是，波斯商人馬寶哈反過來客氣地恭維海商文若虛爲「客長」。我們不免猜測，「客綱、客紀」是否與「客長」類似呢？答案是肯定的。如果說小說的文學意味比較重，可能有些誇張，不足以解釋史志文本《廣州通志》中「客綱、客紀」的詞義；那麼，《（嘉靖）惟揚志》卷九「客長」條的解釋就非常明確了：

> 成化間設有客綱、客紀，擇殷碩者以聯引各商聽鹽事於司，非令管攝也。〔註36〕

這說明，在鹽業中「客長」又被稱「客綱、客紀」，用於指稱客商與官府之間的聯絡人。明代成化年間設立之初，客長並沒有對客商群體的管轄權，但是到嘉靖時事實上已具有某種管轄權了。需要強調的是，這則材料只能證明在

紀，綜理府事者也；參佐，諸僚屬也。』『綱紀』可指稱人，則『客綱客紀』亦可指人，這在《西遊記》第八十四回中體現得非常明顯：『孫二官人誠然是個客綱客紀。早是來到舍下，第二個人家也不敢留你。』許少峰《近代漢語詞典》釋爲『老練的江湖買賣人』，《大詞典》可參。」（袁步昌，《〈漢語大詞典〉釋義商榷》，《語文學刊》，2010 年第 11 期，第 76 頁）

〔註34〕 凌濛初，《拍案驚奇》卷 1「轉運漢遇巧洞庭紅，波斯胡指破鼉龍殼」，明崇禎尚友堂刻本。

〔註35〕 引文的潛在文化心理值得深入分析。從句式結構來看，「客綱、客紀」與「有理」之間用「果然」相連接，表明當時的話語情景驗證了某種心理預期或信念，即「客綱、客紀」被期待具有道理上的說服力。這種心理預期或信念得以形成，不僅與儒家思想從義理上建構並轉化了「綱紀」這個政治術語有關，還與明代的社會生活中「客綱、客紀」本身就在大量調解商人糾紛的實踐有關。

〔註36〕 嘉靖，《惟揚志》卷 9，上海：上海書店，1963 年影印本（據寧波天一閣藏明嘉靖殘本）。

嘉靖二十一年編撰的《惟揚志》中，出現了以「客綱、客紀」注釋「客長」的情況，尚不足以證明成化時就已出現「客綱、客紀」的用法。在明末文學作品中，我們還經常讀到將普通商人甚至旅客尊稱爲「客長」的現象〔註37〕，這說明市井生活中客長的身份已令人羨慕。

與清代場鎮、會館大量出現「商有商總、客有客長」的情形不同〔註38〕，明朝政府在商人群體中設「綱」管理的例子大多集中於貿易量大、有專門對口管理機構的商業領域，諸如鹽業、海洋貿易、木材業等。例如，嘉靖間徽州休寧人金瑤在爲同鄉木商汪慶的傳記中寫道：

　　　　（汪慶）儀狀瑰偉，善言論，達事體，眾商推公爲商綱。凡商之
　　聚而大有專官治者，必推一人爲首以領眾務，謂之綱，猶網之綱也。
　　　　東南之木聚於浙，工部歲遣榷官一員駐南關，翁之爲綱也。〔註39〕

金瑤解釋得很清楚，這裏的「商綱」是指商人首領，並不是唐宋以來編船航行之法中的運綱組織。商綱實際上就是協助榷官管理的一種半官方職位（即黃宗智所說的 semi-officials）。

至此，基本上可以判定，前引史料中「客綱」「客紀」是互文連用，指客商中的「綱紀」商人，等同於「客長」。無論是將「客綱、客紀」的「綱」解釋爲基爾特，還是「客幫」的組織前身，都是不準確的。這些理解無意中誇大了明代商人群體的自組織化程度。前引《（康熙）廣東通志》卷二八《外志》

〔註37〕 茲略舉數例如右。馮夢龍，《古今小說》（明天許齋刻本）卷20、卷36分別記載，「店小二問曰：『客長有何勾當？』王吉答道：『我主人乃南雄沙角巡檢之任，到此趕不著館驛，欲借店中一宿』」；「只見汴河岸上有個饅頭店，門前一個婦女，玉井欄手巾勒著腰，叫道：『客長喫饅頭點心。』」又如，毛晉《六十種曲》‧《尋親記下》（明末毛氏汲古閣刻本）第32齣：「小客長休怪，方纔我聽得你言語，好似我河南開封府聲音，以此冒犯。小生：小生正是開封府人。生：老夫也是開封府人，正是鄉人遇鄉人。小生：不覺也動情□，客長請坐過來講一講。生：我如今要回去，不知小客長何往？」

〔註38〕 乾隆10年，晏斯盛《請設商社疏》曰：「查該鎮鹽、當、米、木、花布、藥材六行最大，各省會館亦多，商有商總，客有客長，皆能經理各行各省之事。」（賀長齡，《清經世文編》卷40戶政15，清光緒12年思補樓重校本）實際上，在鹽業中，商綱曾變名爲商總。清順治、康熙間人徐元文《請除兩淮積弊疏》曰：「以臣所聞如過橋、過所，則有院道使費之弊，割沒帶鹽則有割斤補引之弊，委任出入則有發收承差之弊，藉口公務則有派徵匦費之弊，而其弊大檠皆出于商綱。商綱原非經制，曾經禁革，今又變名爲商總，不知此商總將何所用？如曰藉以徵課，豈官不能徵，而商總能之乎？」（《含經堂集》卷20「奏疏四」，清刻本）

〔註39〕 金瑤，《金粟齋文集》卷7，《百灘汪翁傳》，明萬曆41年（1613）汪從龍瀛山書院刻本。

嘉靖三十四年（1555）廣東巡撫「鈞牌發浮梁縣商人汪弘等到司，責差綱紀何處德領同前去番舶訪買，陸續得香共十一兩」一事，其中的「綱紀何處德」就是聯絡、管理商人的人。而嘉靖三十五年（1556），「海道副使汪柏乃立客綱、客紀，以廣人及徽、泉等商爲之」，這並非指 1556 年以前的廣東海貿中沒有「綱紀」商人，而是指嘉靖三十五年區分客商與土著，任用廣東、徽州、福建商人作爲澳門一帶的客商首領，以便加強管理。

三、釋義：作爲儒家政治話語的「綱紀」商人

「綱紀」是儒家社會的一個關鍵政治術語，通常用於指稱法度、綱常，有時亦出現於某些管理機構的名稱中。例如，明代府一級就設有「僧綱司」、「道紀司」以管理宗教事務。在商人群體中，唐、宋間雖有行首、行頭之類政府指定的商人管理者或頭人〔註40〕，但是將商人首領的名義拔高到「綱紀」的程度，在嘉靖以前的文本中還很罕見。除了前面徵引的嘉靖以後「客綱、客紀」的相關史料外，在明清文獻中，我們可輕易找出很多用「綱、紀」稱呼商人首領的例證。

例如，成化至嘉靖間，歙縣鹽商黃崇德（1469～1537）「夫淮海諸賈，多三晉關中人，好唾奇畫策，見公言論，皆削稿斂衽從公，推公爲綱。」〔註41〕又如，歙縣竦塘人黃鑒：「嘗遇魁俠雕捍倨肆於前，公瞠目叱之曰：『蠢爾海夷，不知新安有黃國明耶！』其人縮踖而退，自是待諸賈人咸伈伈低首，不敢作雕捍（悍）態。諸賈人德之，拜公爲綱。」〔註42〕這是商人推舉商綱的例子，亦可見綱紀商人的威權之盛。在吳地經商的程奉直被官府任命以「紀綱之役」：「公其託於賈游乎？顧持大體，策事若觀火，不操利權。部使者行部中，必任之以紀綱之役，即諸豪賈善握籌，必就公受成。」〔註43〕又如：「顧成，字景韶，其先湘潭人。祖父操舟江淮間，遂居江都爲諸賈紀綱。諸顧膂力拳勇，號拳棒。顧成於諸顧中尤武，爲人矜卹瘝孤、遇橫人必挫辱困服之

〔註40〕 參見全漢昇，《中國行會制度史》（臺灣三版），臺灣：食貨出版社有限公司，1986 年，第 38 頁。

〔註41〕 歙縣，《竦塘黃氏宗譜》卷 5《明故金竺黃公崇德公行狀》，引自張海鵬、王廷元，《明清徽商資料選編》，合肥：安徽人民出版社，1985 年，第 74 頁。

〔註42〕 歙縣，《竦塘黃氏宗譜》卷 5《黃公鑒傳》，引自張海鵬、王廷元，《明清徽商資料選編》，合肥：安徽人民出版社，1985 年，第 114 頁。

〔註43〕 汪道昆，《太函集》卷 55《誥贈奉直大夫戶部員外郎程公暨贈宜人閔氏合葬墓誌銘》，明萬曆刻本。

乃已。」〔註44〕《程孝婦吳媛傳》載,「嘉、隆間,吳氏之富甲天下,而兆藩世用鹽筴起家,孝婦生有異瑞。……舅嘗主淮西鹽筴,號商綱于廬、江數州,以幹局辨智出一時。」〔註45〕

綱紀商人的提法並不僅出現在墓誌、小說等文學形式中,甚至還出現於正式公函中。例如,萬曆末袁世振在向戶部提議用綱法改革兩淮鹽務的信中,就談及讓「商綱、商紀」自交上解戶部太倉的稅銀,可知當時商綱、商紀已是正式提法,這種職務除了聯引各鹽商之外,還有匯總繳納稅銀之責。「(萬曆四十五年,1617)直至十一月初四日開徵,盡革夙弊。……今以部頒五十兩五錢,大法較定,錠錠對針,商大省費,不許銀匠于運司開爐,止令商綱、商紀自交,絕無分文添頭。」〔註46〕又如,明代《鹽政全書》記載幫運鹽商中設綱的制度安排,「(天啓六年三月二十二日)凡每幫十商,內定一商爲綱,實焰數全刷本幫商人、水客各合同憲單。」〔註47〕這裏的「綱」不是指綱運意義上的綱,也不是綱鹽法意義的綱,而是首領的意思。

事實上,鹽商中存在「綱紀」商人的情況甚至一直沿續到清代。例如,清康熙間人張伯行《定商綱示》曰:「照得本院更定商綱,所以正本也。……業於本月十二日,選定商綱二十四名,出示曉諭,凡關係鹽法大政、利害深切者,必須正身四五人,赴院商酌,若養尊處優,不屑屑伺候官府,非但上輕朝廷,亦非所以愛惜身家、貽謀子孫長策,其餘一切事宜,須著落老成司客,虛中共議,毋偏狥一己,以礙眾綱公事。逢五逢十進見稟行,緊急者,不拘泥日期,無事止於朔望進見,凡遇大風雨雪並免見,其各散商大小事情,必商綱督同稟明,方許進見,不得任意瀆陳,搖撼滋弊。其散商各以類分,率商綱項下,呈冊報院存案,遵照憲行,急公辦課勤愼者,商綱即具呈甘結,給以散商腰牌,立加獎賞,無甘結者不與。孰係眞商行鹽,孰係假商占窩,孰係鬼名岡上,本院按冊稽查,眞僞自見,且商綱、散商之賢、不肖,隨事燭照,涇渭自分,不得任意紊亂,蠹壞鹽法。」〔註48〕清揆敍「廣陵即事二首」詩云:「煮海商綱傳舊俗,選樓文物見遺風。」〔註49〕《重修兩浙鹽法志》

〔註44〕何喬遠,《名山藏》卷59「臣林記」,明崇禎刻本。
〔註45〕程嘉燧,《耦耕堂集詩文》「文集卷下」,清順治刻本。
〔註46〕袁世振,《上李桂亭司徒鹽法》,載陳子龍,《明經世文編》卷477,明崇禎平露堂刻本。
〔註47〕周昌晉,《鹺政全書》卷上「鹽票」,明天啓活字印本。
〔註48〕盤嶠野人,《居官寮過錄》卷四,清青照堂叢書本。
〔註49〕揆敍,《益戒堂詩集》詩集卷5「廣陵即事二首」之二,清雍正刻本。

卷十五條約一載，「以後令綱紀商人將現在充商寄居浮住者開報花名、住址，與綱紀冊符同，該司即便置帖呈送本院，鈐印發司轉給執照。」〔註50〕文中的「綱紀商人」，即幫助官府匯總眾商信息的商人，其匯總信息載於綱紀冊。除此之外，商綱甚至還有秉陳、舉薦賞罰之權，主要因鹽院所賦職權而定。甚至有官員借眾商公捐之名、授意商綱勒派商捐的描述。清曹一世《請停商捐並申鹽禁疏》：「竊照兩淮、兩浙、長蘆、河東等處鹽課為國計攸關，務期釐奸剔弊以清賦源。顧鹽課之完欠，全視商人之贏絀，而向來積弊，每有眾商公捐之舉，其實皆非出之商人本心，緣為大吏者每遇一事，必傳商綱授意，遂爾勒派，眾商勉強從事。究之所捐在此，而所欠在彼，於國家實無裨益。」〔註51〕

按照嘉靖二年聖旨中常見的等級政治表達──「嘗觀先儒之論有曰：善為治者，先有綱紀以持之於上，而後有風俗驅之於下」〔註52〕，商人首領被視作「綱紀」的語言現象在嘉靖以後大規模出現，不僅呈現了一種將精英商人納入行政體系之中、給予政治合法性的努力，而且還了暗含了一種賦予他們文化義理說服力的嘗試。這其中自有非常深刻的意蘊可以挖掘。

事實上，「綱紀」是先秦各派思想家再造社會秩序的公共話語，並非獨出於儒家，但如何建立綱紀秩序則各家說法不同。茲簡述其要。強調實用主義的《管子》使用與「綱紀」涵義相近的「維綱」一詞，在天時、人心、法令、官吏、什伍、賞誅的層次構建社會政治秩序，「夫為國之本，得天之時而為經，得人之心而為紀，法令為維綱，吏為網罟，什伍以為行列，賞誅為文武。」〔註53〕而在《莊子》的話語中，維綱被用於追問天地秩序產生的神秘源頭：「天其運乎？地其處乎？日月其爭於所乎？孰主張是？孰維綱是？孰居無事推而行是？」〔註54〕墨子則認為天下混亂的原因在於人人各有其義，又相互非難，所以強調兼愛，在尚賢、選賢充任天子、三公、諸侯國君、正長的基礎上，使百姓上同於天子，天子上同於天。因此，為解決價值多元性帶來社會失序的問題，墨子的「綱紀」就帶有強制尚同的

〔註50〕 延豐，《重修兩浙鹽法志》卷15條約一，清同治刻本。
〔註51〕 賀長齡，《清經世文編》卷50戶政25，清光緒12年思補樓重校本。
〔註52〕 《大明世宗肅皇帝實錄》卷24，嘉靖2年3月乙卯，中央研究院歷史語言研究所校印本，第687頁。
〔註53〕 《管子》卷第17禁藏第53雜篇4，四部叢刊景宋本。
〔註54〕 《莊子》「外篇天運」第14，四部叢刊景明世德堂刊本。

色彩，即「故古者之置正長也，將以治民也。譬之若絲縷之有紀，而罔罟之有綱也，將以運役天下淫暴，而一同其義也」〔註55〕；「古者聖王爲五刑，請以治其民。譬若絲縷之有紀，罔罟之有綱，所以連收天下之百姓，不尙同其上者也。」〔註56〕法家的韓非子作爲激進的控制論者，則強調固定社會位序、「定位一教之道」〔註57〕，以達到「臣事君，子事父，妻事夫」順而不逆的「天下常道」；而在政治方面，則將官吏比喻爲「搖木之本（樹幹）」與「引網之綱」，民眾比喻爲樹葉和遊魚，從而「聖人治吏不治民」〔註58〕。功利主義傾向的《呂氏春秋》雖提及「太上以義」來凝聚人心，但是在操作層面則強調「用民」的綱紀是民眾的欲求（榮利）與厭惡（辱害）：「用民有紀有綱。壹引其紀，萬目皆起；壹引其綱，萬目皆張。爲民紀綱者何也？欲也惡也。何欲何惡？欲榮利，惡辱害。辱害所以爲罰充也，榮利所以爲賞實也。賞罰皆有充實，則民無不用矣。」〔註59〕荀子強調人禽之別，以禮爲群類的綱紀。「禮者，法之大分，群類之綱紀也。故學至乎禮而止矣，夫是之謂道德之極，禮之敬文也。〔註60〕這些豐富的思想交疊存在，突破了古人對於社會秩序的想像空間，又成爲人們理解「綱紀」時不自覺引用的資源。

　　迭至西漢，「綱紀」事實上才成爲了儒家社會的特色詞彙，以致有人認爲它體現了中國文化的定義。陳寅恪說：「吾中國文化之定義，具於《白虎通》三綱六紀之說，其意義爲抽象理想最高之境，猶希臘柏拉圖所謂 Eîdos 者。」〔註61〕《白虎通義》「三綱六紀」的理想，是指：「三綱者，何謂也？謂君臣、父子、夫婦也。六紀者，謂諸父、兄弟、族人、諸舅、師長、朋友也。故《含文嘉》曰：『君爲臣綱，父爲子綱，夫爲妻綱。』又曰：『敬諸父兄，六紀道行，諸舅有義，族人有序，昆弟有親，師長有尊，朋友有舊。』何謂綱紀？綱者，張也，紀者，理也；大者爲綱，小者爲紀，所以張理上下，整齊人道也。人皆懷五常之性，有親愛之心，是以綱紀爲化，若羅網之有紀綱而萬目

〔註55〕　《墨子》卷3「尙同中」第12。
〔註56〕　《墨子》卷3「尙同上」第11。
〔註57〕　《韓非子》卷20 忠孝第51，四部叢刊景清景宋鈔校本。
〔註58〕　《韓非子》卷14 外儲說右第35。
〔註59〕　《呂氏春秋》第19卷離俗覽第七，四部叢刊景明刊本。
〔註60〕　《荀子》卷1《勸學》，清抱經堂叢書本。
〔註61〕　陳寅恪，《王觀堂先生挽詞並序》，《國學論叢》1928年第3期，第237頁。

張也。《詩》云：『勉勉文王，綱紀四方。』右總論綱紀君臣、父子、夫妻，六人也，所以稱三綱何？『一陰一陽謂之道』，陽得陰而成，陰得陽而序。剛柔相配，故六人爲三綱。」明顯帶有漢代陰陽五行、緯讖之學的痕跡。白虎觀會議所確定的三綱六紀，繼承了董仲舒「春秋學」的理論框架。董仲舒把「綱紀」這種政治秩序建構在對《春秋》「一元之意」的探尋之上，即「正本」則要從影響力大的尊貴者開始轉化權力政治：「臣謹案《春秋》謂一元之意，一者萬物之所從始也，元者辭之所謂大也。謂一爲元者，視大始而欲正本也。《春秋》深探其本而反自貴者始。故爲人君者，正心以正朝廷，正朝廷以正百官，正百官以正萬民，正萬民以正四方。四方正，遠近莫敢不壹於正，而亡有邪氣奸其間者。是以陰陽調而風雨時，群生和而萬民殖，五穀熟而草木茂，天地之間被潤澤而大豐美，四海之內聞盛德而皆倈臣，諸福之物，可致之祥，莫不畢至，而王道終矣。」〔註62〕

　　這一點，亦爲宋儒朱熹所繼承，將貴人「正心術」作爲「立綱紀」的前提。朱熹在奏疏中明確道出其政治觀的概略：「臣嘗謂天下國家之大務，莫大於恤民，而恤民之實在省賦，省賦之實在治軍。若夫治軍省賦以爲恤民之本，則又在夫人君正其心術，以立紀綱而已矣。董子所謂正心以正朝廷，正朝廷以正百官，正百官以正萬民，正萬民以正四方，蓋謂此也。……至於所謂其本在於正心術以立紀綱者，則非臣職之所當及。然天下萬事之根本源流有在於是，雖欲避而不言有不可得者。且臣頃於隆興初元誤蒙召對，蓋已略陳其梗概矣。今請昧死復爲陛下畢其說焉。夫所謂綱者，猶網之有綱也。所謂紀者，猶絲之有紀也。網無綱則不能以自張，絲無紀則不能以自理。故一家則有一家之綱紀，一國則有一國之綱紀，若乃鄉總於縣，縣總於州，州總於諸路，諸路總於臺省，臺省總於宰相，而宰相兼統眾職以與天子，相可否而出政令，此則天下之綱紀也。然而綱紀不能以自立，必人主之心術公平正大、無偏黨反側之私，然後綱紀有所繫而立。君心不能以自正，必親賢臣、遠小人，講明義理之歸，閉塞邪私之路，然後乃可得而正也。」〔註63〕

〔註62〕董仲舒，《舉賢良對策》，班固《漢書》卷56「董仲舒傳第二十六」，清乾隆武英殿刻本。

〔註63〕朱熹，《晦菴集》卷11《庚子應詔封事》，四部叢刊景明嘉靖本。

在儒家的話語體系下，綱紀就不僅僅意味著一種官僚等級秩序〔註64〕，還暗含著「修己以正人」的德治文化。例如，一篇商人傳記清晰地展示了這種政治實踐，「（歙商黃崇德）公復折節爲儉，無以富故矜誇。諸賈人飾冠劍、連車騎爲富貴容者，見公束脩，瑟縮汗出，更相師效，如犄頓師陶朱焉。復倚公爲綱，凡鹽法有議，必正於公，是是非非，得公一言而決，上官亦莫之奪。書曰：「如網有綱」，非耶？公復率其子弟宗人商於淮南，子弟宗人皆能率公之法而爲廉賈。於是竦塘黃氏胥富等千戶侯，名重素封矣。」〔註65〕

相配合的還有徽州文人汪道昆在隆慶、萬曆之際積極推動的第二次占文辭思潮。這次思潮中綱紀商人還出現了「賈人祭酒」〔註66〕、「鹽策祭酒」、「賈人正則」之類的雅稱。藤井宏先生較早關注到汪道昆《太函集》裏的這個現象，他指出：「祭酒用語是廣泛的流行，所謂『賈人祭酒』，用語較爲廣泛。在鹽業方面，雖然亦有用『賈人祭酒』，但以使用『鹽策祭酒』爲最多。這鹽筴祭酒是站在官府和鹽商們之間起著重要的作用。它不光泛指同列中的最長者，而含有具體的特定的內容。」〔註67〕在1985年《新安商人的研究》中譯本的譯注中，譯者傅衣凌和黃煥宗又引用《太函集》做了兩點補充〔註68〕：一、賈人祭酒亦有稱爲賈人正則。「王父，名敍，曰良植，既冠而字文林。則之武林，並從王父賈鹽筴。……其後鹽筴使者立爲賈人正則。折節而操正論，遊大人而爲名高」（卷四十四『先叔考羅山府君狀』）。二、在徽商各重要行業間，均各有祭酒。其所支配的地區，遠遠超過一個地區的地域性的限制。「長公家世閭右著兗山，自大父賈房村，世以麴藥起

〔註64〕例如，洪武時期，一篇欽奉皇帝聖諭的祭文就如此寫道：「故天下之廣、兆民之眾、必立君以主之。君總其大、又設官分職於府州縣以各長之。各府州縣、又於每一百戶內設一里長以綱領之。上下之職、綱紀不紊。此治人之法如此。」（載《大明會典》卷94群祀4「祭文」，明萬曆內務府刻本）

〔註65〕歙縣，《竦塘黃氏宗譜》卷5《黃公崇德傳》，引自張海鵬、王廷元，《明清徽商資料選編》，合肥：安徽人民出版社，1985年，第75頁。

〔註66〕祭酒在漢代是國子監學官。〔唐〕歐陽詢《藝文類聚》卷46職官部2「博士」條：「應邵《漢官儀》曰：孝武建元五年初置五經博士，太常差次，有聰明威重者一人爲祭酒，總領綱紀。」

〔註67〕藤井宏，《新安商人的研究》，《江淮論壇》編輯部編，《徽商研究論文集》，合肥：安徽人民出版社，1985年，第210頁。

〔註68〕藤井宏，《新安商人的研究》，《江淮論壇》編輯部編，《徽商研究論文集》，合肥：安徽人民出版社，1985年，第265頁。

富，市賈不二，較若持衡，由徐邳以達京師，諸賈悉受成如祭酒」（卷十六
「兗山汪長公六十壽序」）。

《明清徽商資料選編》中就含有不少商人「祭酒」的史料，其中選自《太
函集》的部分史料已被藤井宏《新安商人的研究》一書所引用，另外還有摘
錄自其它文集、方志和家譜的史料，茲將其頁碼及出處引錄，以備查閱，計
20 則〔註69〕。茲略舉三例，以觀其大概：

> 王君名全，字守一。季年以貲賜級承事郎。其先世居太原，唐
> 觀察使仲舒徙休寧宣仁里。承事蒙故業客燕趙齊楚間。卒入浙用鹽
> 鹽起，部使者立承事爲賈人祭酒。諸賈人有郤，幸承事居其間遂
> 平。……縣大猾張實出賤孥，橫行賈豎中，以口舌構人罪，即世家
> 豪舉爭折節下之，承事獨謝實，不與通，實終不能中，尋敗死。諸
> 豪賈借資貴人，往往傾下賈，承事主退讓，恥于貴人權，於是薦紳
> 大夫皆願請交承事。〔註70〕

> 汪內史士明，歙之潛川人也。……父良仕，故儒生，去之賈廣
> 陵，日賦詩行酒爲樂。而公好學滋甚，漁獵百家，尤長《左氏春秋》。
> 明習世故，所憶屢中，不侵然諾。同人有難，嘗以身覆護唯謹，人
> 推爲祭酒。即有積怨深怒，片言立解。其忍嗜欲，與僮僕同苦樂如

〔註69〕 參見張海鵬、王廷元，《明清徽商資料選編》，合肥：安徽人民出版社，1985
年，第 45 頁（萬曆《歙志・貨殖》）、第 66 頁（康熙《休寧縣志》卷 6《人物・
篤行》）、第 96 頁（《太函集》卷 17《壽域篇爲長者王封君壽》）、第 121～122
頁（《休寧西門汪氏宗譜》卷 6《處士進公墓誌銘》）、第 126～127 頁（《大泌
山房集》卷 74《吳季公程孺人家傳》）、第 128 頁（《太函集》卷 54《明故處
士溪陽吳長公墓誌銘》）、第 129 頁（《豐南志》第 5 冊《從祖母朱狀》）、第 137
頁（歙縣《濟陽江氏族譜》卷 9《清州同知覃恩賜封武義大夫南安參將嘉謨公
原傳》）、第 141 頁（《太函集》卷 32《程長公傳》）、第 172～173 頁（《新安張
氏續修宗譜》卷 29）、第 199～200 頁（《太函集》卷 35《明賜級阮長公傳》）、
第 220 頁（汪道昆，《太函集》卷 16《兗山汪長公六十壽序》）、第 230 頁（《三
田李氏統宗譜・明故光祿寺署丞沖源李公墓誌銘》）、第 266 頁（汪道昆，《太
函副墨》卷 1《先大父狀》）、第 296～297 頁（婺源《三田李氏統宗譜・恩授
王府審理正碧泉李公行狀》）、第 392 頁（康熙《休寧縣志》卷 6《人物・孝友》）、
第 403 頁（《太函集》卷 45《明承事郎王君墓誌銘》）、第 405～406 頁（《大泌
山房集》卷 69《汪內史家傳》）、第 444～445 頁（《太函集》卷 15《贈吳伯舉》）、
第 484～485 頁（《太函集》卷 55《誥贈奉直大夫戶部員外郎程公暨贈宜人閔
氏合葬墓誌銘》）。

〔註70〕 汪道昆，《太函集》卷 45《明承事郎王君墓誌銘》。

白圭，能擇人而任時如范蠡。賈乃大起，什伯其父。中貴人以権稅出，毒痛四海，而誅求新安倍虐。公歎曰：「吾輩守錢虜，不能爲官家共緩急，故掾也魚肉之，與其以是填掾之壑，孰若爲太倉增粒米乎。」應詔輸粟實邊過當，授中書舍人直武英殿，而家難寖抒矣。〔註71〕

　　（明代歙商吳伯舉賈於揚州），博古重購商周彝鼎及晉唐以下圖書，即有奇，千金勿恤。舉一子，始冠，業已傾江都諸生。……伯舉慷慨持大體，諸吳有不決，率片言析之。往往居賈人間，諸上賈西面事之爲祭酒。其居賈故久，握算故長，獨內外應務、解紛、結客、課子，日不暇給。〔註72〕

在這些商人「祭酒」的例子中，鹽策祭酒佔了絕大多數，但又不限於鹽業。明代的商人祭酒通常是由群商推舉、官府任命，並記錄在案的商人首領，是對綱紀商人的一種文學雅稱。

　　儒家文化與官僚制度爲中國傳統社會提供了合理規則、結構、成員範圍以及凝聚力，長期的穩定帶來人口與商業的繁榮。綱紀商人具體產生機制尚不十分清楚，但是從前面的例子來看，他們已具有調解糾紛、溝通商人與官府、乃至教化風俗的基本職能。明代後期商人綱紀的出現，不僅標誌著商人網絡出現明顯的等級化，商人祭酒或綱紀商人掌握了商人與官府溝通的正常渠道；「綱紀商人」話語的出現，還意味著士大夫階層正在賦予商人首領一種儒家義理上的正當性，直至催生出一種新的社會期待——儒商。綱紀商人事實上也成爲汪道昆、耿定向等人凝聚「儒賈」〔註73〕意象的一個關鍵群體。

〔註71〕《大泌山房集》卷69《汪內史家傳》，引自張海鵬、王廷元，《明清徽商資料選編》，第405～406頁。
〔註72〕汪道昆，《太函集》卷15《贈吳伯舉》，引自張海鵬、王廷元，《明清徽商資料選編》，第444～445頁。
〔註73〕這裏涉及三個關聯的問題需要釐清。1）首先作爲社會現象的儒商。香港中文大學的張德勝與金耀基教授認爲，「儒商」在明代後期已經成爲一個顯著的社會階層（Tak Sing Cheung and Ambrose Yeo-chi King, 2004: Righteousness and Profitableness: The Moral Choices of Contemporary Confucian, Journal of Business Ethics, Vol. 54, No. 3, p.247）。這個社會階層的出現，正如余英時先生所指出的，與明代商業發展過程中讀書人增加、但科舉名額有限所引發的「棄儒就賈」大潮有關。不過，人口繁殖與科舉名額之間的矛盾，只是「棄儒就賈」的一個長期因素，不足以解釋儒商在特定時期大規模出現的問題。2）所以更進一步分析，「儒商」早成爲一個可被感知的社會現象之前，首先需要成

四、小結

明代中後期市鎮經濟發展迅速，商人流動頻繁，在當時的技術條件下，基層社會組織與管理頗具難度。隨著商業人口的大規模湧入，各地方原有的政治、經濟、文化秩序遭到巨大挑戰。一方面，地方政府沿用編戶齊民的思路，試圖將政治權力滲入到商業生活中。另一方面，在政治權威與壓力之下，

爲一個語言現象。爲此，浙江大學儒商與東亞文明中心周生春、楊纓檢索《中國基本古籍庫》發現，「儒賈」最早相連成詞於明代嘉靖、萬曆年間，而「儒商」則最早出現於清代康熙年間。事實上，當時的儒者對此也有所察覺。例如，萬曆間官至首輔的葉向高清楚地意識到，「儒賈」是一個新出的詞語。他在《封文林郎蘭溪縣知縣程公墓誌銘》中寫道：「昔聞廉賈，未聞儒賈。」（葉向高《蒼霞續草》卷 10，明萬曆刻本）「儒賈」與「儒商」的涵義基本相同，其中「賈」與「商」的差異並不是「坐賈」與「行商」的差異。之所以使用「儒賈」而不是「儒商」，可能跟在後五子汪道昆等人掀起的文學復古思潮有關。在這個思潮中，我們看到徽州文人汪道昆等人將改變社會的力量寄託在商人身上，而不是已經腐化墮落的士大夫身上，爲此，他借助商人之口，高聲呼籲「爾曹第爲儒賈，毋爲賈儒」（《太函集》卷 29《范長君傳》，明萬曆刻本），並說「與其爲賈儒，寧爲儒賈。賈儒則狙德也，以儒飾賈，不亦蟬蛻乎哉？」（《太函集》卷 61《明處士休寧程長公墓表》）借助古文、詩歌等藝術形式，徽州商人競習詩歌古文以改善自己品質，這種風潮甚至在明末被一些文人視爲擅闖自家園地而遭到抵制，當時就曾有詩云：「禿兵與徽賈，闖入詞人壇。律之鑿石門，奪牛而蹂田。我欲肆毒手，一浣此醒膻。」（蕭士瑋《春浮園集》詩集《鄱湖望匡廬退尋舊遊次而紀之以詩》，清光緒刻本）。這一脈注重文辭的商人，後來被稱爲儒商中的「詩賈」一脈。與此同時，受到心學影響的耿定向對於「儒賈」的闡述則更加偏重道德義理，他爲曾客居湖北黃安縣的歙縣商人程豪、程表商人兄弟合寫了一篇廣爲流傳的商人傳記《儒賈傳》，該文引導人們思考著這樣的問題：到底是叫賣智術、釣取奇貨的職業讀書人可以稱得上儒者，還是扶義樂善、仁心爲質的商人可稱得上儒者？「世以儒命者：衒智釣奇，有市心焉，儒而賈也；扶義樂善，仁心爲質，儒之行也。賈而有是，不亦儒乎？俗眸膚剝，賈儒眜觀，余慨焉，作《儒賈傳》。」（耿定向，《耿天台先生文集》卷 16《儒賈傳》，明萬曆 26 年（1598）劉元卿刻本）這種回歸道德的訴求，隱隱地繼承了陽明在《答顧東橋書》中對儒者被專業、職業所異化的憂慮。這個簡單的概念史的回溯，是想讓大家注意，一個新名詞的誕生，不僅是某種新物象的顯現，還將反映該物象在人在生命體驗中所觸動的新意象。又正因爲心意的主動性，現實才被想像與改變。3）因此，儒商現象還涉及語言的社會化的問題。「儒賈」，這個造就於明代復古文學潮流中的名詞，最終開啓了一場以「徽商」爲核心、動員並激勵無數商人的社會文化運動。這些商人不單純追求權力與財富，還積極拓展人之爲人的意義世界，將商業活動建立在深厚的道德基礎之上和不斷拓展的信任社群之中。從這個意義上說，我們不能簡單地停留在將「儒賈」現象視爲一種士大夫向商人諂媚或者商人向儒家士大夫文化妥協這樣膚淺的解釋。

商人群體內部也逐漸出現一些國家與社會力量交織的團體形態。黃宗智將這種介於國家與社會間的領域，稱作「第三領域」，用於區別西歐新興市民階層中形成的、與國家對立意義上的「公共領域」，其中的公共行動主要是靠那些不領俸祿的準官吏（semi-officials）來進行的〔註74〕。

按照當下一般的理解，綱紀是一種精英治理的方式。體制對社會精英的成功吸納，儘管會強化現有的利益格局，但是對社會穩定的作用是不可忽視的。綱紀商人研究所要引出的，是從社會文化變遷的角度如何重新評價作為「近代早期」的明清時期「商業社會轉型」的問題。如果就此認為作為準官吏的「綱紀商人」背後只流轉著的某種政治權力關係，那麼就會忽視儒家義理持續轉化權力政治、塑造社會預期的一面。同樣，國家與社會二元對抗的預設，並不足以讓我們同情理解傳統儒家在「上下一體」、以及基於同情心（「仁」）與和諧而有差異性（「和而不同」）等基本理念指引下所建構的政治秩序。沒有這種內在的同情，在西方的比較視域下，我們就很容易發出類似美國漢學家魏斐德的感歎：明清商人家庭可以通過捐納、子女參加科舉穩定地進入精英階層，商人個體甚至沒有動力顛覆儒家的等級體系，也沒有動力建構資產階級的意識形態，而是直接引入士大夫文化〔註75〕。事實上，商人與士大夫之間的文化互動並不是這樣簡單的從屬問題。這些複雜性如果能得到進一步揭示，將有助於我們深刻反思當今轉型社會的秩序再造問題。

第三節　儒商：一種社會經濟史的可能解釋

將認同視為一種關係網絡中人格化交易的關鍵經濟現象，使前市場社會中大量的歷史現象將可以得到一種「經濟」解釋。不過，使用功利主義的邏輯來解釋中國歷史現象，對於一直與複雜歷史現象打交道的歷史研究者而言，顯然無法避免「簡單化」的質疑。

筆者深知，尋找一個讓所有人滿意的明代徽商「好儒」形成的解釋，是不可能的。因為歷史總是充滿了各種變化和多樣性，足以影響特定歷史結果

〔註74〕黃宗智，《中國研究的範式問題討論》，北京：社會科學文獻出版社，2003年，第260、292頁。
〔註75〕Frederic Wakeman, 1977: *The Fall of Imperial China*, The Free Press, p.51.

的因素也非常多，而且各因素之間還相互關聯、相互影響。在這種情況下，使用單一的因果分析，絕對是吃力不討好的事情。有的時候，一次偶然的經濟、政治或社會事件都可能改變歷史結果。要理解明代徽商「好儒」的現象，首先需將其放入一個不斷變遷的社會經濟系統中進行解釋。將時間簡化爲一種變量，或者利用過長的時間跨度對歷史現象進行靜態的、結構主義的分析，都不會產生足夠準確的結果。當然，這並不是在否定結構──功能主義在歷史研究中的作用，或者在否定長時段宏觀研究的重要意義。

明代的社會經濟變遷，大致可以看成一個相對自給自足的鄉村農業社會向變動劇烈的市鎮商業社會的變遷過程。在這個過程中，舊有的秩序已被打破，新的社會、市場秩序尚未建立。例如，明代徽州宗族間的矛盾在正德末、嘉靖初出現了高峰，宗族間糾紛的增多〔註 76〕。社會不安直接反映在當時主要從事遠程貿易的徽商的人身財產安全上，正德間最早的三條「徽商」成詞的材料，一條是關於徽商被人謀財害命，一條則是關於徽商被妓女誣告而陷入人命官司，一條是徽商行賄遭官員斥責。嘉靖中期以後，一方面大批的農業人口棄農就商，擁擠性地進入遠程貿易之中。從徽州田價變動來看，田價迅速下降始於嘉靖 24 年，正是江南地區三年大旱的第二年。原本留守土地的農民也紛紛外出謀生，其中不乏人從事走私活動的。另一方面，明政府開始嚴肅海禁政策，重整商業和社會秩序。商業競爭的加劇，人際信任與商業制度嚴重不足，人格化交易是當時客商面臨的主要交易形式。與此同時，海貿中類似客長職務的客綱客紀、鹽業中的客長和祭酒、木業中的商綱等職務的設置清晰地反映出當時商人網絡日益等級化和政府力量的介入。這一背景下，徽州商人以其獨特的「遊道」拓展其關係網絡，利用親緣認同、地緣認同與文化認同節省拓展關係網絡的成本，「族賈」、「儒賈」也成爲明代徽商應對機會主義、解決人格化交易中信任不足等問題的有益商業模式。在商人組織完善起來之前〔註 77〕，對於嘉靖中期以後已轉變爲內陸性商人的明代徽商

〔註76〕 請參閱朱開宇，《科舉社會、地域秩序與宗族發展──宋明間的徽州，1100～1644》，碩士論文，臺北：國立臺灣大學歷史學研究所，2003 年。

〔註77〕 與明代相比，清代的商人組織明顯種類更多且更成熟。陳亞平以 18～19 世紀重慶爲例，詳細討論了清代商人組織中行、幫、會館、公所、會、廟、寺等多種概念。他指出，套用「行會」或其它任何西方學術概念來概括中國歷史上的商人組織，都不可避免地會造成對中國歷史社會結構和社會關係的誤讀和曲解。參見陳亞平，《清代商人組織的概念分析──以 18～19 世紀重慶爲例》，《清史研究》，2009 年第 1 期，第 55～64 頁。

而言，文人替商人揚名在經濟學意義上一種信息服務機制，它通過製造新社會類別讓行為準則在群體內擴散，並形成群體認同，以達到降低組織內激勵成本和減少交易成本的目的。

　　總而言之，明代徽州商人「賈而好儒」的現象，是農業社會向商業社會急劇轉型過程中，由低水平供給公共品的政府、人格化交易、倭亂與海禁政策、商人網絡群集化等多種因素複雜作用的結果，也是一個社會淘汰與適應的過程。謝肇淛《五雜組》卷四曾講述一個案例，

　　　　余友人汪宗姬，家鉅萬。與人爭數尺地，捐萬金。娶一狹邪，

　　如之。鮮車怒馬，不避監司前驅，監司捕之，立捐數萬金。不十年

　　間蕭然矣。〔註78〕

這是一個沒有轉變成功的徽州商人的典型例子。汪宗姬的失敗，不是在市場交易中的失敗，而是在社會系統的進化過程中的失敗。

〔註78〕謝肇淛，《五雜組》卷4，明萬曆四十四年（1616）潘膺祉如韋館刻本。

附錄一：1473～1628年「冊年」前後徽州賣田契「稅收推割」項一覽表

冊　　年	冊年前後 1 年	地　　點	徽州賣田契中稅收推割的相關文字	藏契號
成化 9 年（1473）	成化 9.7.18	休寧 11 都	所有稅糧聽自隨時過割	2：16810・9
成化 18 年（1482）	成化 18.1.□	坊市	其稅糧即今造冊，買人收稅入戶	004252
弘治 5 年（1492）	弘治 4.8.21	祁門在城		000963
	弘治 6.10.7	在城	所有稅糧聽自買人收稅入戶供解	2：26764
	弘治 6.10.7	在城	所有稅糧，候造冊之年，聽收去供解	002453
弘治 15 年（1502）	弘治 14.10.11	休寧 33 都	其田稅糧，候大造之年，聽自起割過戶供解無詞	002108
	弘治 15.8.29	和化里	所有稅糧在程日亨戶，扒入買人戶內無異	003113
	弘治 16.3.1	1 都	所有稅糧，候造冊之年，聽自於本戶起割民田前去入戶供解	004310
正德 7 年（1512）	正德 7.4.13	城	所有稅糧，隨時推割	004139

冊　年	冊年前後 1 年	地　點	徽州賣田契中稅收推割的相關文字	藏契號
嘉靖 1 年（1522）	嘉靖 1.1.18	祁門在城	所有稅糧見造黃冊推入買人戶內供解	2：26386
	嘉靖 2.7.27	16 都	其稅糧，候造冊之年，本戶起割支解，即無異說	001030
	嘉靖 2.7.27	16 都	其稅候冊年，推入吳宗祠戶內支解，本家即無難異	001063
嘉靖 11 年（1532）	嘉靖 11.11.□	16 都	其稅糧，造黃冊年推入買人戶內解納，即無難異（見賣田契）；稅糧本戶，推入本圖吳宗祠戶內解納無異（見推單）	001054
	嘉靖 12.2.3	16 都	其稅候再造黃冊，聽從買人收稅入戶支解，本家即無異說	001074
	嘉靖 12.9.21	歙縣 16 都	所有稅糧候造冊之日，查明過付無詞	2：26588
	嘉靖 12.11.18	祁門 5 都	所有稅糧候造冊之年聽自買主收割供解，本家即無異言	2：16813
嘉靖 31 年（1552）	嘉靖 30.8.11	祁門 18 都	所有稅糧遇造冊日，聽自本買主收割入戶供解	2：16813・40
	嘉靖 30.8.16	祁門 18 都	所有稅糧遇造冊日，聽自本買主收割入戶供解	2：26593
	嘉靖 31.5.2	12 都	所有稅糧，係是本戶頭汪瑞雲戶內赴（付）割過戶	003000
	嘉靖 32.2.17	21 都	所有稅糧，悉照經理原額推過	002999
	嘉靖 32.5.1	16 都	其稅聽從於賣主名下過割入戶支解	001057
嘉靖 41 年（1562）	嘉靖 41.1.6	休寧 31 都		2：26590
	嘉靖 41.6.27	11 都	所有稅糧，正當造冊之年，聽自起割供解	004341
	嘉靖 41.8.8	11 都	□有稅糧，今當大造之年，聽自起割，推入伊戶供解無詞	004342

冊　年	冊年前後 1 年	地　點	徽州賣田契中稅收推割的相關文字	藏契號
嘉靖 41 年（1562）	嘉靖 42.8.12	28 都	稅候大造之年，本戶自行起推一則民稅入買人戶無難	007340
隆慶 1 年（1567）	隆慶 1.3.8	5 都	所有稅糧，隨即推與買人供解毋（無）詞。	001157
	隆慶 1.3.15	5 都	所有稅糧，聽從壽二公隨時收割，供解一畝六分爲照	001158
	隆慶 2.3.11	5 都	所有稅糧，隨即推與供解毋（無）詞	001165
	隆慶 2.4.2	5 都	所有稅糧，聽自收割供解外	0011170
	隆慶 2.9.24	環珠里	其稅糧自造冊之年，聽從本戶起割	004349
	隆慶 2.12.22	5 都	所有稅糧，候造冊之年，以（由）〔自〕買土收割入戶供解	001174
隆慶 6 年（1572）	隆慶 5.5.26	10 都	所有稅糧，隨產認納	001189
	萬曆 1.2.28	祁門十西都		003014
萬曆 4 年（1576）	萬曆 4.10.12	19 都	所有稅，今奉新例，隨即於程廷戶內起推入買人汪……戶辦納	003335
萬曆 10 年（1582）	萬曆 10.3.11	休寧東南隅	其稅糧隨即推割買人戶內自行辦納	002689
	萬曆 10.6.8	15 都	所有稅糧聽自歸戶	001207
萬曆 12 年（1584）	萬曆 12.2.9	祁門歷溪	所有稅糧，候大造之年，聽照號口收割入戶供解無詞	002885
	萬曆 12.2.20	12 都	其稅糧候大造之年推入買人戶內	003296
	萬曆 12.4.13	休寧 24 都	其稅糧候至大造之年，本戶自行起割，即無異說，別不立領箚	2：26725
	萬曆 12.8.4	11 都	所有稅糧俱照新丈經理，隨即開挖供解無詞	001361
	萬曆 12.12.24	休寧 12 都	所有稅糧候至造冊之年，推入買人戶內，本家人等並無阻擋	2：26746

冊　　年	冊年前後 1 年	地　　點	徽州賣田契中稅收推割的相關文字	藏契號
萬曆 12 年（1584）	萬曆 12.12.25	霓湖	其稅候至造冊之年，聽從起割過戶當差	003288
萬曆 20 年（1592）	萬曆 19.4.□	歙縣 27 都	其稅聽從朱永等戶下過割，即無難異	0002593
	萬曆 19.6.28	休寧 17 都	其稅隨即交割	000053
	萬曆 19.12.26	休寧東南隅	其稅，今當大造之年，即推入買人戶內辦納	000815
	萬曆 20.4.20	18 都	今造年，在十一圖五甲下戴元化戶內推入買人戶內辦納	004065
	萬曆 20.7.15	休寧 24 都	其有稅糧，造冊之年本戶聽從起割，即無難異	2：26727
	萬曆 20.12.22	休寧西北隅	所有稅糧，現今大造，隨即在本圖五甲文榮、遇赦二戶內平推買人戶內	007349
	萬曆 21.6.17	浮梁辛正都	見蒙大造，聽自在胡天付戶起割登載無詞	002870
	萬曆 21.10.18	休寧霓湖	所有稅糧，候造冊之年，聽從起割過戶當差	003291
萬曆 30 年（1602）	萬曆 29.6.13	祁門在城	所有田地稅糧悉照新丈歸戶畝步，候大造之年，照數推扒與買人戶供解	000769
	萬曆 30.12.29	祁門 11 都	其稅糧聽入吳自（啟）祥戶起割，過李承章戶，隨即供解，不及再立推單。	004077
	萬曆 31.11.21	休寧 25 都	其稅糧候至造冊之年，本戶自行推出，並無難異	2：26729
萬曆 40 年（1612）	萬曆 39.5.27	祁門 11 都	所有稅糧，造冊之年，起割過戶，私扒供解無詞	003158
	萬曆 40.3.15	祁門	所有稅糧聽自入戶起割過戶供解	004091
	萬曆 40.11.24	祁門十西都	今當大造，隨即照數於謝訪戶起割，入謝用戶供解毋詞	001270
	萬曆 41.6.18	新正都	所有稅糧聽自收納	002618

冊　　年	冊年前後 1 年	地　點	徽州賣田契中稅收推割的相關文字	藏契號
萬曆 40 年（1612）	萬曆 41.7.13	休寧	其稅即便起割過戶，本家並無異說	007306
天啓 2 年（1622）	天啓 1.3.11	10 都	其稅今輪大造，本戶起割過戶無辭	006665
	天啓 1.3.15		今遇大造，照著（土）推付供解，再不分另立推單	000028
	天啓 2.3.4		其稅今臨冊年，聽憑六甲朱國壽戶起割過戶，辦納糧差無辭	001635
	天啓 2.7.16		所有稅糧在德本戶，隨即扒與供解毋詞	001652
	天啓 2.7.19	26 都	其稅照依行源清冊過割	002576
	天啓 3.4	金峰	其稅現遇清冊，即便推稅入戶	005821
	天啓 3.9.6		其稅因□□造（冊）以（已）完，過甲不便，下冊（次）過割支解	003355
	天啓 3.11.5		所有稅糧隨即在德本戶扒與供解無詞	001689
天啓 6 年（1626）後	天啓 6.9.1		其稅隨即推入買人戶內無詞	000038
	天啓 6.7.1	休寧	所有稅糧隨契扒入鳴景戶名下共（供）解無詞	2：26665
	天啓 6.11.18	24 都	其稅糧隨即交推買人戶內辦納糧差	007358
	天啓 7.3.15	20 都	其稅糧聽憑買主不時過割入戶支解	000721
	天啓 7.8.20	藤溪市	其稅糧隨扒入買人名下輸納	000113
	天啓 7.9.2		所有稅糧在元慶戶，隨即扒與供解無詞	001684
	崇禎 1.3.26	歙縣 21 都	其田稅糧目下撥與買人鮑良戶下支解，再無異說	2：26758

冊　年	冊年前後 1 年	地　點	徽州賣田契中稅收推割的相關文字	藏契號
天啓 6 年（1626）後	崇禎 1.5.6		其稅奉新例在本圖九甲張奉祀戶起割，伊並無阻異。	000606

數據來源：安徽省博物館，明清徽州社會經濟資料叢編（第一集）〔C〕．北京：中國
社會科學出版社，1988；中國社會科學院歷史研究所徽州文契整理組，明
清徽州社會經濟資料叢編（第二集）〔M〕．北京：中國社會科學出版社，
1990 年。

附錄二：明代徽州農田市場交易等價物
變遷一覽表

數據來源：安徽省博物館，《明清徽州社會經濟資料叢編（第一集）》，北京：中國社會科學出版社，1988 年；中國社會科學院歷史研究所徽州文契整理組，《明清徽州社會經濟資料叢編（第二集）》，北京：中國社會科學出版社，1990 年。

藏契號碼	年號時間	公元	地　點	交易等價物
2：16802	洪武 26.12	1393	休寧 12 都	價鈔
2：26638	洪武 26.12	1393	休寧 12 都	鈔
2：26639	洪武 27.9	1394	休寧 12 都	鈔
2：26634	洪武 29.9	1396	休寧太平里 12 都	錢
2：26633	洪武 30.2.10	1397	休寧 12 都	鈔
2：29641	洪武 30.8.28	1397	休寧 12 都	鈔
2：26635	洪武 30.10	1397	休寧 12 都	穀
2：26636	洪武 31.4.1	1398	休寧 12 都	鈔
2：26634	洪武 31.8	1398	休寧太平里 12 都	鈔
2：26640	洪武 31.8	1398	休寧太平里 12 都	穀
2：16803	建文 1.8.2	1399	休寧永康里 10 都	鈔
2：26617	建文 1.8.25	1399	休寧 12 都	鈔
2：26618	建文 2.7	1400	休寧太平里 12 都	銀

藏契號碼	年號時間	公元	地　　點	交易等價物
2：26620	建文 2.8.18	1400	休寧 12 都	鈔
2：26621	建文 2.9	1400	休寧 12 都	穀
004104	建文 2.9	1400	休寧 12 都 9 保	穀
2：16803	建文 3.7	1401	休寧 12 都	花銀
2：26622	建文 3.8.5	1401	休寧 12 都	花銀
002488	建文 3.8.6	1401	休寧 12 都	花銀
004239	建文 3.8.6	1401	休寧 12 都	花銀
002486	建文 3.8.9	1401	休寧太平里 12 都	花銀＋鈔
2：26619	建文 3.8.13	1401	休寧 12 都	花銀
000656	建文 3.12.27	1401	休寧太平里 12 都	上田租穀
2：16803	建文 4.6.3	1402	休寧 12 都	寶鈔
004238	建文 4.8.15	1402	休寧 12 都	花銀
2：26632	建文 4.10.20	1402	休寧 1 都	花銀
2：26623	永樂 1.8.27	1403	休寧 12 都	秈穀
2：26628	永樂 2.2.24	1404	休寧東南隅 2 圖	穀
2：26629	永樂 2.4.14	1404	休寧 12 都	穀
002461	永樂 2.4.15	1404	休寧 12 都	穀
2：16804	永樂 2.6.5	1404	休寧 12 都	穀
2：26624	永樂 2.9.19	1404	休寧 12 都	穀
004241	永樂 2.12.8	1404	休寧 12 都	秈穀＋鈔
2：16804	永樂 4.2.18	1406	休寧 11 都	鈔
2：16804	永樂 7.9.15	1409	休寧 13 都	中統寶鈔
000903	永樂 11.6.27	1413	祁門十西都	寶鈔
002514	永樂 11.9.25	1413	祁門 11 都	硬租
2：16804	永樂 11.11.20	1413	休寧 11 都	鈔
002470	永樂 11.11.20	1413	祁門 11 都	鈔
2：26627	永樂 15.10.28	1417	休寧 12 都	寶鈔
2：16804	永樂 15.12.17	1417	休寧 12 都	穀

藏契號碼	年號時間	公元	地　　點	交易等價物
2：16804	永樂 19.10.24	1421	休寧 12 都	鈔
2：26630	永樂 20.6	1422	休寧 12 都	松江棉布等
000905	永樂 21.2.14	1423	祁門東都	鈔
2：26625	永樂 22.3.18	1424	休寧 11 都	穀
2：26596	洪熙 1.3	1425	休寧 10 都	秈穀
004242	洪熙 1.12.26	1425	祁門東都	鈔
000652	宣德 2.3.28	1427	休寧 12 都	秈穀
2：26642	宣德 2.5.21	1427	休寧 10 都	大苧布
2：10806	宣德 2.5.30	1427	休寧 12 都	官苧布
002487	宣德 2.6.15	1427	10 都	納官苧布
2：26641	宣德 3.1.20	1428	休寧 12 都	納官苧布
2：16806	宣德 3.閏 4.21	1428	休寧 12 都	秈穀
2：26647	宣德 3.5.19	1428	休寧 12 都	官苧布
2：26644	宣德 3.5	1428	休寧 10 都	大苧布
2：16806	宣德 4.5.26	1429	休寧 12 都	納官苧布
004244	宣德 4.10.3	1429	休寧 12 都	秈穀
2：16806	宣德 5.4	1430	休寧 12 都	納官綿布
2：26649	宣德 5.6.1	1430	休寧 12 都	秈穀
2：26645	宣德 5.9.19	1430	休寧 12 都	秈穀
000646	宣德 5.10.15	1430	休寧 12 都	秈穀
2：16806	宣德 7.10.29	1432	休寧 12 都	秈穀
000913	宣德 7.12.22	1432		交官棉布
2：16806.4	宣德 9.2.7	1434	休寧 10 都	秈穀
000915	宣德 9.7.13	1434		大棉布
2：16806.3	宣德 10.1.9	1435	休寧 12 都	納官闊綿布
004243	宣德 10.5.28	1435	休寧 12 都	物官苧布
002446	宣德 10.6.10	1435	休寧 12 都	納官苧布
000916	宣德 10.8.12	1435	祁門十西都	大棉布

藏契號碼	年號時間	公元	地　點	交易等價物
2：26614	正統 2.9	1437	休寧 12 都	添湊價穀
002510	正統 2.11.6	1437	祁門城	貨綿布並銀價
2：26613	正統 3.10.15	1438	休寧 12 都	秈穀
004246	正統 3.10.27	1438	休寧 12 都	秈穀
004247	正統 3.11.11	1438	休寧 12 都	銀
2：26615	正統 4.6.18	1439	休寧 12 都	花銀
2：16807.12	正統 4.7.12	1439	休寧 10 都	銀
002930	正統 6.4.11	1441	休寧 12 都	銀
2：26612	正統 6.7.24	1441	休寧 12 都	花銀
002425	正統 6.10.26	1441	休寧 12 都	銀
000921	正統 7.8.20	1442	祁門城	銀
2：26616	正統 8.3.22	1443	休寧 13 都	好銀
2：16667.8	正統 8.9.4	1443	休寧 12 都	秈穀
002477	正統 10.6.1	1445	休寧 11 都	銀
2：26609	正統 10.10.10	1445	休寧 12 都	銀
2：16807.5	正統 11.5.18	1446	休寧 12 都	秈穀、銀、松江棉布，共該好銀
2：26611	正統 12.1.17	1447	休寧 13 都	花銀
002085	正統 12.4.12	1447	祁門城	官棉布
2：26610	正統 12.11.22	1447	休寧 12 都	銀
2：16808.2	景泰 1.5.16	1450	休寧 10 都	綿布
003103	景泰 1.11.27	1450	祁門十西都	銀
004250	景泰 2.3.10	1451	27 都	白銀
2：16808.5	景泰 4.8.19	1453	休寧 31 都	白銀
2：26657	景泰 6.3.12	1455	休寧 12 都	獅頭足色銀
004249	景泰 6.3.20	1455	休寧 12 都	銀
2：16806.6	景泰 6.4.2	1455	休寧 12 都	銀
004248	景泰 6.8.20	1455	休寧 12 都	銀

藏契號碼	年號時間	公元	地　　點	交易等價物
2：26662	景泰 6.12.17	1455	休寧 2 都	柳笑銀
2：26660	景泰 7.3.6	1456	休寧 12 都	銀
2：26659	景泰 7.3.11	1456	休寧 12 都	白笑銀
2：16808.1	景泰 7.12.8	1456	休寧 12 都	銀
2：16809.1	天順 3.4.15	1459	休寧 12 都	獅頭銀
2：16809.2	天順 4.3.25	1460	休寧 12 都	花銀
2：26653	天順 4.11.18	1460	休寧 12 都	銀
004251	天順 5.1.8	1461	休寧 12 都	銀
2：26608	天順 5.1.22	1461	休寧 12 都	花銀
2：26650	天順 5.2.7	1461	休寧 12 都	花銀
2：26654	天順 5.3.22	1461	休寧 12 都	紋銀
2：26608	天順 5.8.20	1461	休寧 12 都	穀
2：16809.5	天順 6.2.12	1461	休寧 12 都	銀
2：26652	天順 6.12.16	1461	休寧 10 都	獅頭銀
002938	天順 6.12.18	1461	祁門十西都	獅頭銀
2：16810.9	成化 9.7.18	1473	休寧 11 都	白銀
2：16810.11	成化 11.5.2	1475	休寧 6 都	白銀
2：26678	成化 15.9.9	1479	休寧 11 都	白銀
2：16810.14	成化 15.10.20	1479	休寧 8 都	白銀
004252	成化 18.1.？	1482	坊市	銀
002414	弘治 3.12.23	1490	16 都	銀
000963	弘治 4.8.21	1491	16 都	銀
2：26764	弘治 6.10.7	1493	祁門在城	白銀
002453	弘治 6.10.7	1493	城	銀
004128	弘治 7.11	1494	城	銀
004129	弘治 8.7.10	1495	城	銀
004130	弘治 12.2.22	1499	績溪 1 都	銀
002108	弘治 14.10.11	1501	休寧 33 都	銀

藏契號碼	年號時間	公元	地　　點	交易等價物
003113	弘治 15.8.29	1502	和化里	紋銀
004310	弘治 16.3.1	1503	1 都	白銀
0002449	弘治 17.11.3	1504	祁門十西都	白銀
000554	正德 1.3.3	1506	12 都	紋銀
004136	正德 2.4.28	1507	城 1 圖	銀
004315	正德 4.2.27	1509	11 都	文銀
2：26695	正德 5.2.19	1510	休寧 23 都	白紋銀
004019	正德 5.2.19	1510	23 都	銀
004139	正德 7.4.13	1512	城	銀
2：26692	正德 10.3.8	1515	歙縣 12 都	白紋銀
	嘉靖 9.12.1	1530		銀
2：26691	正德 13.2.12	1518	歙縣 16 都	紋銀
000136	正德 14.5	1519	18 都	銀
2：26386	嘉靖 1.1.18	1522	祁門在城	細絲銀
001030	嘉靖 2.7.27	1523	16 都	銀
001063	嘉靖 2.7.27	1523	16 都	銀
001059	嘉靖 3.2.12	1524	22 都	銀
2：26537	嘉靖 3.8.16	1524	祁門 18 都	紋銀
001054	嘉靖 11.11	1532	16 都	銀
001074	嘉靖 12.2.3	1533	16 都	銀
2：26588	嘉靖 12.9.21	1533	歙縣 16 都	紋銀
2：16813	嘉靖 12.11.18	1533	祁門 5 都	紋銀
2：16813.14	嘉靖 13.3.2	1534	歙縣 24 都	紋銀
001027	嘉靖 14.11	1535	16 都	銀
2：16813	嘉靖 19.12.15	1540	歙縣 31 都	白銀
000484	嘉靖 23.5.4	1544	23 都	紋銀
006623	嘉靖 23.9.6	1544	18 都	銀
002547	嘉靖 24.3.2	1545	23 都	銀

藏契號碼	年號時間	公元	地　　點	交易等價物
002993	嘉靖 28.11.22	1549	驛溪	銀
003118	嘉靖 29.8.6	1550	和化里	銀
2：16813.40	嘉靖 30.8.11	1551	祁門 18 都	紋銀
2：26593	嘉靖 30.8.16	1551	祁門 18 都	紋銀
003000	嘉靖 31.5.2	1552	12 都	紋銀
002999	嘉靖 32.2.17	1553	21 都	紋銀
001057	嘉靖 32.5.1	1553	16 都	銀
	嘉靖 36.11.6	1557		銀
003001	嘉靖 35.7.10	1556	15 都	紋銀
2：26594	嘉靖 36.2.11	1557	祁門 9 都	紋銀
001054	嘉靖 37.8.17	1558	11 都	紋銀
000459	嘉靖 38.9.6	1559	16 都	銀
2：26590	嘉靖 41.1.6	1562	休寧 31 都	銀
004341	嘉靖 41.6.27	1562	11 都	銀
004342	嘉靖 41.8.8	1562	11 都	銀
007340	嘉靖 42.8.12	1563	28 都	銀
000104	嘉靖 43.2.16	1564	11 都	紋銀
001104	嘉靖 43.9.20	1564	祁門十西都	紋銀
004344	嘉靖 44.5.27	1565	17 都	白文銀
2：16813.45	嘉靖 45.4.8	1566	休寧 9 都	白紋銀
000655	嘉靖 45.4	1566	休寧永豐里	白銀
001105	嘉靖 45.11.4	1566	浮梁梓舟都	紋銀
001157	隆慶 1.3.8	1567	5 都	紋銀
001158	隆慶 1.3.15	1567	5 都	紋銀
001165	隆慶 2.3.11	1568	5 都	紋銀
0011170	隆慶 2.4.2	1568	5 都	紋銀
004349	隆慶 2.9.24	1568	環珠里	紋銀
001174	隆慶 2.12.22	1568	5 都	紋銀

藏契號碼	年號時間	公元	地　　點	交易等價物
004350	隆慶 3.3.3	1569	22 都	白銀
000587	隆慶 3.9.17	1569	15 都	白銀
2：27298	隆慶 4.12.6	1570	休寧忠義里 18 都	銀
001188	隆慶 4.12.29	1570	32 都	紋銀
001189	隆慶 5.5.26	1571	10 都	紋銀
003014	萬曆 1.2.28	1573	祁門十西都	
2：16815	萬曆 2.潤 12.29	1574	祁門	銀
000757	萬曆 3.5.17	1575	休寧 11 都	白銀
007326	萬曆 3.11.20	1575	仁風里	紋銀
003335	萬曆 4.10.12	1576	19 都	銀
001267	萬曆 7.3.9	1579	祁門十西都	文銀
002689	萬曆 10.3.11	1582	休寧東南隅 1 圖	紋銀
001207	萬曆 10.6.8	1582	15 都	紋銀
002885	萬曆 12.2.9	1584	祁門歷溪	紋銀
003296	萬曆 12.2.20	1584	12 都	白紋銀
2：26725	萬曆 12.4.13	1584	休寧 24 都	眞紋銀
001361	萬曆 12.8.4	1584	11 都	紋銀
2：26746	萬曆 12.12.24	1584	休寧 12 都	紋銀
003288	萬曆 12.12.25	1584	休寧霓湖	銀
2：26753	萬曆 15.5.22	1587	休寧 15 都	紋銀
003301	萬曆 15.5.？？	1587	休寧 12 都	銀
2：267650	萬曆 15.8.12	1587	休寧 12 都	銀
2：26753	萬曆 15.11.9	1587	休寧霓湖	銀
2：26744	萬曆 15.12.19	1587	歙縣西北隅 1 圖	銀
002634	萬曆 16.1.26	1588	歙縣槐源	銀
000751	萬曆 16.5.1	1588	休寧	銀
000368	萬曆 16.6.24	1588	浮梁縣法京都	文銀
007307	萬曆 18.4.9	1590	休寧東南隅 1 圖	白文銀

藏契號碼	年號時間	公元	地　　點	交易等價物
0002593	萬曆 19.4	1591	歙縣 27 都	文銀
000053	萬曆 19.6.28	1591	休寧 17 都	白文銀
000815	萬曆 19.12.26	1591	休寧東南隅 1 圖	銀
004065	萬曆 20.4.20	1592	18 都	紋銀
2：26727	萬曆 20.7.15	1592	休寧 24 都	紋銀
007349	萬曆 20.12.22	1592	休寧西北隅 1 圖	銀
002870	萬曆 21.6.17	1593	浮梁辛正都	文銀
003291	萬曆 21.10.18	1593	休寧霓湖	銀
003289	萬曆 22.2.21	1594	30 都	銀
000739	萬曆 24.1.20	1596	祁門 16 都	紋銀
2：16815	萬曆 25.12.24	1597	休寧	紋銀
000769	萬曆 29.6.13	1601	祁門在城	紋銀
004077	萬曆 30.12.29	1602	祁門 11 都	銀
2：26729	萬曆 31.11.21	1603	休寧 25 都 3 圖	紋銀
2：26785	萬曆 32.2.2	1604	歙縣 21 都 4 圖	紋銀
002708	萬曆 32.4.26	1604	休寧 7 都	白文銀
2：16815	萬曆 32.7	1604	休寧 8 都	紋銀
002854	萬曆 33.8	1605		白紋銀
2：26803	萬曆 33.12.20	1605	歙縣 20 都	紋銀
2：16815	萬曆 34.1.11	1606	歙縣 5 都	眞紋銀
2：26782	萬曆 34.11.21	1606	歙縣 21 都 1 圖	紋銀
2：26777	萬曆 35.1.27	1607	歙縣 20 都	銀
2：26730	萬曆 35.5.2	1607	歙縣	紋銀
002676	萬曆 35.11.7	1607	祁門十西都	紋銀
000839	萬曆 36.2.11	1608	祁門十西都	紋銀
000812	萬曆 36.2.12	1608	祁門	紋銀
000661	萬曆 37.4.8	1609	祁門拾西都	紋銀
002596	萬曆 37.4.8	1609	祁門十西都	紋銀

藏契號碼	年號時間	公元	地　　點	交易等價物
002677	萬曆 37.4.8	1609	祁門十西都	紋銀
000888	萬曆 37.12.23	1609	祁門 21 都	文銀
002691	萬曆 38.2.4	1610	休寧	紋銀
001282	萬曆 38.2.28	1610	祁門十西都	紋銀
002687	萬曆 38.11.21	1610	休寧	銀
003158	萬曆 39.5.27	1611	祁門 11 都	紋銀
004091	萬曆 40.3.15	1612	祁門	紋銀
001270	萬曆 40.11.24	1612	祁門十西都	文銀
002618	萬曆 41.6.18	1613	新正都	文銀
007306	萬曆 41.7.13	1613	休寧	紋銀
2：26733	萬曆 43.12.22	1615	休寧 4 都	紋銀
001260	萬曆 44.8.2	1616		文銀
001284	萬曆 45.2.4	1617	祁門十西都	文銀
001259	萬曆 46.11.1	1618	祁門	紋銀
002682	萬曆 47.9	1619	休寧 9 都西營	紋銀
2：26768	萬曆 48 泰昌 1.12	1620	休寧 15 都	銀
006665	天啓 1.3.11	1621	10 都	銀
000028	天啓 1.3.15	1621		紋銀
001635	天啓 2.3.4`	1622		紋銀
001652	天啓 2.7.16	1622		紋銀
002576	天啓 2.7.19	1622	26 都	紋銀
005821	天啓 3.3	1623	金峰	銀
003355	天啓 3.9.6	1623	18 都	紋銀
	天啓 6.8.21	1626		紋銀
001689	天啓 3.11.5	1623		紋銀
2：26666	天啓 5.4.2	1625	休寧 10 都	紋銀
002128	天啓 5.5.20	1625	市北	銀
000704	天啓 5.9.30	1625		紋銀

藏契號碼	年號時間	公元	地　　點	交易等價物
000038	天啓 6.9.1	1626		銀
2：26665	天啓 6.7.1	1626	休寧	紋銀
007358	天啓 6.11.18	1626	24 都	銀
000721	天啓 7.3.15	1627	20 都	眞紋銀
000113	天啓 7.8.20	1627	藤溪市	紋銀
001684	天啓 7.9.2	1627		紋銀
2：26758	崇禎 1.3.26	1628	歙縣 21 都	眞紋銀
000606	崇禎 1.5.6	1628		紋銀
000246	崇禎 1.5.29	1628		白文銀
2：26706	崇禎 1.9.18	1628	休寧 24 都	紋銀
001781	崇禎 1.11.20	1628		紋銀
2：26756	崇禎 2.2	1629	歙縣 20 都	紋銀
000624	崇禎 2.8.24	1629	4 都	紋銀
000255	崇禎 3.10.9	1630	31 都	銀
000231	崇禎 5.7	1632	27 都	紋銀
000605	崇禎 5.11.24	1632	32 都	銀
002755	崇禎 5.12.25	1632		紋銀
007364	崇禎 6.2.1	1633	3 都	九五色銀
001744	崇禎 6.3.11	1633	31 都	銀
001707	崇禎 6.3	1633		銀
007499	崇禎 6.10.7	1633		紋銀
001773	崇禎 6.12.6	1633	28 都	紋銀
000213	崇禎 7.1.25	1634		文銀
2：26793	崇禎 7.2.22	1634	歙縣	紋銀
003186	崇禎 7.4.11	1634	和化里	銀
002772	崇禎 7.8	1634	歙縣 18 都	紋銀
000270	崇禎 7.8	1634	24 都	銀
003076	崇禎 7.10.6	1634	18 都	紋銀

藏契號碼	年號時間	公元	地　　點	交易等價物
000062	崇禎 8.3	1635	15 都	銀
002777	崇禎 8.4.20	1635		文銀
2：26715	崇禎 8.5.10	1635	休寧 23 都	紋銀
2：26795	崇禎 9.8.11	1636	歙縣 23 都	紋銀
	崇禎 11.5.6	1638	歙縣 23 都	
003342	崇禎 9.8	1636	19 都	紋銀
002770	崇禎 9.8	1636	8 都	紋銀
001745	崇禎 10.7.16	1637	休寧 31 都	紋銀
2：16818.9	崇禎 10.12.10	1637	休寧	紋銀
001743	崇禎 11.3.4	1638	31 都	銀
002788	崇禎 15.12.19	1642		紋銀
2：16854.11	崇禎 15.4.23	1642	歙縣寧泰鄉 11 都	紋銀
2：16854.3	崇禎 15.10.3	1642	歙縣 11 都	紋銀
2：16818	崇禎 16.4.15	1643	歙縣 11 都 5 圖	紋銀
2：16818.2	崇禎 17.5	1644	歙縣 27 都	銀

附錄三：耿定向《儒賈傳》

　　世以儒命者：衒智釣奇，有市心焉，儒而賈也；扶義樂善，仁心爲質，儒之行也。賈而有是，不亦儒乎？俗眸膚劖，賈儒眯觀，余慨焉，作《儒賈傳》。

　　儒賈名豪，字子德，徽之歙人也，姓程氏。父曰稷，始入楚，止麻城岐亭賈焉。稷所挾貲僅數十緩，微也；而岐又小市，懸山谷中，貿易寡。亡何，稷卒，貲益微。子德與兄收父遺貲賈，以故不遑業儒，然伯仲偉幹雅姿，識度夷曠，大類儒者。其爲賈，誠心平價，人樂趨赴，貲漸起，市亦因以輻湊。岐旁村有郭今者，嘗遊王文成門談良知學。子德悅而師之，爲巍冠褒衣，趨繩視準。闤闠少年咸相目笑。子德益自喜。間有從之遊者，子德持塵高談，與相往復，彌日不輟，闤闠少年復相詬曰：「賈而欲贏，而迂言廢事，吾見其垂橐歸耳。」子德聞之曰：「燕雀之不知鴻鵠，則斥鷃之笑大鵬，固也。」與人交必擇賢者，始與暱然，亦面相規勉，不爲依回。歲侵，嘗糜以哺閭閻之餓，而又檀以瘞道路之莩。出母錢貸，人貧不能償，輒焚其券。由是子德高誼，嘖嘖滿黃人口矣。麻城令金勿有治聲，聞而賢之，榜書「賈中儒味」，旌其門。子德曰：「命之矣」。適豕子生，遂以錫名，里人因咸稱子德爲「儒賈」云。子德雖不廢賈，然好儒益甚，遠近款其門者益眾。斥奇贏，振施之不厭，而財益阜，不數年且致千金。嘆曰：「吾聞培塿無松柏，今岐亭大；竊竊焉，欲俎豆予若畏壘然。吾安能居此乎？」□□岡團風，脩其業而息之，幾萬。則又嘆曰：「今吾在團風，又何異曩在岐亭。廣陵，江淮一都會也。吾將往矣。」諸父老固留。子德曰：「母狐正丘首，夫豈獨繡行故鄉也。然吾居楚久，雖歸骨於歙，魂夢故栩栩江漢間也。」諸父老相顧嗟嘆有泣下者。乃委監奴受鹽

筴眞州，而間歸歡。飭祠宇，奉蒸嘗，祠旁闢廬舍居族之貧；大啓枌榆社，與里中父老朝夕讌宴；鄉鄰有鬭，直取片言解釋，不復煩有司；立義倉義塾，繕梁除道，日費橐中裝不惜。居常訓子姓曰：吾家世受什一，不事儒，自吾一染指而士庶親悅，賈且什倍，由是觀之，儒何負於賈哉？爾曹勉矣。」優游鄉里，年八十三而卒。其伯兄名表，字子儀，篤衷質行，不殊子德，人稱爲長者。當致千金時，兄弟析著也。子儀簡器物鮮好者畁子德，曰：「仲交廣且多貴遊，宜用此。」其華屋、良田、紀綱僕以與季綱，曰：「若少更事，不能自致也。」而自取其虛敝者，曰：「吾兒能守，茲足矣。」有故人死而子蕩者。子儀招入室，飲之酒而款語曰：「若翁置產囏難，今其夯安在？幸寓我所，吾視子行將不克守矣。」其人感激改行，卒保其家。與余母黨秦翁善，翁爲劉莊襄司馬舅，饒於產，困徭賦而踣。司馬每悼嘆曰：「子孫生秦亦不幸哉！」子儀聞之，詫曰：「司馬失言矣。秦族大，子孫蕃，爲之分田，爲之建塾，拯其困乏，而道之教訓，賢才出，則門戶振，安見巨族而反爲不幸也者？」余聞而善之。余之爲諸生也，每就郡省試，必道岐，子儀餉余盤餐束脩不絕。及余舉於鄉，歲饑，余爲故人貸粟子儀。子儀以無應。乃鄰人繦屬負擔來者，咸云自子儀所。余怪之，念豈嘗負若貸耶，託所知往詢子儀，曰：「若何負第，舉人何所不得貸？吾將留救無告窮氓耳。」余因益賢子儀。蓋周急不繼富，在徽人所尤難也。子儀口不儒談，而深醇隱厚，居然儒者。當是時，子德恢豁，子儀敦恂，伯仲著聲吾邑，與縉紳先生埒。子儀子孫多業儒。季弟之子國用，恂恂愿慤以謹讓稱，亦賈之儒者。子德子孫俱大學生，子曰國儒，早卒，孫應衢，羨秀而文，不言家產事，與名彥交游，爲古文辭，則又壹乎儒者哉。程氏今彬彬多儒矣。○天台病叟曰：「昔余以使事過眞州也，程公年且八十矣。詢余舟中，而是時公以中菁齟齬，懷抱作惡，適余與諸生解釋氏天堂地獄說，謂彼寓言以喻人心懷所處佳惡耳。公瞠然起歸，語家人曰：「吾嚮墮地獄中，幸遇耿先生，挈而登之天堂，吾夕死可矣。」嗟夫！罕譬而喻，儒之教也，繼志難矣，程公亦善聽言哉。蚤聞郭公述文成旨而悅之，有以也。即伯子析著處諸弟事，考諸卜式、薛包，又何讓焉。乃其篤故振窮，識侔仲淹矣。誦法先聖格言，口談仁義，而龍鍾其耳，背戾其行者，視二公媿死矣。

初衷與致謝

本篇儒商研究能變成文字，無疑得益於諸多因緣際遇與師友親朋的鼎力襄助。

提及我對「儒商」的最初興趣，通常會追溯到 2006 年。在這一年，杜維明先生與周生春師在浙江大學建立「儒商與東亞文明中心」。當時的「儒商」一詞，對於因閱讀著名史學家嚴耕望先生《治史經驗談》的我來說，只是浮躁且功利的社會中牽強拉扯出來的生硬概念，不應為書齋所容。這種根源於科學主義的傲慢治史心態，恰恰促使我想要弄明白「儒商」或「儒賈」一詞的形成原因。與此同時，我個人也正好經歷一個心無所依、立身無據的價值觀困惑的時期。2008 年我得周師之助訪學美國 UCLA，藉此機會曾接近與儒家文化差異較大的基督教文化，然而始終不願信入。其時，腦海中所浮現者竟是以往跟隨周師研究孔子思想歷程而記憶下來的《論語》語句，以及杜先生自 2003 年起在浙大的一系列對儒家精神的演講。回國後，我又繼續研究「儒商」，主要著力點已完全放在明代徽商群體。

「儒商」研究於我已經不僅僅是一項博士期間的學術活動，而是在借「商人為何好儒」追問我自己的立身處世之道。這個追問，也終使我願意對史料中的事物作出相對柔和的同情理解，而不是以一種宰制心態居高臨下地擺佈史料。但是從行文來看，仍然是不夠成熟、不夠深入的。2012 年，我到北大高研院繼續從事儒商研究，與博士期間相比，有兩個進步：一則跳出了西方認同經濟學的分析框架，開始回歸到觀念史、話語史的路徑梳理明代「儒賈」的兩條線索——文學與道德；前者以汪道昆主導，後者由耿定向開啟。二則結合北大高研院在「儒商論域」系列活動的展開，拓展明代儒商研究的視野，

以當下的自覺行動來理解歷史，逐漸反思當代社會中「儒商」話語復興背後的歷史蘊意與現實期待。

在此「文」與「人」迭相前行的過程中，有很多師友都是我要感激的。除了杜先生與周生春師對我進行全面指導、啓迪與鞭策外，博士後期間，張學智、廖可斌、周齊諸師在中期考覈時針對文中「詩賈」一節進行了細緻的指導與建議；陶德明教授傳我治史詩訣與心得，提醒我關注兩個以上的領域來支撐一項專業研究；陳佳紅博士幾乎每日詢問我出站論文的進展，使我不敢鬆懈；陸胤、祥來兄也時常提點、督促我論文寫作；鵬一、雷博、王正、衛平、建寶諸友分擔了不少原本屬於我的工作，爲我留出充裕的寫作時間。在每周一次的《張子正蒙注》的經典會讀中，我亦從會讀諸位學友處受益匪淺。同時艾蓓老師、石秀梅老師以及高研院諸位同事也時常加以鼓勵與支持。當然尤不可忘的是，也感謝我母親的默默付出與支持！最後，感謝杜維明先生、周齊教授、姚中秋教授、周建波教授出席博士後答辯，對我的報告予以指正；周生春師亦從杭州發來評閱意見與修改建議。

2015 年 5 月，臺灣花木蘭文化出版社的楊嘉樂女士聯繫周師，周師推薦讓我的博士後研究成果出書，但我一直覺得思考還浮在表面，文字雖幾經修改，仍不甚滿意，遂拖延至今。於我而言，總是碰到「意未竟，辭已窮」的尷尬，這便產生了改不勝改的心理藉口。實則是因懼人言而怯懦，欲將其束之高閣，疏懶過日罷了。今日在各種外力推動之下，姑且將其出版出來，若能有幾處裨益於一二學者，就不算讓我失望了，也可借以稍酬編校者之辛勞。

公元二〇一六年三月於杭州東盛家園